THE GLOBAL ACHIEVEMENT GAP

重新定义教育

为核心素养而教
为生存能力而学

[美] 托尼·瓦格纳 Tony Wagner 著

Why Even Our Best Schools
Don't Teach the New Survival Skills
Our Children Need-and What We Can Do About It

中国青年出版社

图书在版编目（CIP）数据

重新定义教育：为核心素养而教，为生存能力而学 /（美）托尼·瓦格纳著；唐玥译.
—北京：中国青年出版社，2023.9
书名原文：The Global Achievement Gap: Why Even Our Best Schools Don't Teach the New Survival Skills Our Children Need—and What We Can Do About It
ISBN 978-7-5153-6994-5

Ⅰ.①重… Ⅱ.①托… ②唐… Ⅲ.①学校教育—研究 Ⅳ.①G4

中国国家版本馆CIP数据核字（2023）第136037号

重新定义教育：为核心素养而教，为生存能力而学

作　　者：[美] 托尼·瓦格纳
译　　者：唐　玥
责任编辑：肖妩嫔
文字编辑：侯雯洁
美术编辑：张　艳
出　　版：中国青年出版社
发　　行：北京中青文文化传媒有限公司
电　　话：010-65511272 / 65516873
公司网址：www.cyb.com.cn
购书网址：zqwts.tmall.com
印　　刷：大厂回族自治县益利印刷有限公司
版　　次：2023年9月第1版
印　　次：2023年9月第1次印刷
开　　本：787mm × 1092mm　1/16
字　　数：220千字
印　　张：17.5
京权图字：01-2022-5326
书　　号：ISBN 978-7-5153-6994-5
定　　价：59.90元

第3章　关于考试与评价的那些事　091

第4章　重塑师范教育　131

目 录

献给PJ，
我的支持者、教练、评论家，
你是我最好的朋友，
感谢你永远鼓励我、引导我、回应我

赞 誉

《重新定义教育》是一本别有洞见且鼓舞人心的书。它带领读者看到在这个不断变化的时代，如果美国要继续领跑全球经济，做全世界的知识领袖，我们的学校也必须有所变化。除此之外，这本书还提出了创造性的解决方案并描述了几个成功案例。本书会按摩你的头脑，打动你的心，我希望也会影响你的未来决策。在这个急速变化的时代，我们应当如何引导年轻人胸有成竹地踏入这个急速变化的全球社会并在此立足？如果这是你关注的议题，本书会给你一些重要的引导。全美各校的教育委员会、行政管理部门、教师和家长都应该阅读这本书。

——全美学校教育委员会协会执行董事

安妮 · L. 布莱恩特（Anne L. Bryant）

《重新定义教育》应该列入所有政策制定者的“必读”书单中。我们对“达标”与“不及格”的界定应当更多地考虑如何帮助学生应对全球经济形势，而不应当只是将其作为标准化考试中的一条分数线。然而，美国国会却还在辩论如何赋予《不让一个孩子掉队法》灵活性。正如托尼 · 瓦格纳在书中充分阐述的那样，是时候停下对学校喋喋不休的批判了，是时候为学校提供工具与资源，支持它们培养出有竞争力、与世界有良好联结、技巧娴熟、充满希望的年轻人。让我们携手帮助青年人准备好迎接全球经济的挑战并走向成功。

——美国参议员

丹尼尔 · 建 · 井上（Daniel K. Inouye）

托尼 · 瓦格纳剑走偏锋，带我们打开了学校教育的黑匣子。大家都在谈论的“精准”到底意味着什么？21世纪的素养又是什么？瓦格纳在书中向我们娓娓道来什么是真正的思维能力，为何一味地“提升考核标准”并不能让我们达到这个目标，行之有效的策略又是什么。每个关心教育的人都应该读一读这本书。

——斯坦福大学教育学教授

琳达 · 达林-哈蒙德（Linda Darling-Hammond）、

查尔斯 · E. 杜克曼（Charles E. Ducommun）

没有晦涩难懂的行业术语，也没有蜻蜓点水般的笼统概述，托尼·瓦格纳深入浅出地剖析了美国学生的学术能力为何普遍偏薄弱。他在书中指明了一个重要的新方向，并为我们提供了一条变革教育之路。这本书定会深孚众望。

——《破茧而出》(*A Mind at a Time*)作者

梅尔·莱文(Mel Levine)

托尼·瓦格纳据理论断，旧的教学方式完全不适合新的工作方式。企业与学校亟需一场坦诚的对话，而企业领导人应人手一本《重新定义教育》，与教育工作者共议社会之需。

——哈佛大学商学院教授，《美国之心》(*America the Principled*)、

《信心》(*Confidence*)的作者

罗莎贝斯·莫斯·坎特(Rosabeth Moss Kanter)

在《哈佛大学教育学院学校创新管理课》(*Change Leadership*)一书中，托尼·瓦格纳提出为了提高课堂上的教学质量，教育教学领导者需要具备全套新素养，每一条新素养都刷新了我的认知。在这本新书中，他继续挑战我的固有观念，即我们的学生要想在21世纪这个全球社会中提出方案并解决问题，就必须掌握一套生存力法则。本书是公共教育领域变革者的“必读”书目。瓦格纳有理有据地予以我们警醒——美国教育改革刻不容缓。

——圣安托尼奥市独立学区副主管

贝蒂·伯克斯(Betty Burks)

这是一本充满真知灼见又令人不寒而栗的书。它一步步地向读者阐述了那些旨在改善学校教学的政策却在实施过程中抑制了学生的自主思考能力。家长、教师、校领导和政策制定者迫切需要好好消化瓦格纳在书中传达的信息。

——哈佛大学商学院教授、中译本《创新者的课堂》作者

克莱顿·克里斯坦森(Clayton Christensen)

在《重新定义教育》中，托尼·瓦格纳透彻地分析了美国公共教育的现状(落在时代后面)，以及我们需要作何调整以适应即将到来的未来。作为一名教师、校长、培训师和各所学校的深入探访者，瓦格纳凭借多年以来积累的智慧告诫我们变革教育系统的重要性。变革的指南针便是贯穿于整本书的核心问题：在21世纪，怎样才称得上是一个受过教育的人?

——加州大学荣誉退休教授

理查德 · C. 阿特金森博士（Dr. Richard C. Atkinson）

我们传统观念里的学校并不能让学生、教师或教育教学领导积极投入到学习中，因此我们制造出了一批“敷衍学校”的学生，他们没有学到成功所需的素养与技能。托尼 · 瓦格纳的论点真实有据，强有力地敦促着我们重新审视美国的教育系统。

——斯图普斯基基金会主席

拉里 · 斯图普斯基（Larry Stupski）

这本极具洞察力的书敦促教育工作者、商界领袖和政策制定者就美国教育的未来展开对话。书中列举出诸多真实案例与情景，为开启社会各界的交流对话提供了一个可读性俱佳的参考。

——思科教育全球负责人

查尔斯 · 法德尔（Charles Fadel）

向托尼 · 瓦格纳致敬。众人一直猛烈抨击着美国教育系统的黑暗。通过拆解学生、教师和家长面临的诸多困境，以及深入剖析成功的办学案例，瓦格纳为那些渴望光明却不知从何入手的人点燃了一支蜡烛。我们传递给下一代人的文化火炬将直接决定我们能否顺利度过这个激动人心却危机四伏的时代。托尼 · 瓦格纳已把地图放到了我们的手中。

——波士顿科学公司创始主席和FIRST董事会主席

约翰 · 阿贝尔（John Abele）

这本重要的作品为美国敲响了警钟。50多年来，世界发生了巨变，而我们的学校却一成不变。学生们大量记忆知识点，为标准化考试而学习，他们从未学会如何思考、如何解决问题或如何发挥创造力。瓦格纳讲述了几所了不起的学校的故事，它们正在改变课堂的教学方式，并为全美学校的未来指明了方向，真是令人心生向往。每个家长、教师、政府人员和企业管理者都应该阅读这本书。

——《群体天赋》（*Group Genius*）作者

基思 · 索耶（Keith Sawyer）

《重新定义教育》为我们学校的需求及其应对方法提供了一个简单、明晰、睿智和极具说服力的分析。

——伍德·威尔逊全美联谊基金会主席
阿瑟·莱文（Arthur Levine）

托尼·瓦格纳的每一本新书都令人欣喜且欣慰。这一次也是如此，他带领我们叩问自己，当下对学习成绩的狂热之火源于何处，又指向何方。

——《让孩子们自己来》（*The Power of Their Ideas*）作者
黛博拉·迈耶（Deborah Meier）

托尼·瓦格纳直指美国在21世纪面临的最紧迫的问题：美国人能否与时俱进，改善他们的教育系统，以迎接前所未有的全球经济竞争所带来的挑战？

——电影《两百万分钟》执行制片人
罗伯特·康普顿（Robert Compton）

序言

在当了10年全职高中英语和社会学科教师之后，我又做了两年校长，接着又在非营利机构待了6年。在那之后，我于1988年回到哈佛攻读教育学的博士学位。为了做研究，我先后去往3所高中，对他们的课堂与教学会议进行了一年多的观察。那3所学校分别是一所私立高中和两所公立高中，那时它们都在进行着某种教学改革。两所公立学校的教师被要求尝试新的教学法，比如跨学科学习、团队教学和合作学习。[①]可令我吃惊的是，除了认为这是心怀善意的校长下达的指示外，教师们并不清楚改革背后的目的。因此，教师们并没有全心全意地投入其中。在教学一线摸爬滚打久了，他们知道每一波新改革都不会持续太久，因为不出几年，又会有新任学区主管上台，他们又会大刀阔斧地推行新的理念。是的，当我在10年后重新研究这3所学校时，现实也印证了当时教师们的预期。一天一个样[②]的改革成了大多数学校的常态。

在拿到博士学位后的16年里，我一直在哈佛大学做教授，主要负责教师培训。同时，我也在运营一个非营利组织。该组织专注于建立学校—社会的伙伴关系，以推动学校的发展。在过去的8年里，我还是变革领导力小组（Change Leadership Group）的负责人之一。这个隶属于哈佛大学的小型组织致力于研究教育领域需要什么样的变革领导力，并支持教育工作者接纳改变、引领改变。

我还担任了20多年的教育顾问，也是比尔与梅琳达·盖茨基金会（Bill & Melinda Gates Foundation）教育项目的高级顾问。我主要提供的咨询

---

① 托尼·瓦格纳. 用心学习：教育大师托尼·瓦格纳的学习之道[M]. 麦丽斯译. 北京：中国青年出版社，2023: 174-195.

② 原文为法语Du Jour，一般指当日特供，这里引申为频繁推出的教学改革。——除编者注外，本书多为译者注，后文不再逐一标注。

包括投放教育资金、设计教学规划，以及应对我称之为“公众参与度”的挑战，也就是如何让教师、家长和社会各界参与到学校改革的讨论中。我也为基金会的工作人员和受助者提供职业发展培训。无论工作内容如何，我的热情所在始终如初：帮助学校和学区提高学习、教学和领导力水平；帮助教育工作者更好地了解改革路径上的障碍，以及克服这些障碍最有效的策略；并通过文字和交流与读者分享这一路上我的所学所得。

在过去的几十年里，我几乎每个月都会参访学校和课堂，这其中包括美国的学校及其他几个国家的学校。在教学一线，我观察到了各种改进教学的尝试，也了解到哪些行之有效，而哪些无济于事。我最担心的一个问题是，大多数的高中教师并没有真正感受到改革的紧迫性。可能在一方面，教师们的工作性质将他们与瞬息万变的社会大环境隔离开来；而另一方面，他们曾被冗长失败的教育改革浪潮一次又一次地拍打过。这种无动于衷所带来的结果便是，半个世纪甚至更长的时间以来，我们的课程内容与教学方法几乎一成不变。尽管孩子们肩上的应试压力与日俱增，但从几十年前我读博士时到现在，“为什么要改变？”这个问题却始终悬而未决。倒也不是说丝毫未变，这些年来教育界为数不多的几个变化之一是：公共议程基金会（Public Agenda Foundation）最近的民意调查显示，70%的教师认为学校里的考试太多了，以及《不让一个孩子掉队法》①弊大于利。

在我和商界领袖们的交流中，他们都表达了对美国国家公立学校以及教师的失望之情。他们之中有人曾极力推动《不让一个孩子掉队法》和新的州教育法的通过，因为他们相信在立法上的努力能促使公立教育为每个孩子负责。然而，其进展与改善甚微。商界领袖也没有看到有任何证据表明，与以往相比，如今的毕业生为踏入职场做好了更充分的准备。许多人认为这一切应该归咎于教师工会和教师编制，因为是它们让教师不必面对

①《不让一个孩子掉队法》（*No Child Left Behind*）也被称为《有教无类法》，是2002年颁布的一项美国联邦法律，要求学生每年参与阅读与数学测试来衡量学校是否达到了州政府制定的教学目标，并对教师的资质做出严格规定。该法案旨在解决美国贫困地区和非裔美国男孩的受教育问题。

优胜劣汰。另一些人则主张建立更多的特许学校①或增加学券②，他们认为自由竞争会迫使公立学校不得不做出改进。然而，在过往的各类研究中并没有确凿的证据表明这两种方式能显著提升教育水平。尽管如此，商界领袖们似乎已下定决心，要不计任何代价找到一种方法，任何一种方法，来改变教育现状。

与此同时，身为父母，我们中的大多数并未实时跟进各种教育改革法，也没有很多机会与教育工作者或商业领袖讨论教育议题。应接不暇地处理自己以及孩子们的琐事已经耗费了我们大部分的精力。当今世界与我们成长的年代相比，充斥着更严峻的竞争。一想到孩子们要面对这样残酷的环境，我们中的许多人就倍感焦虑。当孩子被分配到一个我们觉得平平无奇的教师班上时，一阵不安便会笼罩在心头，这种情形屡见不鲜。但是，除了向校长抱怨孩子的教师之外，大多数父母并不知道学校应当从根本上做出哪些改变。不过，现在越来越多的父母开始担心学校的考试是不是太多了。我们也开始质疑太多课程是否只是“为考而教”③。这些课程的重点是练习考试，学习应试技巧，而不是习得丰富且有挑战性的内容。

我们的学校，尤其是高中，并没有与时俱进。其中一部分原因在于，对于需要做出哪些改变，什么样的改变是有效的，甚至是否有必要改变等这一系列问题，我们都尚未达成共识。商界领袖们（出乎很多人的意料，商界领袖其实是教育改革的主要倡导者）、教育工作者和家长之间交流甚少，因此大家对于教育的看法几乎不在同一个频道上。正如一则著名的印度寓言说的那样，我们每个群体都被蒙上眼睛，并且都只能接触到一部分真相。一直以来，我都想写一本书来推进这三个群体互通有无，探讨我们希望高中毕业生学到什么以及有能力做什么。

---

① 特许学校（charter school）由政府负担教育经费，私人进行管理，不需要像公立学校那样完全遵守政府的法规与政策，在很多方面有自己的自由。

② 学券是政府出资给予家长的教育经费。在学券的帮助下，每个家庭可以根据每所学校的办学目标和教学方式，自发选择送孩子去哪所私立学校就读。

③ “为考而教”原文是teach to the tests，因为teach和tests都以t开头，因而是一句朗朗上口的表达。

21世纪的变化速度势不可挡，而我只能眼睁睁地看着这种变化把我们的学校和孩子甩得越来越远。这种焦灼感使我越发迫切地想要钻研这个议题。电脑和互联网正在成为各行各业必不可少的工具。但是，从我在学校观察到的情况来看，学生们很少把科技作为课堂学习的一部分。在学生和教师还在孤岛上学习和工作时，各类职场早在几十年前就开始进行团队合作了。

2006年初，我读了托马斯·弗里德曼（Thomas Friedman）的《世界是平的》。他认为，无论何种蓝领或白领工作都可以被分解成例行程序，并被拆解成一个个更小的环节与步骤，然后被外包给其他国家的工人。在那些国家，受过高等教育的“知识工作者”①的数量迅速增加，而他们的工资只相当于美国同类工作者的一小部分。这本书让我更好地理解了当下瞬息万变的科技和经济转型对美国的经济和孩子的未来有着怎样深远的影响。弗里德曼说的不仅仅是今天在美国几乎消失殆尽的制造业工作，他说的还是工程师、建筑师、软件工程师、技术专家、客户服务、会计等专业工种。这些以及其他更多工作都要求从业人员熟练地操作数据等信息。而现在，信息几乎能在世界任何地方实现实时发送、接收和处理。

我想起了最近打过的几通电话。因为电脑出了问题，我和戴尔的售后维修人员打了几次电话，也致电AT&T公司②的客服讨论账单问题。然后，我拨通了Quicken③软件的服务热线。我问那个年轻的接线员他来自哪里，他告诉我班加罗尔④。另一名女性则身处菲律宾。我突然意识到，在过去的几年里，电话那头的客服或维修人员几乎都来自美国之外。我不禁想到，我的儿子在市警察局的技术支持部门工作，是否有一天他的工作也会被外包到海外？

在越来越多的国家，大批年轻的毕业生已具备基本运算和分析技能，

① 知识工作者（knowledge worker）是管理学家彼得·德鲁克（Peter Drucker）提出的概念。知识工作者不仅能利用科技提高工作效率，还能不断学习新知识进行技术创新。

② AT&T公司是美国的一家电信公司。

③ Quicken是一款家庭及个人财务管理软件。

④ 班加罗尔（Bangalore）位于印度，现为印度第五大城市，也是印度高新技术产业的中心。

他们都憧憬过上美国在广告片中向世界宣扬的中产阶级的生活方式。简而言之，美国与发展中国家的年轻人正在竞争着传统意义上“光鲜亮丽的中产白领”的体面工作。尽管我们的一些学生正在学习如何分析、处理信息与数据，但其他国家有大量学生在学习同样的技能，不过他们的劳动力成本更为廉价。这无疑把我们的学生置于严峻的竞争劣势。美国学生需要学习什么才能在这场竞争中脱颖而出？在当今职场，最重要的素养是什么？在未来的几十年里，美国年轻人最需具备什么生存能力，才能获得并长久地守住一份体面的工作？

与此同时，伊拉克的战乱和伤亡[①]，以及全球变暖的新证据占据着几乎每日的新闻头条。像我们中的许多人一样，我越发感到恐惧。这份恐惧不仅是“9 · 11”之后对人身安全的担忧，更是对美国国际地位下降以及迫在眉睫的环境危机的恐慌。在这种形势下，“现实世界”和象牙塔之间的差距也比以往任何时候都要大。然而，在我观察的任何一间教室里，这些问题却从未被提及和讨论过。一些教师想要与学生探讨现实中的问题，却因职责所限，不得不把课堂时间用在应试内容上。还有一些教师只是因为担心家长会提出不满，而一概遑论有争议的话题。

让大多数教师烦恼的不仅是在课堂上讨论时事。他们对敦促学校教授学生职场素养的言论也有一些抵触。许多教育工作者认为，为企业批量培养更好的员工不过只是“职业教育”。这样的教育可能会把孩子变成一个个只知道服从于命令的“机器人”。事实果真如此吗？我们把问题再具体一点，让学生为职场做好准备，培养学生的公民意识，这两者之间是否真的存在冲突？教师们认为，学校的职责是培养学生的公民意识。这个观点固然没错，但我并不认为我们的高中毕业生在修完现有的必修课后，就能自动成为合格的好公民。教孩子们选举人团[②]的历史并不能将他们培养成更有思想的选民，也不会让他们了解参与投票的重要性。那么，在现如今的

① 伊拉克战争于2003年爆发，作者创作本书的时间为2008年，正值伊拉克战争时期。

② 选举人团（electoral college）是美国总统选举特有的一种选举方式。

世界，成为一个积极参与、博闻多识的公民意味着什么？一个民主社会应当如何进行公民教育？

同样重要的是，要打造出一个大众期待的“面向所有学生的有挑战性的、精准（rigor）的课程”有哪些关键的要素和步骤？在今天，“精准”意味着什么？我们如何在课堂上贯彻精准的标准？诚然，可以让高中生学习更多的大学预科和AP课程[①]，但他们毕业时是否能胜任陪审团的义务？他们会懂得如何区分事实和意见，如何权衡证据吗？他们知道如何在聆听时兼顾理智与情感吗？他们能在正义和仁慈相互冲突时做出艰难的抉择，并与其他陪审员一起努力寻求真相吗？我在2006年写了一篇题为《审判中的精准》（*Rigor on Trial*）的文章。我在文章中探讨了上述问题，并收到了大量的回复。我从这些回复中发现，精准对于许多人来说还是一个抽象混沌的概念。许许多多的人，从学区主管到教师，再到家长，都发邮件给我，询问更多信息。我如何重新定义21世纪需要的精准？它在课堂上以什么形式出现？我能把这个定义应用到教学生如何思考的学校里吗？我迫切地想要找到这些问题的答案，这本书便在这种迫切中应运而生。

我细细回顾多年来的经历，是希望帮助读者们理解我的心路历程。我有哪些偏见，我的动力是什么，我最担心的是什么，所有的这些切入点都推动着我写下这本《重新定义教育》。这是一本适合各行各业带头人阅读的书，无论是企业高管、组织领导人、政治领袖，还是家长和教师中勇往直前的先锋。我希望这本书也能吸引像我的三个孩子及他们的配偶这样有思想的年轻人，因为你们是崭露头角的新兴力量。如果你由衷地关心下一代人的教育问题，如果你乐于提出质疑，且愿意表达自己的想法，这本书也是写给你们的。请不要把它看作一本晦涩难懂、术语连篇的论文，至少对我来说它不是，我希望对你来说也不是。最重要的是，我希望通过《重新定义教育》鼓励大家行动起来。

---

① AP课程（美国大学先修课程，简称AP课程）指在美国高中阶段开设的具有大学水平的课程。现包括38门学科。

前言

提出一个问题往往比解决一个问题更为重要。

——爱因斯坦

直面现实数据[①]

- 美国的高中毕业率约为70%，已经远远落后于丹麦（96%）、日本（93%）等和美国经济水平相当的国家，也落后于波兰（92%）和意大利（79%）等经济水平不及美国的国家。
- 如今，只有大约三分之一的美国高中毕业生为上大学做好了准备，而在贫困和少数族裔学生中这一比例更低。40%的大学新生不得不参加补习课程[②]。虽然没有现成的数据，但据估计，每两个大学生中就有一个肄业。
- 65%的大学教授表示，高中教授的内容并未帮助学生适应大学的学习。而造成这个结果的一个主要原因是，学生在高中阶段必须参加州政府的考试[③]。这些考试一般考查九年级或十年级的知识与技能。由于题型以选择题为主，学生几乎不需要解释他们的推导过程，更不用将知识应用到新场景中（而这些都是大学课程需要学生具备的重要素养）。因此，教师和学生都没有从考试结果

① 本组数据的获取时间均在2008年左右，是作者创作本书时的数据。——编者注

② 补习课程（remedial courses）是为跟不上课程或者挂科的学生提供的额外课程。

③ 州政府的考试由州向各个学校问责。州政府用这样的考试督促学校达到州规定的教学指标。

中得到有用的反馈来帮助学生适应大学的学习。

- 在当今的经济形势下，大多数学生至少需要受过高中以上教育才可能获得一份不错的收入。目前大约85%的工作，以及近90%发展最快、收入最高的工作都要求高中以上学历。即使是制造业的岗位，绝大多数也需要人们受过高中以上的技能培训。《美国的完美风暴》（*America's Perfect Storm*）的作者提到："在接下来的25年左右……预计近一半的就业增长都将集中在与高等教育相挂钩的行业中。这意味着数以千万计的学生和职场人将无法胜任高薪工作。更糟糕的是，他们不仅将和彼此竞争，与数以百万计的新移民竞争，还将与在劳动力成本更低的经济体中实力相当（或更好）的人竞争。"
- 美国25岁至44岁人群的大学完成率在工业化国家中排在第十位。
- 美国的高中毕业生、大学毕业生不具备职场所要求的素养。最近的一项研究向400多家雇主发放了问卷，以了解员工的工作胜任情况。其中，只有不到四分之一的雇主表示，拥有四年制大学学位的新员工具备"优异的"基础知识和实践能力。而在录用了高中毕业生的雇主中，近50%的人表示这些年轻人整体准备"不足"。
- 在上次总统选举[①]中，只有47%的18岁至24岁的选民参与了投票，而34岁至74岁的选民中则有70%参与了投票。

面对这些数据，传统观点只是把问题简单地归结为学校的教学质量太"失败"了。无论是共和党人，还是民主党人，都提出过类似的谴责。我们也从媒体、学者和政策评论员那里听到过诸如此类的说法。听得多了，它好像就成了理所当然的事实。但我在全美各地高中课堂上的观察却指向了一个不同的结论。现在的高中课堂与我20年前初为人师时面对的相差无几，

---

① 指2004年的美国总统选举。

甚至与我自己的高中学习也没有太大出入。没有变得更好，也没有更糟，只是考试变多了，为应试而存在的教学内容也增多了。

在我看来，上述数据集体指向的是美国教育面临的一个全新的、鲜为人知的挑战：在当今这个竞争激烈的全球“知识经济”[①]中，大学、职场、社会都需要学生具备一套新素养。然而，我们的教育却没能让学生掌握这些新素养。这就直接把年轻人，甚至国家置于竞争的下风。学校在原地踏步，而这个世界正在大步向前。因此，我们的学校教育不是太失败了，而是过时了。纵使是那些在标准化测试中名列前茅的学生也会被时代甩在身后。过时与失败是两个非常不同的问题，也因此需要完全不同的解决方案。

这些新素养是什么？为什么它们变得至关重要？为什么连我们最好的学校都不曾教授或考查这些素养？我们如何让学校对学业负责，如何监督教学工作？为了迎接这些新挑战，教师的培养方式、支持体系应该作何改变？我们该如何激励今天的学生在新世界勇往直前，脱颖而出？一所能直面这些挑战并培养出卓越毕业生的好学校是什么样的？对于日益扩大的全球成就差距，作为公民的我们能做什么？必须做些什么？上述都是我在本书中将会提及的问题。

一个崭新的教育大环境

50多年前，鲁道夫·弗莱什（Rudolf Flesch）写了一本言简意赅的书，名叫《约翰尼为什么不识字》（*Why Johnny Can't Read*）[②]。这本书一经出版便引发了一场“识字战争”。哪种拼读识字的教学法是最有效的？各个学派就这个问题展开了激烈的争论，而这场辩论一直持续到了今天。相对于不同的观点，这个话题本身有着更深刻的意义。在20世纪，学

① 知识经济（knowledge economy）是以知识为基础、以脑力劳动为主体的经济，教育和研发是知识经济的核心，与农业经济和工业经济相对应。

② 此书作者发现许多美国孩子拼读单词的能力差是因为教学方法的问题。在教学中，老师教孩子通过单词的形态来记忆，而作者提倡用自然拼读法建立拼写和发音的联系。

校与家庭关注的焦点都是识字阅读、运算和基础写作等基本技能。对于大多数学生来说，“精准”的课程意味着他们必须在放学后背诵大量的单词，做更多的数学题。虽然学者和家长对如何教授技能莫衷一是，但大家从未质疑过这些能力的重要性。在美国历史上，托马斯·杰斐逊（Thomas Jefferson）第一个提出识字是公民的必备技能。到了20世纪，“3个R”①在职场中有了越发重要的地位。

然而，到了21世纪，仅仅掌握阅读、写作和数学这些基本技能已经不够了。现在，无论是蓝领还是白领，几乎任何工资超过最低工资水平的工作都在招聘能解决脑力难题与技术问题的员工。我们将在第1章详细展开这一点。此外，向我们扑面而来的还有呈指数级增长的信息巨浪、不断革新的技术，以及全球变暖等更复杂的社会挑战。因此，21世纪的工作、学习和公民责任要求所有人会思考，即会推理、分析、权衡证据与解决问题；还要求我们能有效地进行沟通。这些不再是精英阶层才应掌握的素养，它们已然成为每一个人的必备生存力。

过去10年里，我探访了美国最好的公立学校。在那些学校里，我看到约翰尼、胡安和莱蒂西亚在学习拼读单词和阅读文本，他们并没有学习如何与文本进行理性和感性的互动。他们也没有学习清楚地写出或说出自己的想法。尽管记住了历史上重要的名字与日期，学生们却无法解释历史事件背后的意义。他们可能正在学习加减乘除法，但却完全不了解数字的奥妙。由于不知道如何分析、统计数据，也不会计算概率，许多学生不明白报纸上的图表在说些什么。教师要求他们把大量的科学原理记在脑子里（往往很快就会遗忘），但很少有学生知道如何应用科学方法，即如何做出一个假设，检验它，并通过分析得到结果。然而，这种科学的思维方式是许多分析与研究的核心。最后，我还观察到，在学校上学的时间越长，学生们的好奇心与求知欲就越弱。之后我们会读到，有效的沟通、好奇心和

① 3个R（Three R's）对应前文提到的识字阅读、计算和基础写作。它们三个的英文拼写都带有r，故被称为“3个R”。

审辨思维[①]并不只是博雅教育[②]追求的目标，它们更是21世纪必不可少的素养与思维习惯。

为什么哪怕是在最顶尖的高中，学生在课堂上总是缺乏好奇心与求知欲，他们的思考总是停留在浅表？最简单的解释就是，学校的教学理念从来就不是为了教会所有学生如何思考。我们的公共教育体系在20世纪初期初具雏形。自那以来，人们普遍认为只有那些去大学预科班的学生才需要学习如何推理、解决问题，等等。而长久以来，这群人只占所有学生的一小部分。即使是这群为数不多的学生，在学校能习得上述素养多半是靠机缘巧合，而不是教学的刻意安排。在很大程度上，我们的教师并没有学习过如何教学生思考。在过去，教科书并不是为了教学生推理或分析，考试也不是为了考查推理和分析能力。而时至今日，我们的教科书与考试还保持着从前的模样。

纵观历史，大多数人从事的都是体力劳动，而非脑力工作，所以他们在日常生活中用不上分析技巧。在不同时期，最出众的学生往往更有可能从与父母的对话中学习如何思考，例如，在家庭聚餐时或家庭旅行中，而不是从他们的课堂上。他们带着智慧与上进心进入学校，然后又带着这份智慧与上进心从学校毕业。一些教师看似为这类学生"镀了金"，但是事实上，那极有可能只是一种巧合，至少在公立学校是这样的。私立学校的创办初衷是培养精英，所以一直以来都对学生有着更高的要求。然而，私立学校培养的高中生还不到全美高中生总人数的5%。

如果有人对我在公立学校课堂上的这些观察心存质疑，我想邀请你们，特别是在公立学校上过学的人，问自己几个简单的问题：在你的高中教师中，有多少人要求你在口头和书面作业中展示自己真正的思考，而不是仅仅背诵和复述课文？在学习完一篇文学作品或一个历史事件后，你是否写

① 审辨思维（critical thinking）常被译为批判性思维，但根据美国批判性思维协会的定义，此处是把从各个渠道获得的信息进行概念化、评估、分析并应用。

② 是一种基于社会中的人的通才教育，注重发展学生的人格，培养一种丰富的健康的人性。

出过自己的解读，并提出了有理有据的阐述？有多少科学课上的任务要求你提出并检验一个假设，有多少数学作业要求你写出一道复杂数学题的解题思路？你有多少次被问道："那么，你对……有什么看法？"记住，这里探讨的是这些情形每天出现的频次。这些本应当是家常便饭的教学要求连许多私立学校都没有做到。

本书的许多读者可能都上过大学，或在高中取得了优异的成绩。因此，你们可能很难想象大多数同龄人在其他班级或学校所接受的教育。许多成绩较为落后的学生来自少数族裔或贫困家庭。他们很少接受任何形式的思考训练。时至今日，情况仍是如此。长期以来，高中生辍学的一个主要原因是对学习感到无聊，没有学习动力。我们将在后面重点剖析这个问题。

要教给所有学生如何思考和保持好奇心，光靠教师们精进教学能力是不够的。让教师参加更多职业发展培训，编写内容更优质的教科书，设计配套的考试，都是必要却不充分的举措。更深层次的问题是，学校是为了什么而教，我们想为学生提供怎样的学习体验，以及我们期望高中毕业生知道什么、有能力做什么、应该为什么而学。我们之中不乏许多人已为人父母，甚至孩子已经开始上学了。作为家长，过往的学习经历塑造了我们的认知，并定义了学习应该有的模样。在大多数情况下，我们过去的经验仍然支配着我们对学校的理解。然而，这些先入为主的观念也可能一叶障目，让我们很难意识到对于现在的孩子来说，他们需要的是截然不同的学习方式。在接下来的篇幅里，我会邀请你反思这些问题：所有学生都需要知道的是什么？在21世纪，成为一个受过教育的成年人意味着什么？优质的教学是什么样子？我们应该如何评估学生的学习？

回答这些问题，并不是为了人生的哲思，而是因为要让我们和孩子们在新的经济形势下立足、养家糊口，我们需要新的答案。托马斯·弗里德曼、丹尼尔·平克（Daniel Pink）[①]和其他许多人都在各自的著作中提到，

① 常应邀在世界各地进行演讲，讨论有关经济变革和创新工作的议题，著有《驱动力》《全新思维》等著作。

现在的孩子们必须与世界各地大批受过良好教育的同龄人竞争工作。科技已经使越来越多重复性的工作被自动化取代或外包“出海”。这样的变化敦促我们重新思考，什么样的教育才能让这一代年轻人获得并守住一份好工作。

在重新思考21世纪的教育目标时，我们要考虑的不只是如何让学生养家糊口。学校应当如何与现实接轨？要回答这个问题，我们需要回顾一下在短短的几十年里，这个世界发生的三个根本性转变。

- 新兴的全球“知识经济”迅猛发展，给各行各业都带来了深远的影响。
- 信息从原来的数量有限且不易获得，快速转变为数量过剩且流动性极高。
- 媒体和技术对年轻人的学习方式有着越发重要的影响，同时也改变了他们与世界的关系，以及年轻人彼此之间的关系。

每一个转变对我们的教育系统来说都是巨大的挑战。如果三管齐下，我们就不得不从根本上重新思考有关教育的所有假设，比如学生应当学什么，应该怎么学。在接下来的章节中，我将探讨这三个转变具体是什么，以及它们如何影响了我们的教学、考试、教育、师范专业与激励学生学习的方式。

第1章，我们将了解职场大环境的变化，以及这些变化连同其他的因素使得我们必须掌握的七大生存力。在当今的全球“知识经济”形势下，这七大生存力对工作、学习和履行公民义务来说都是至关重要的。**第2章**，我们将把崭新的职场环境与陈旧的教育体制进行对比，后者在半个多世纪以来几乎没有任何变化。在这一章，我们还会“参观”美国一些最知名的公立学校，在那里的课堂上捕捉七大生存力的痕迹。**第3章**，我们将把目光投向以选择题为主的大规模的标准化考试。我们将讨论这些考试为何变得如此普遍，并衡量它们对当今教育的影响。另外，我们还将在这一章介绍一些新的评估方式。新式评估将让学校有机会考察学生对七大生存力的掌握情况，进而更好地对核心素养的教学负责。**第4章**，我们的师范培训需要改革，在学校里提供给教师的支持也需要有所调整。**第5章**，将会讨论这群和我们成长环境截然不同的“网络世代”[①]，他们是如何被这个崭新的世界所塑造的。这一章还会提到教师在激励今天的学生、明天的职场人时所面临的挑战。**第6章**，我们将探索三所不同凡响的高中。这三所学校会向我们展示如何教授和评估七大生存力，以及未来教育的新方向。最后的结语章节将抛出一些问题，以便我们打造出一个崭新的对话环境，探讨新世纪的教学与评估。

本书将在开篇介绍为什么我们不能只教那些被认为“天赋异禀”的学生如何思考，而应该教所有学生学会思考。为了朝这一目标迈进，我列出了一些必须考虑的问题。为了培养学生的分析能力和审辨思维，教育制度需要做出哪些改变？为了激发学生的想象力，教师需要采取哪些新措施？什么样的考试能考查学生在这些新素养上的水平与进步？找到这些问题的答案固然重要，不过，正如爱因斯坦所建议的，“提出问题”更加重要。

简单来说，这个“问题”就是，今后国家的经济实力、民主发展水平，甚至是地球生态系统的健康，都有赖于我们对未来几代人的教育方式。这种新的教育方式将与我们许多人经历的截然不同。让我们跟随这本书踏上旅程，去了解全球成就差距，用新视角思考教育，探索出最佳的教学方式。是时候帮助所有学生为学习、工作和履行公民义务做好充分的准备了。

① 网络世代（net generation）也称“N世代”，指摸着鼠标用着电脑长大的一代人。

第1章 职场新环境与七大生存力

2006年4月，我正在前往明尼阿波利斯的路上。我要在那里的一个教育工作者会议上发表演讲。飞机上，我碰巧坐在克莱·帕克（Clay Parker）旁边。他是埃地沃兹[①]（BOC Edwards）化学管理部的总裁。该公司主要为微型电子设备制造商提供化学品与机器，比如，半导体硅材料和平板显示器等。

在和他聊天的过程中，我了解到他有三个孩子，而且他对教育问题非常感兴趣。我还发现，作为首席执行官，帕克会亲身参与到公司的招聘工作中。

在过去的几年里，我读到的许多文章都谈到了职场环境的骤变。这让我越发担心我们的学校并没有帮助学生为踏入当今职场做好准备。于是，我决定采访一些雇主，了解他们现在招聘时所重点关注的素养。我问帕克他最希望未来的新员工具备哪些素养。我猜想他一定会抛出一条条专业技能，毕竟帕克是工程师出身，但他的回答却出乎我的意料。

“首先最重要的一点是我要招聘能提出好问题的人，”帕克回答说，“我们的业务在不断变化，所以工程师所具备的专业技能也要实时更新。公司可以教他们新的技术。可是，要解决问题或学习新东西，员工必须知道该问什么问题。怎么提出好的问题、如何思考是公司无法教给你的。能问对问题是最为重要的素养。”

“你还看中哪些素养呢？”我问他。我以为他接下来就会提到专业知识。

① 埃地沃兹是一家位于英国的制造和销售真空设备的公司，原名BOC Edwards，后更名为Edwards，故译为埃地沃兹。

“我还想要招聘能够积极参与讨论的员工。他们能够直视我的眼睛，听取意见和发表自己的意见，有商有量。”

“为什么这么说？”我有些困惑。

“我们所有的工作都是在团队中完成的，因此员工必须知道如何与他人合作。同时，你也必须知道在与顾客交流中如何找出他们的真实需求。如果不能让别人参与到讨论中来，你就无法获取到你需要的信息。”

一时间，我不敢相信自己的耳朵。我面前的这个人是一名工程师，也是一家拥有硬核技术的企业负责人。然而，他却说自己最看重的是那些能提出好问题、善于与他人交流的员工！我很惊讶，心中充满了问号。身处高科技、硬技术行业的帕克在寻找具有“软”实力的人，他和我认知中的首席执行官或工程师完全不相符。

后来，话题转到了孩子和学校。帕克偶然提到，他的一个孩子一开学就遇到了麻烦事儿——孩子质疑了老师说的话。从那之后，这位老师和帕克夫妇二人进行了多次坦诚的沟通，直到好几个月后老师才认定原来他们的孩子并不是惹事精。我在脑海中默默记下来：这位企业高管最看重的是提出好问题；他的孩子在学校因为向教师提问而遇到了麻烦。在我看来，学生因质疑教师而惹上麻烦并不是什么新鲜事。可是企业与学校大相径庭的态度却让我大为震惊。

我接着问帕克，在孩子的学校里，他和妻子最担心的问题是什么。他说：“妻子和我举双手支持《不让一个孩子掉队法》所描绘的愿景。”他指的是2002年美国颁布的一部具有里程碑意义的教育法。该法案增加了标准化考试的次数，让学校为学生成绩的提升负主要责任，目的是缩小学生之间的成绩差距。“但是，孩子的教师在考前花了一个多月的时间来教授和复习考试内容。这明显就是为考而教，完全不是为了加深学生的理解。”

才花了一个月准备考试，我在心里嘀咕。看来还有好多情况是他不知道的。他的孩子们就读的学校位于郊区，属于一个条件较好的学区。而经济条件较差的孩子，在他们就读的学校，一整个学年里的全部教学内容都是为了应试。先抛开为考而教这一点不谈，在和帕克的交流中，有一点吸引了我的注意：帕克任职的公司与位于印度、中国的公司有着直接的竞争关系；同时，这家不断发展壮大的公司为美国的年轻人提供了良好的就业岗位。作为这样一家公司的高管，帕克非常清楚他需要具备哪些素养的员工，而且他已经发现，尽管美国当前的教育改革方案在试着缩小中产阶级子女和贫困阶层子女之间的成绩差距，却很难让所有学生都学会提出好问题。飞机降落后，克莱·帕克和我决定保持联系。这位新职场的“原住民”给了我不少启发，甚至还动摇了我对当今职场的一些固有假设。

多年来，我穿梭在全美各地的学校和大大小小的会议中，为人们提供咨询、工作坊和演讲服务。在与教师、校长和家长谈话的过程中，我经常会播放一段教师上课的视频。看完这段大约15分钟的教学视频后，观众需要给这节课打分。我播放过许许多多的教学视频，而无论是哪一个，观众们总会给出各式各样的分数。换句话说，即使是一群教学经验丰富的教师，他们对一节课的质量也有着迥然不同的看法。（我们将在第4章分析为什么会出现这样的情况。）让我们回到明尼阿波利斯的教学大会现场。我在演讲中也带领观众做了这个打分活动。不出我的意料，他们给出的分数从A到F不等。就像过往的无数次一样，每个人对一堂好课的理解都不一样，这样的众说纷纭让我感到疲惫与沮丧。那感觉就像要用一只水桶舀干大海里的水，完全无力。我想起了和克莱·帕克的谈话。我真心地希望教师和家长们能听到他对我说的话，学校应该教孩子们提出好问题和思考，而不是一页页地过教科书上的内容，更不是准备应付考试。他的视角也许能帮教师与家长给优质教学下一个统一的定义。不过，我只进行了一次采访，听到的也只是帕克一个人的观点。也许对于年轻人最应当具备的竞争力，其他商界领袖会持有与帕克不同的观点。

回到波士顿后不久，我与克里斯蒂·佩德拉（Christy Pedra）坐下来聊了聊。她时任西门子听力仪器公司（西门子是世界上最大的助听器制造商之一，现在该公司几经并购，已经更名为WS audiology）的总裁兼首席执行官。西门子是一家业务注重多元化的公司，在全球拥有47万名员工，业务涉及自动化和控制技术的开发、制造，信息、交通和电力系统，医疗设备，等等。作为一个重视技术创新的企业，西门子需要的是掌握娴熟技术的人才。西门子提供的正是美国最想要的高新技术岗位，这些岗位也是我们极力想要留在美国为美国年轻人所竞聘的。因此，我很想听佩德拉谈谈她认为西门子的员工需要具备哪些素养。

我们刚聊了不到5分钟，佩德拉的话就让我大吃一惊。当时，她正在解释公司期待所有员工具备的一些核心素养。和帕克几周前说的不谋而合，她对我说："我的工作就是问问题。"

佩德拉接着说："踏入职场以来，我大部分时间都在做销售。销售和市场营销的重中之重就是了解你的客户。而我发现了解别人最好的方法就是问问题。我整天都在问问题。我如果问对了问题，就能获得想要的信息，这些信息能让我游刃有余地处理各项事务。在和客户交谈的过程中，了解他们的业务与需求会助我一臂之力，因为这样我就能抓住他们亟待解决的问题，还有背后的原因。如果和员工打交道，我可以通过问问题来理解他们的想法，理解他们的问题从何而来，到目前为止他们都采取了哪些解决措施。你看，这些都离不开提问的能力。"

佩德拉继续说道："实际上，这些年来我学到的提问技巧还为我育儿带来了很多帮助。可别告诉我的三个孩子！他们都叫我儿童审讯局①的局长。他们说中央情报局和联邦调查局的特工都没有我厉害。大概是因为我一直问他们类似这样的问题：'今年的历史课和去年有什么不同？你觉得哪些变化是好的，哪些是不好的？'"

刚好佩德拉提到了孩子和他们的课堂，我便顺着这个话题问她，她对公立学校的教学有何看法。她的孩子们就读的学校隶属于马萨诸塞州数一数二的学区，所以我猜她一定会对学校赞不绝口。

---

① 儿童审讯局（Child Interrogation Assciation）原文简称为CIA，也是美国中央情报局（Central Intelligence Agency）的简称。佩德拉的孩子们巧借中央情报局的缩写创造了儿童审讯局这一说法。

“学校花了大把时间来帮孩子们准备MCAS。”她指的是马萨诸塞州综合评估体系（Massachusetts Comprehensive Assessment System），在所有改革后的州级考试中，MCAS被普遍认为是最严苛的一项考试。“这些考试都没考到点子上。如果你想鼓励孩子成为科学家，那考查的关键不应该是他们记住了多少，而是他们探究了多少，所以重点应该是如何提出下一个问题。现在网上的信息应有尽有，但要把认识提升一个层次光靠搜索答案是不够的，你还需要积极地开拓与探索。我希望他们永远都不要停止提问，这才是我想让年轻人具备的能力。”

和帕克一样，佩德拉也认为，提出好的问题，以及吸引他人参与到交流中来是现代职场的关键素养。他们都对孩子就读的公立学校表达了同样的担忧，尽管我们许多人都认为这些学校已经是数一数二的了。他们担心学校在备考与死记硬背上花了太多时间，以至于没有时间教授更重要的思考能力。

颇具讽刺意味的是，我们对考试的重视来自人们日益增长的恐惧心理。大家害怕，如果我们不能培养出受过更好教育、更优秀的学生，尤其是在数学和科学方面，那么越来越多的好工作就会流向发展中国家，被那里更具竞争力的学生抢走。这份焦虑在很大程度上促使商界领袖和政策制定者们开始重视考试，要求学校教授更多的数学和科学课，并在高中开展更多的AP课程。然而，帕克和佩德拉都告诉我，他们公司看重的不是专业技术或知识，而是思考的能力。他们担心我们的学校一门心思扑在备考与记忆知识点上，完全忽略了对学生思维的培养。

到底哪条路是对的呢？我想知道一个真正的科学家会怎么说。我约乔纳森·金（Jonathan King）进行了一次访谈。他是世界知名的分子生物学家，任职于麻省理工学院，为本科生和研究生开设了一系列生物学的课程。他还负责麻省理工学院的一个研究实验室。在过去的半个世纪里，这个实验室一直为各所高校及美国领先的生物技术实验室输送科学人才。

金把两个儿子先后送进了久负盛名的马萨诸塞州剑桥市的公立学校。

他告诉我，二儿子上四年级的时候，学校的教学方法发生了令人咋舌的改变。“他们明明上的是同一所学校，有同一位班主任，”金解释说，“四年级的时候，我的大儿子有一段非常难忘的经历。有一次，他们班去到奥本山公墓（Mount Auburn Cemetery）里的池塘，从池塘的淤泥里采集样本。然后，学生们把样本带回学校，开始研究样本里的生物。他们在淤泥样本里发现了各种生物，有一些甚至我都没有见过！这是名副其实的‘上手实操’的科学。这段动手实践经历让他对科学产生了莫大的学习动力。”

“但我二儿子的经历却截然不同。现在所有的孩子都要参加MCAS，所以教师们觉得他们没有时间带孩子们去做‘有趣的事情’。实在抽不出时间去采集和研究淤泥，他们必须让所有的孩子为考试做好准备。”

“我为美国未来的科学发展感到担忧，”他告诉我，“要激发孩子们对科学的热情，我们就得让他们把手伸到淤泥里，我是认真的。他们得在实验室里钻研，学会观察，而不是死记硬背课本上的知识点。我在实验入门课上的学生在高中开设的AP课程中都取得了很好的成绩，但他们却连如何观察都不会。我让学生们描述他们在显微镜下看到的东西，他们却反问我他们应该在镜头里找什么。这不就是在问我正确答案是什么吗？”

继这三次采访之后，我前后与数百位管理者进行了交谈。他们在企业、非营利组织、慈善机构和教育领域担任着各种各样的职务，例如，首席执行官、大学教授、学区主管、学校校长和教师。我采访了各个领域的企业高管，从高科技公司到零售企业，从苹果公司到联合利华，从基础制造企业的负责人到美国陆军的高级军官。我还对与各种公司合作的高级咨询顾问进行了详尽的采访。许多高中生、大学生和年轻人参与了焦点小组访谈或一对一的采访。除了采访以外，我还翻阅了大量与“合格的劳动力”等问题相关的研究。与此同时，我几乎每个星期都会去学校听课。经历了这些采访、阅读与观察后，我必须告诉大家，一些鲜为人知的挑战正威胁着我们国家的未来。

全球成就差距

美国及许多国家的教育系统中都出现了两种成就差距。第一种差距已有翔实的数据可查，且被大众广泛地讨论，同时也是过去10多年（1995年之前）来教育改革的重点。那就是在教育质量上，大多数美国中产阶级的孩子与大多数穷人及少数族裔孩子之间的差距，以及由此产生的教学结果的差距。第二种差距我称之为全球成就差距（课堂与职场的鸿沟），即这个全球知识经济时代需要学生、职场人与公民具备的能力，与我们最好的公立学校正在教授与考查的能力，这两者之间的差距。站在美国的国家层面，我们一直在努力缩小第一种差距。具体来说，就是让经济水平最落后的学校能与经济水平较好的学校齐头并进。与之对应的措施主要是增加考试次数，让学校为学生的考试成绩负有更大的责任。然而，我越来越清楚地认识到，即使是在这些"好"学校，学生们也并没有习得21世纪最重要的素养。美国的公共教育系统，包括课程、教学法，以及要求学生参加的考试都形成于20世纪，以满足那个时代的需求。它们早已过时了。

第二种差距尚未进入大多数人的视野。一部分原因是因为该差距是由日常的经济、社会、政治和技术变化所带来的。而在过去20年中，我们无时无刻不与这些变化共存，对此早已司空见惯。因此，我们很难把这样的常态与塑造未来的看得见摸得着的力量联系在一起。然而，这些变化却有着深远的影响力。如果我们不能深入了解这些变化，重新思考21世纪年轻人的必备素养，并明确最响应时代需求的教育方式，整个国家的未来将充满巨大的不确定性。我们的下一代要在托马斯·弗里德曼提出的"新兴的扁平的世界"[①]里竞争、出人头地。可是，这个扁平的世界已经不同往日了。迅速发展和不断突破的科技正改变着它，中国、印度、泰国、菲律宾等国家惊人的经济增长也在重新塑造着它。同样地，自"9·11"事件以

① 弗里德曼认为在扁平的世界中企业可以在世界各地利用科技的手段快速地获得自己需要的信息，因此不同国家的人都具有相同的竞争基础。

来，美国的民主也面临新的挑战。而现在，全球变暖正威胁着整个星球赖以生存的生态系统。

为了应对这些以及纷至沓来的挑战，我们需要让学生接受不同的教育。在1983年，我们的“国家处于危险之中”，这个描述是当年发布的一份著名的教育报告的标题。这份报告强烈地谴责了美国的公共教育系统“正掀起一波平庸化的浪潮”[①]。与之相比，今天我们所面临的危险比想象中更为严重。《不让一个孩子掉队法》的初衷是好的。然而，该法律的实施却让所有的孩子在学习、工作和履行公民义务等新生存力上严重掉队。

在踏入职场前，年轻人需要具备哪些素养呢？我围绕这个话题做了一些研究，并随之深入理解了全球成就差距这个概念。我想找到今天的高中毕业生需要掌握的能力，这些生存能力能让他们胜任一份高于最低工资标准的“好”的工作。我还想知道雇主如何评价美国的高中和大学毕业生，与其他国家越来越多受过良好教育的年轻人相比，美国毕业生的竞争力如何。应对职场提出的要求与成为一个独立思考者、一个好公民之间是否存在冲突，在哪些方面有冲突？许多教育工作者认为这两者是互相矛盾的，而我想好好研究一下这个议题。我始终坚信，不能为了解决学生的就业问题，就舍弃把他们培养成积极参与民主社会、博闻多识的公民的可能。顾此失彼最终会竹篮打水一场空，我们必须两者兼顾。

1988年，我拜读了大卫·卡恩斯（David Kearns）和丹尼斯·多伊尔（Denis Doyle）合著的《在脑力竞赛中拔得头筹》（*Winning the Brain Race*）。这本书是最早介绍职场变化及其对教育的影响的作品之一。书中介绍到，当前的工作与职场人成功所需的素养正在发生变化。他们还在书里阐述了变化的形势。从那时起，我便一直在阅读相关的文章和研究。但当我开始为本书做研究时，我丝毫没有意识到职场大环境已经发生了翻天覆地的变化。

---

① 这篇报告认为美国的学校教育没能培养出具有竞争力的顶尖人才，而是在培养中规中矩的人。

一开始，我还觉得除了电脑和互联网的出现，现在的职场文化和工作方式与威廉·怀特（William Whyte）在《组织人》（*The Organization Man*）中描述的应该相差无几。威廉·怀特在这本著作中对20世纪50年代企业中的工作情况做了详细的介绍。这本书被许多人奉为有史以来阐述企业生态最经典的作品之一，至今仍吸引着大量的读者。怀特担心企业，以及美国其他大型组织为了让员工忠于权威，服从上级，便向他们施加过多的压力。怀特还为商业对教育的影响深感担忧。他忧虑企业会大量招聘会计和数学等专业的毕业生，而让人文学科成为濒危物种。怀特的结论是，要想在现代的组织中生存和成功，人们需要服从于权威。这种服从性极大地危害了个人主义，可正是个人主义才让美国有了今日的强大。他也提出了一个解决方案，即“有选择性地”挑战权威。作为《财富》（*Fortune*）杂志的编辑，怀特的这一提议着实令人意想不到。然而，怀特从来没有真正解释过有选择性地挑战权威具体的操作办法是什么。

许多人曾批评过20世纪60年代的教育系统，其中包括约翰·霍尔特（John Holt）①、保罗·古德曼（Paul Goodman）②、乔纳森·科佐尔（Jonathan Kozol）③等。这些评论家认为我们的公立学校和工厂的流水生产线如出一辙。两者培养出的都是缺乏思想、循规蹈矩的人，他们能顺利地适应怀特所描述的组织结构。在这样的大背景下，所谓的自由学校④在20世纪60年代末蓬勃发展起来。在那些学校里，学生能直呼教师的名字，可以选择自己想学的东西。但是，自由学校的支持者最开始只是为了泄愤，表达对当局的不满，并不是教导学生独立思考。的确，在那个时代，教育进步

① 约翰·霍尔特（1923—1985）是一位美国作家和教育工作者，20世纪50年代在美国小学任教过6年。他是在家教育的推行者，著有《孩子为何失败》《孩子是如何学习的》，指出了美国教育的问题。

② 保罗·古德曼（1911—1972）是一位美国心理治疗师和作家，在1960年出版了社会批判性著作《荒谬的成长》，同时也对20世纪60年代的自由学校运动产生了影响。

③ 乔纳森·科佐尔（1936—至今）是一位美国作家、进步活动家和教育家，著有《野蛮的不平等》（*Savage Inequalities*）。

④ 自由学校（Free Schools）出现在20世纪60年代美国的自由学校运动（也称新学校运动或替代学校运动）中。受到当时反主流文化运动和先进教育理念的影响，如“夏山学校”，它们提出了有别于公立学校的教学方针和教学内容。

人士很少提出要培养特定的思维或学习能力，也少有讨论教学结果的问责问题。大家看重的是能抒发自己的观点和进行创造本身。

自由学校出现后不久，家长和学校管理者就提出了强烈反对。他们担心学生会开始无视学校的规则，甚至是英语语法的规则。因此，在20世纪70年代“恢复基础教育运动”（back-to-basics movement）①席卷了美国大大小小的学校。到了20世纪80年代，许多教育评论家将SAT②分数的逐年下降归咎于20世纪60年代的“离经叛道”（后来的研究表明这样的指责是不公正的）。

1983年，《国家处于危险之中》出版后，商界领袖和政策制定者将改革的重心转向了让学校和教师对学生的成绩负责。于是，标准化运动（standards movement）③在20世纪90年代应运而生。这场教育改革运动试图去界定和测试所有学生应掌握的学术知识。随着《不让一个孩子掉队法》的实施，“高利害”的标准化考试不断增多。教师们承受着比以往任何时候都要大的压力，因为他们需要在成绩最弱的学生身上倾注大量的时间与精力。当然，关注学习较弱的孩子是《不让一个孩子掉队法》的积极影响。从另一个层面讲，教师们的压力也来自要提升标准化考试的分数。之后你会读到，这是我们面临的最棘手的教育问题之一。虽然已有明确的证据表明，越来越多的教师和家长对学校里大量的考试深表不安，但大多数人并不知道能做些什么。如今，关于美国教育的唯一辩论便是，是否要修改《不让一个孩子掉队法》里的某些条款。几乎没有人在反思学生应该学什么或他们的学习方式。家长和政策制定者都相信，高分是评价一个教学系统好坏最可靠的标准。因此，一个学校的考试成绩在很大程度上仍然左右着该学

① “恢复基础教育运动”发起于20世纪70年代，是为了应对学生知识水平下降、基本技能不足的情况，强调读、写、算等基础知识与技能。

② SAT（Scholastic Assessment Test）也叫学术能力评估测试，被称为“美国高考”，由阅读、文法、数学三个部分构成。

③ 标准化运动又称基于标准的教育运动（standards-based movement）或标准驱动的教育改革（standards-driven education reform），是为了解决美国公立中小学学生学业成绩差等问题，在20世纪90年代初开展的一项教育改革运动。

区的房价。

在过去几年中，学术界和政策专家发表了越来越多的研究以示警醒。他们指出，跟20世纪80年代的教育危机相比，现在的美国年轻人更难满足职场的要求。进入劳动力市场的美国人受教育程度远低于许多其他国家的年轻人。21世纪初期，美国学生高中毕业率为70%，这一比例低于大多数发达国家。而且，正如我们在前文所了解的那样，在这群高中毕业生中，只有不到一半的人在毕业时具备了大学所需要的素养，或掌握了略高于最低工资水平的工作所要求的技能。其他研究表明，总体而言，学生的成绩并没有因为《不让一个孩子掉队法》的实施而得到显著提高。事实上，2005年高中毕业生的阅读成绩是低于1992年的，而他们的写作成绩在1998年到2002年（最近一次美国写作评估报告于2002年发布）之间没有任何变动。然而，这些研究结果却很少进入大众的视野，所以大多数人仍寄希望于继续推行现行的教育法案和进行地方改革来改善教学。

在各个教育大会上发表演讲时，我经常会问听众们有没有读过最新出版的商业书籍。有时候，会场里常常一个举手的人都没有。教师们偶尔会从媒体上听到企业对毕业生的失望之情，不过大家对此一直抱着将信将疑的态度。自20世纪80年代至21世纪以来，美国的经济水平让全世界望尘莫及。尽管如此，国际竞争越来越激烈了，“天要塌下来了”这些声音却一直在教师们的耳畔回响。就像20世纪50年代的威廉·怀特一样，许多教育工作者担心，以进入职场为目标的教学意味着只传授实用技能，意味着学生需要盲从于雇主的要求。然而，之后你会了解到，更让教师们揪心的是“高利害”考试带来的排山倒海的压力。他们根本无暇顾及输出合格的劳动力这样抽象的概念。教师们眼下最关注的是所在学校或学区的“年度学业进度”是否达标，是否会因“不合格”而被贴上“失败”的标签。

与此同时，我们谁也不知道当今美国中产阶级的课堂到底是什么样的，甚至连教师们自己都不知道。我们会在之后的章节讨论其背后的原因。除了有一篇文章在阐述以中产阶级学生为主的小学课堂上的互动情况，我们手里没有任何实质性的数据能反映这些“好”学校、模范学校在教什么。相反，一直以来大家研究的重点都是“差”学校有多么恨铁不成钢。总而言之，虽然我们不断强调要教更多知识点，进行更多考试，但我们并不了解这些举措给一线教学带来了哪些影响。

刚才我们简要地回顾了美国历史上几次重大的教育改革。这些信息或许能从侧面解释为什么全球成就差距受到的关注如此之少。优秀能干的教师们每天教给孩子的内容，与这个世界未来需要学生具备的能力，这两者之间有怎样的出入？要看清这中间的差距，你必须先花点工夫了解在课堂的“旧环境”里与职场“新环境”中正在发生着什么。

在这一新一旧之间来回穿梭的我逐渐明白，当今职场、终身学习以及公民责任都要求学生掌握一套核心的生存力。然而，这些生存力却不在学校的教学或考试范畴内。那些眼光高于最低工资，却在踏入社会时并不具备新生存力的年轻人，他们将在未来步履蹒跚、举步维艰；他们同样不知道如何做一名积极参与、博闻多识的公民，或成为终身好奇与终身学习的成年人。如果父母和教师不重视这些生存力，他们的孩子可能会很难竞争到一份好工作，甚至是保住饭碗。孩子们也无法不断学习，更无法为社会做出积极的贡献。那些政策制定者和领导们如果无法理解新生存力的重要性，那他们一定是在密谋一场愚昧的阴谋。真的很遗憾，《不让一个孩子掉队法》救不了美国，它赌输了。

你是不是觉得我在夸大其词，杞人忧天？别急着合上书。接下来，你会读到我与新职场环境代表们的谈话。让我们一起走进我所说的21世纪的七大生存力吧。

生存力#1：审辨思维与解决问题的能力

在各种采访中，我总是会问受访者他们认为职场的核心素养是什么，以及在职场中取得成功的必备技能是什么。尽管表达方式不同，几乎所有人都不约而同地提到了提出好问题的能力。提问被认为是审辨思维和解决问题的重要组成部分。事实证明，在大多数雇主和商业咨询顾问看来，提出好的问题、审辨和解决问题是不分彼此、相辅相成的。因此，它们三者合在一起形成了新全球“知识经济”下的第一个生存力。这三种能力也能有效地帮助孩子们参与到民主事务中来。

凯伦·布鲁特（Karen Bruett）在戴尔工作，主要负责K-12教育的战略性商务拓展。她也是21世纪核心素养联盟（The Partnership for 21st Century Skills）[①]的前任主席。该组织的建立是为了重新定义知识经济中的“精准”。与凯伦的谈话让我开始理解审辨与解决问题在当今职场日趋重要的原因。

“在进入21世纪之前的20年里，企业的工作组织方式发生了翻天覆地的变化，”布鲁特解释说，“在过去，大多数公司都有繁杂的管理层级，采取的是自上而下的管理方式。除此之外，员工们术业有专攻。但放眼望去，今天的任何一家公司都在采用扁平化的管理方式。不同部门和小组之间会在同一个项目上相互配合，进行大量的合作。从前你的专业背景决定了你的工作内容。而现在是团队所要完成的任务、亟待解决的问题或你想实现的目标定义了工作内容。整个团队必须找出达到目标的最佳方法，也就是说，没有什么固定的解决方案，没有所谓的标准答案。因此，我们需要一线员工发挥审辨思维和解决实际问题的能力，让团队有效地运转起来。毕竟没有人能告诉他们具体步骤，一切都得靠他们自己琢磨。”

在与布鲁特交谈后不久，我与安玛丽·尼尔（Annmarie Neal）聊了很久。她是思科系统（Cisco Systems）人才管理部门的副总裁。思科系统是网络设备和网络管理领域里全球领先的供应商。和布鲁特一样，安玛丽也认为在她的公司审辨思维和解决问题是最重要的能力。不过对于这两者

① 21世纪核心素养联盟是由美国教育部与苹果公司、思科、微软、戴尔电脑等公司为找出21世纪所需人才应具备的能力而共同创立的，联盟提出了4C，即批判性思考（critical thinking）、合作（collaboration）、沟通（communication）及创造与创新能力（creativity and innovation）。

的重要性，她的解释略有不同：

“彼得 · 圣吉（Peter Senge）认为，现在，学习型组织变得前所未有的重要，因为今天的组织需要处理从四面八方涌来的信息流。[①]员工们需要筛选大量的信息，判断出信息的重要层级，摒弃无关紧要的信息。不具备审辨能力的员工是很难做到这一点的。”

审辨思维一直是学校里的一个热词。尽管教师们常年把审辨思维的重要性挂在嘴边，却很少有人能说出审辨思维究竟是什么，或者如何教授和考查审辨思维。这背后一个很大的原因是新的州级考试，甚至像SAT和ACT[②]这样的大学入学考试并不考查学生的审辨思维。因此，我想听听尼尔会如何定义审辨思维，以及她认为审辨思维在实践中的呈现方式。我很好奇，跟我曾接触过的教师们相比，尼尔能否给出一个更清晰更具象的解释。

她的回答给我留下了无比深刻的印象：“找出问题、厘清情况、深入核心；要理解问题的来龙去脉，我们需要从宏观而系统的视角看待问题，不能仅凭表象就轻易地做出判断。”

“审辨思维也是一种追本溯源的好奇心。有审辨思维的人会去思考为什么一件事是重要的。”接着，尼尔抛出了一个思考清单：“关于一件事，我真正需要了解的是什么？有哪些背景信息？其他人怎么看？所有的情况是如何交织在一起的？我们可以用哪些框架和模型，从不同的角度来理解这个问题，然后会得出哪些不同的结论或成果？”

尼尔最后总结说：“现在美国企业的其中一个当务之急就是要改变我们思考问题的方式：这个‘扁平的世界’需要我们怎么做，而不是‘老祖宗几个世纪来都是这么做的’。也就是说，我们要抱着学习的心态积极地应对困难与挑战，而不是故步自封，以为自己什么都知道了。我们需要的是好奇心，而不是对自己说‘我已经知道答案是什么了’。昨天的方法解决不了

① 彼得 · 圣吉是《第五项修炼》一书的作者。该书的核心思想是持续学习与系统思维能有效地帮助组织适应外界的各种变化。

② ACT（American College Test），中文名为“美国大学入学考试”，是美国大学本科的入学条件之一，包括英语、数学、阅读、科学以及作文（选考）。

明天的问题。”

尼尔在几所大学任教多年，所以我也咨询了几个和教学有关的问题。一个是她如何评估学生的学习情况，另一个是学生能否按照她提到的方式来思考问题。

“说句心里话，我对于学校并没有在教孩子们如何审思明辨感到忧虑，”她义愤填膺地回答我，“在大学教书时，我发现学生们根本不会审思明辨。审辨思维的养成非一日之功。这不是随随便便在一个学期里就能掌握的能力。我学的是心理学，之前做过一些儿童心理发展方面的研究。通过这些研究我了解到，孩子们一旦有了抽象思维，就应该开始练习审辨。如果孩子们常年使用一种固定的思维模式，那么大学很难教会他们用多元的方式来看问题。学校应该鼓励孩子们带着好奇心看世界，而不是为了应付考试而学习。学生们需要知道探究的流程。”

“你对高中教师有什么建议吗？”我问她。

尼尔斩钉截铁地说：“扔掉课本吧！教科书里没有孩子们需要的答案。答案都在课本以外的地方。我们面对的问题一直在改变，所以解决问题的方法也应当与时俱进。我们还得重新思考和设计一下评估方式。”她还补充道，“考试结果的确会给予我们引导和方向，可问题是我们的考纲从一开始就偏航了。”

在这些企业的管理者们眼中的职场素养与生存力都有着高度的一致性；不过，几乎所有的受访者都来自高科技领域。其实，这是我有意安排的，因为我觉得科技公司往往走在最“前沿”。它们不仅走在科技发展的前沿，在经济增长速度和创造新工作的速度上也走在各行各业的前列。提到创造新就业，我指的不是一般的工作。这些公司正在创造的是一些收入较高的岗位。我们希望把这类工作留在国内，留给美国的年轻人。因此，我认为，这些公司期待年轻人具备的素养是美国教育所要特别关注的。

当然，不是所有的年轻人都会去高科技公司工作。因此，我把研究范围扩大到对各行各业来说最重要的素养。

马克·马多克斯（Mark Maddox）是联合利华（Unilever）食品部门北美公司的人力资源部经理。联合利华是众多国际知名的食品、家庭卫生和个人护理品牌的制造商。2006年11月9日，他去到肯塔基州戴维斯县，以嘉宾的身份参与了一场专题讨论会。这次的专题讨论会由地区教育联盟（Regional Alliance for Education）主办，而马多克斯需要和其他嘉宾一起讨论如何培养合格的劳动力。马多克斯提到，在他的公司里，蓝领、流水生产线的工作方式已经发生了改变。这与布鲁特的总结惊人地相似：

"25年前，管理人员占所有劳动力的16%，行政人员占12%。而今天，管理人员占5%，行政人员占3%。1991年，我们走上了'持续改善'[①]之路。在那之前，员工打卡上班时，主管会告诉他们具体的工作任务。但1991年之后，管理层向扁平化发展，这就是职场的核心巨变。这个巨变背后有很多的原因，比如，经济、效率等方面。管理和行政人员属于间接劳动力，他们不在制造的一线。直接劳动才能为产品增加价值，所以为什么不直接利用一线工人的智慧和能力来完成所有的工作呢？这就是现如今我们转型的方向，也是业内很多企业迈向的方向。今天，我们做得最多的就是自我引导、持续改善和团队合作。"

"这些变化要求新时代的劳动力具备新的能力，"马多克斯继续说道，"我们需要能自我引导的一线生产工人、小时工。他们要么已经掌握了解决问题的能力，要么可以很容易地通过培训学会快速思考，为棘手且具有挑战性的问题找出有创造力的解决方案。我们不再需要一名主管来发号施令……这也就是说，我们正在寻找一类新员工：他们有审辨思维、创造力，能熟练地进行机械操作，还能始终以开放的心态来迎接新想法。我们的劳动力和业务要想在当今的全球环境中拥有一席之地，这些素养是不可或缺的。我们的竞争者不再是附近的城镇，而是印度的班加罗尔。现如今的竞争是全球性的竞争，这是我们所有人都不得不面对的挑战。"

---

① 是企业不断推行改进迭代某一运营流程、产品或服务的举措，以提高顾客满意度的方法。在制造业中，持续改善特指改进装配流水线的工作流程，以节约时间与成本。

台下既有企业管理者，又有社会和教育领导者，马多克斯并没有提到其实大多数高中毕业生都缺乏审辨思维和解决问题的能力。但他说到，在联合利华近来录用的流水线工人中，越来越多的人受过高等教育，有的人甚至拥有硕士学历。

我还与两位零售业的高管交谈甚欢。这两位希望不要透露他们的真实名字，因为不想向竞争对手透露公司自行开发的一些创新的员工培训方案。他们公司最看重的素养，与其他人告诉我的完全一致。经理需要具备哪些素养呢？面对我的这个问题，他们中的一位，我们就叫她苏珊吧，对我说："我们过去五年关注的重点是思维能力，以及情商。具体来说就是能否与他人互动、共情，能否另辟蹊径，是否敢于在团队中提出想法，并与他人互相配合把想法付诸行动。"

"你能具体说说思维能力指的是什么吗？"我问。

"有思维能力的人不会局限于眼前。他们能跳出现在，放眼未来，纵观大局，把一个个发散的点串成一条线。"苏珊解释道，"相较于线性思维[①]的人，我们要找的人既能提纲挈领，又能从细节入手整合大量的数据。"

苏珊的话让我想起了最近的一项全美问卷调查。这项调查由21世纪核心素养联盟与其他三个全美商业组织联合赞助开展，收集了400多家雇主的意见，旨在了解新员工的工作能力。研究人员的问题围绕着高中、两年制大学和四年制大学毕业生应当掌握哪些知识和素养而展开，比如，雇主最看重哪些素养，以及雇主如何评估年轻人对这些素养的掌握情况。其中一个特别有趣的问题是：五年后，员工最需要具备的素养是什么。调查得出的一个最重要的结论是：参与调查的近80%的雇主表示，五年后，高中毕业生最最需要掌握的是"审辨思维和解决问题的能力"。调查还发现，将近70%的雇主认为他们录用的高中毕业生并不具备这方面的能力。

艾伦·熊田（Ellen Kumata）是坎布里亚咨询公司（Cambria Asso-

① 在这种思维方式中，人们认为一个过程从一个点开始，遵循一系列相关的步骤，最后会在一个点结束。

ciates）的管理合伙人。她为《财富》世界200强公司的高管提供咨询服务。艾伦告诉我，如今各行各业的管理者都承受着巨大的压力。“在和客户谈话的时候，”她说，“他们提到的挑战是：面对一件史无前例的事情，我们如何下手？我们不得不三思而后行或从头思考，甚至从根本上打破常规。我们不能再循序渐进地迭代产品了。这样的速度是远远不够的。这个市场变化得太快，大环境变化得太快了。”

“《财富》世界200强的公司每天都要应对各种各样的挑战——全球化的挑战、用人和招聘的挑战，”熊田继续说道，“公司高层无所不知！他们可以自行解决所有问题！这样的想法早已不切实际了。管理层希望员工帮助他们找到问题的解决方法。工作的直接负责人同样也需要强大的分析能力。你的心思得缜密严谨：检验你的假设，不止步于表象，不要先入为主地做判断。”

和其他受访者一样，熊田认为提出好问题是审辨思维的一种体现。“你必须花时间去思考和准备下一个问题。你必须了解怎样问出正确的问题、非线性的问题、不按常理出牌的问题。而这样的问题才能让你更上一层楼。”

与罗伯·戈登（Rob Gordon）交谈时，我发现现在就连讲求服从命令的军队也越来越看重审辨思维了。戈登2006年从陆军退役后，便开始在城市年（City Year）工作。城市年是一个美国青年服务组织，致力于为年轻人提供参与社区服务①的机会。戈登曾被派往德国担任野战炮兵军官，还在普林斯顿大学完成了研究生课程。他在克林顿的总统任期和小布什的第一个总统任期里两度获得白宫学者②奖学金。在他以上校的军衔退役前，戈登的最后一条履历是在西点军校担任了8年美国政治学专业的主任。我问戈登，自他1979年从西点军校毕业以来，陆军军官的教育发生了哪些变化。

“大环境变了，军队的职能变得更多元了。我们现在要参与重建工作，

① 社区服务（community service）是人们为改善社区而进行的无偿工作。许多学校会带领学生参与社区服务，作为学生学习的一个重要课程。

② 白宫学者（White House Fellows）是参与白宫学者计划的年轻人。他们会以全职研究员的身份在白宫见习，这一年的时间里跟在政府官员身边，参与各项事务的决策讨论。

做好应急准备，等等。军队开始认识到世界是不确定的，也是不断变化的。这个观点已经成为西点军校培养领导力的核心思想之一。指挥官要能够在蓬勃发展的全球化大环境中运筹帷幄，要适应不断缩短的作战距离和反应时间，也要在不同的文化中工作，更要面对新的核武器大国以及各种文明的冲突。认识到这一点之后，西点军校的培养策略就发生了重大转变；顺应时代发展，军队需要的是有更强适应力的领导人才。我们减少了工程学的课程，增加了社会科学、人文科学和语言课程来增强学员思维的灵活性、应变能力，以及审辨力。”

接着，我问戈登他提到的审辨是什么意思。戈登的回答与安玛丽·尼尔的非常接近，但提及一个独到之处："审辨力包括用抽象的概念来解决实际问题的能力，以及制定和执行解决方案的能力。审辨力强调的是思维的广度和深度。有审辨力的人能熟练地使用一个框架来识别问题、分辨假设和事实、获取信息、寻找替代方案。审辨力的另一个重点是不要孤军奋战，要和持有各种观点的人打成一片，因为这些人可以帮助你找到最佳解决方案：在团队中共同发展领导力（Team-based leadership）。”

在团队中共同发展领导力这个表述我闻所未闻，它一下勾起了我的好奇心。与我交谈的所有人都强调了团队合作这个核心素养。当然，团队合作并不是什么新鲜事了。众所周知，在今天的美国社会，几乎所有工作在某种程度上都是在团队中进行的。我是说除了教育领域之外的所有工作。我回顾大家提到的团队工作、合作，以及革新领导力，想着想着，脑海中便浮现出了第二个生存力。

生存力#2：跨领域合作与影响型领导力

西门子首席执行官克里斯蒂·佩德拉的话让我意识到，如今的团队合作已不同于20年前了。“科技的发展让我们能在网上进行团队合作，”她解释说，“在我们公司，很多电脑工程类的项目都是在网上合作完成的。公司的某些团队会负责推进美国各地区的大型基础设施项目。而在其他项目中，员工则要与世界各地的人一起解决软件问题。同一个团队却身处异室，甚至分布在不同的城市。不过，每周他们都穿梭在各种电话会议之间；他们在网上汇报工作进展；参与各个视频会议。”

“七八年前，我参与了公司在新英格兰设立的虚拟办公室试点项目。我们不仅减少了办公设备的占地面积和办公室整体的规模，还给人们提供了技术与设备，让他们在办公室以外的任何地方都可以工作。不过，我们很快总结出一个教训：最难改变的是员工的行为习惯。他们不知道如何分头作业，然后再远程合作。因此，我们不得不为员工提供一些培训和咨询服务，教他们有效地使用电子邮件和电话会议。”

佩德拉接着介绍道，虚拟办公室和线上交流带来了一个巨大的挑战。那就是团队成员间很难建立和深化对彼此的信任。“我曾经读到，信任度等于积极互动的数量除以互动的总数，”她解释说，“积极互动的次数越多，信任程度就越高。想象一下你进到办公室，脱下外套，整理桌面，或者拿起一杯咖啡，却看不到你的同事，在开会的时候却不能面对面地讨论与交流。在这种情况下，要制造积极的互动来建立信任谈何容易？”

与思科的安玛丽·尼尔讨论时，我们也提到了虚拟办公和全球合作所面临的挑战。“合作对我们来说是一项必备能力，”她说，“命令控制型的领导风格越来越不被看好。人们需要看到流畅地配合和跨职能合作的重要性。随着业务的全球化，与世界各地融洽协作的能力变成了一种竞争优势：你需要统筹规划全球资源和时区优势，了解哪类工作在哪里进行性价比最优、效率最高，哪里的劳动力最适配去完成哪类任务。这背后的主要考虑维度要么是地域文化，要么就是培训程度。”

对军队来说，准备好在全球范围内作战也是一个重要议题。罗伯·戈登告诉我，军人“在今天必须具备更强的全球观，因为我们需要奔赴世界各地，与有着不同文化背景和宗教信仰的人打交道。土生土长的美国人要比其他人付出更多努力，才能看清楚这个世界正在发生的事情。军官和士兵都应当在这个方面做更充足的准备”。

《纽约时报》商业版曾发表过一篇头条文章，题为《IBM升级了外包方式：明确哪些工作应该在哪里做，由谁来做》（*At I.B.M., a Smarter Way to Outsource—Figuring Out What Work Should Be Done Where and By Whom*）。这篇文章让我进一步了解了当今职场大环境中合作的新模式：

> 今天，IBM把分布在全球的劳动力按照专业技能进行分组，并通过高速的网络把不同的小组对接起来。一个项目经理可以在全球范围内为某一项工作寻找与之相匹配的员工。让我们来看看IBM在得克萨斯州进行的公共设施项目，这个项目能让大家看到什么是集结五湖四海的力量。远程办公团队中的研究人员位于纽约州的约克敦高地和得克萨斯州的奥斯汀；软件开发人员位于印度的浦那和班加罗尔；工程设备和品质控制专家身处迈阿密和纽约。除此以外，像塔夫塔先生这样的公共设施专家与软件设计师分布在费城、旧金山、洛杉矶、芝加哥和北卡罗来纳州的罗利，等等。

对越来越多的跨国公司来说，能熟练地与世界各地具有不同文化背景的伙伴交流合作是招聘的最低门槛。正如尼尔和《纽约时报》的文章所指出的那样，策略思维是一项核心素养：从人才和成本的角度出发，确定进行某项工作的最佳地点。然而，随之而来的可能是更大的挑战：面对有着迥然不同文化背景的团队成员，如何打造一支能高效运作的团队？

21世纪核心素养联盟认为，理解和欣赏多元文化是所有高中毕业生都需要掌握的额外的核心能力。同时，联盟还将“全球视野”（Global Awareness）纳入了“21世纪素养框架”（21st Century Skills Framework）。在过去几年里，21世纪核心素养联盟一直在向美国的政策制定者和教育领导者推广该框架。根据该联盟的定义，全球视野指的是学生能够：

- 运用21世纪的素养（如审辨思维和解决问题的能力）来理解和关注全球问题。

- 在生活、工作和社会活动中，本着相互尊重和坦诚交流的原则，与有着不同文化、宗教背景和生活方式的人彼此学习，互相合作。
- 了解其他的国家和文化，包括使用英语以外的语言。

这三条定义看起来相当简明，但安玛丽·尼尔却说，在她工作过的企业中，很多人其实并没有熟练地掌握这些能力。“在美国，人们很难与世界各地的人合作，因为美国人习惯了掌握控制权。许多人不知道如何放手去信任他人。他们只会督促员工完成手头的任务，而不太会为他人赋能，激励人们上进。此外，他们难以把权力或项目所需资源让渡给下属机构。”

尼尔和其他许多人都谈到，由于种种原因，“命令和控制”型的上下级关系在企业中逐渐成为过去式。为了节省开支，管理层的人数已大幅减少。而且企业已经意识到，任务的直接负责人往往对如何改进产品或服务有着更直观的理解。然而，正如尼尔所提到的，对习惯了传统上下级结构的人来说，向扁平化的管理模式转型简直是难于上青天。其实，这不仅是职场前辈们所面对的困难，之后我们会读到，“旧学校”跟许多公司相比，在发号施令上有过之而无不及。学生们习惯了听命于教师，他们也很少进行团队合作。在结束了和高管们的谈话后，我发现今天的学生并没有准备好在职场中合作，他们也不知道如何用与过去截然不同的领导力为团队做出贡献。在今天许多高管的心目中，团队合作能力与一种新颖的领导方式是相辅相成的，两者缺一不可。

迈克·萨默斯（Mike Summers）是戴尔全球人才管理的副总裁。他告诉我，最令他担忧的是年轻人缺乏领导能力。“刚从学校毕业的孩子们极度欠缺基本的领导力和合作能力，”他解释说，“他们缺乏的不是指挥或命令的能力，而是影响他人的能力。”我们的年轻人只接受过一种领导力，这种领导力的核心是服从指令，而不是依靠逻辑推理来让人信服。以团队和工作网络为单位的企业推崇的是后一种领导力。

他继续说：“学生们的想法有时候很天真。很多学生觉得在企业工作，一切都有明确的步骤，一些人下达指示，其他人执行。然后又会有新的指示，就这样循环往复。他们不了解企业组织形式的复杂性——职能与部门之间的界限不是一成不变的，很少有一个小组能手握任务所需的所有资源。如果能支持你的人不在你的部门，或者不是你的手下，甚至说这个项目需要你组建一个新的团队，你该怎么办？你要怎么推动你直接管辖范围之外的事情？”

思科高级副总裁兼总法律顾问马克·钱德勒（Mark Chandler）与萨默斯有同样的困扰。他认为企业中最重要的领导力指的是："我们公司上下面临的最大问题是找到在各个部门都能发挥其领导力的人。”当我问他如何定义领导力时，钱德勒回答说："我们的理念是，以德服人，以影响力服人，而非位阶权势。”

听着这些管理者描述着21世纪职场的核心素养，我在想，这些素养与许多人眼中合格公民的特质是否有共通之处。毫无疑问，无论是作为员工还是公民，今天所有的年轻人都应当学习如何与他人沟通。在这一点上，我们应该继续深挖：除了基本沟通之外，美国的高中毕业生难道不需要学会理解另一种文化或宗教吗？仅仅能从嘴里蹦出几句外语，抑或是为了获得学分而去做海外交换生就够了吗？

我不是说所有的高中生都应当修习其他国家的现代史或古代宗教，不过何尝不可呢？我想要强调的是，美国学生有必要去学习如何搜索并理解与其他文化有关的重要信息。今天有多少高中毕业生知道怎样研究逊尼派和什叶派穆斯林之间的差异？更重要的是，有多少人能从历史的角度分析为何这两个派别间一直存在激烈的冲突？接着，又有多少人能把那段历史与当前伊拉克和中东其他地区的局势联系在一起？而又有多少人能从中得出有理有据的见解——美国应该如何应对这场冲突，那阿以冲突呢？当然，许多上了年纪的人可能也不知道如何分析和理解这类事件。但是今天的世界远比过去的要危险。如果没有一大批能够主动研究与思考的公民，国家的未来不是会更加危机四伏吗？

对企业与社会来说都至关重要的另一个素养就是影响型领导力。它指的是今天的公民能为他们的社区带来改变：试着去影响各类人群，建立互助小组，然后为了共同的目标而一起努力。这不也正是我们希望每个年轻人掌握的领导能力吗？因为这样他们才能积极地参与到民主制度的建设中。

一个是全球知识经济下的工作岗位最需要的素养，一个是维护民主制度的安全和保护民主社会的活力最需要的素养。在我看来，这两者正日益趋同。从我有限的认知来看，公司需要年轻人能够解决问题，具备审辨思维，能提出好的问题，甚至是发人深省、挑战权威的问题。公司还希望年轻员工与国内外的人高效地合作，理解并尊重差异。最后，公司的权力与责任组织形式正在发生巨大的转变。越来越多的公司正走向一种等级模糊、互惠共赢和彼此关联的结构。理论上，优质的博雅教育是能够为社会输送具备这些素养的人才的。现如今，为职场培养合格的人才，为民主社会培养合格的公民，这两者已不像过去那样彼此对立了。

当然，不能说“对通用汽车有利的事情就一定对整个国家有利”。这句话是半个世纪前，查尔斯·威尔逊（Charles Wilson）担任通用汽车总裁时喊出的口号。通用汽车当然希望招纳到更多能够解决实际问题的员工，也希望员工能以审辨思维研发出性能更好的运动型多功能汽车（SUV），却不一定希望他们去质疑公司提高产量的决策（很多人认为汽车对环境不利）。我敢肯定，你如果在2001年质疑安然能源公司（Enron）的某些商业行为，或其会计师事务所安达信（Arthur Andersen）的做法，估计会很不受待见。一个人如果从小就被教导要以审辨思维来看事情，那这个人不仅会质疑板上钉钉、约定俗成的流程，甚至还会质疑顶头上司或业内权威。如果更多的年轻人开始学习审辨思维，未来的企业能在多大程度上接纳和欢迎这份审辨？如果我们教孩子去解决日益棘手的技术问题，他们在未来是否也会在公司提出尖锐的道德问题，并要求公司履行道德责任？在采访了一众年轻人后，我对这个问题的回答是：这是可能会发生的。你会在第5章读到更多相关讨论。

如果员工创造出了更好的产品和服务，实现了企业增值，但同时也要求企业承担更多社会责任[①]，企业应该作何回应？审辨思维能否按场景“划分”，选择性地开启和关闭，或者只应用于某些问题？我想是不可能的。或者说，批评和质疑会不会以某种我们尚不了解的方式在公司中被消音？又或者说，这些声音会不会在未来逐渐成为企业的良知？通用汽车如果从前鼓励员工积极地参与产品讨论，而不是仅关注短期的股东回报，今天也许会在市场上有更强大的竞争力。说到这里，丰田曾预计将在2008年超越通用成为全球最大的汽车制造商。而如今，丰田已经成为世界最大的汽车制造商。令丰田闻名遐迩的正是其积极主动地让员工参与到改善产品的决策中。这一举措被称为“丰田生产体系”（Toyota Production System），我将在后文细述更多与之相关的内容。丰田不仅在利润和质量方面是全球的佼佼者，在混合动力汽车和其他绿色科技的研发上也处于领先地位。我很想知道员工的高参与度是否会提升企业的公民意识。

不过，我们得先把这些问题放一放。因为，正如后文将提到的，我们的学校还远远没有跟上。我们的毕业生没有在学校里学到如何提问、审辨地思考、解决问题、有效地进行团队合作，或者在社区或公司中成为影响型领导人才。

生存力#3：随机应变与灵活适应

新职场环境是错综复杂的。我们正在经历一次快速且影响深远的职场转变，那就是从命令与服从转变到团队合作。同样地，对组织中的每个人来说，与日俱增的变化速率、庞大的数据量，以及个人与团队在日常工作中面临的日益复杂的问题都成为巨大的挑战。所有这些变化都直指一条重要的生存力：随机应变与灵活适应。各行各业的管理者在访谈中都反复提

① 企业社会责任指企业除了财务绩效之外，还要考虑对自然、社会等方面的影响。

及了这两点的重要性。

克莱·帕克解释说，现在埃地沃兹的每一个员工“都必须会思考，能灵活应对各种情况，做出改变，能适应新环境，并使用各种工具来解决新问题。我们从未停下改变的脚步。我已经在这里工作4年了。由于业务的变化，我们每年都会对工作进行彻底的重构。员工必须学会适应各种情况。我可以向你保证，今天我开放的岗位在未来一定会发生变化，甚至不复存在。这也就是为什么具备适应能力和学习能力比掌握一门技术更重要”。

凯伦·布鲁特也赞同帕克提到的变化速率。“人们的工作变化得非常快。我在戴尔做了很长时间销售和营销一类的工作，但现如今我的工作内容与五六年前的完全不同了。为了生存，为了保住饭碗，你必须随机应变，还要有较强的适应能力，而且要终身学习。因此，我们要求员工具备这样一些核心素养：能处理界定模糊的情况，不断学习，以及战略机敏性[①]等。”而对此，布鲁特担心的是我们的学校尚未做出任何改变：“我们现在的课堂和50年前的相比并没有什么变化。这怎么能行呢？”

安玛丽·尼尔用“破坏”[②]一词阐述了在快速变化的新商业环境中我们为什么需要随机应变。“现在的思科正痛苦且艰难地迈向全新的领导层素养模型，”她告诉我，“我们试着有针对性地提炼出领导者需要具备的各种素养。其中一个便是能管理破坏：（1）领导者如何处理那些会影响他们自身思考和领导方式的外部因素（如‘9·11’事件和全球其他地区正在发生的事情）？（2）如何处理内部的破坏——创新，并及时改变其管理方式？（3）他们如何理解行业内部或相关赛道正在经历的破坏？”

马克·马多克斯阐述了随机应变与灵活适应在提高流水线工作质量和生产率方面的重要性。“今天的员工必须适应各种变化，他们不能安于现状，”他说，“如果我们今天组装了两万个产品，那为什么明天不能完成两

① 战略机敏性（strategic agility）指在各种情况中提高业绩、对市场做出积极响应的能力。

② 这里的破坏与“破坏性创新”相关，由哈佛大学教授克莱顿·克里斯坦森（Clayton Christensen）提出。是指将产品利用科技性的创新等方式突破现有市场所能预期的消费改变。

万一千个呢？我们不能被自满蒙住了双眼……因此，我们想雇用那些乐于接受新事物、新想法的人。”

罗伯·戈登解释说，在西点军校，“我们增加了一个对综合能力的考查。学员们必须证明自己的领导力能帮助他们在一个不断变化、充满不确定性的世界中解决问题”。“你必须能够接受各种新信息、新情况，并在模棱两可、难以预测的情形中做出决策，”艾伦·熊田说，“你必须在这种崭新的环境中成长、成才，并交付成果。我们的教育体系提倡这样一种观念：问题总有一个正确的答案，如果你答对了，就会得到奖励。但要适应现在新的经济和环境，你必须明白你生活在一个没有标准答案的世界，即便有，这个答案的正确性也会转瞬即逝。别怕，因为一旦产生恐惧心理，你就不能清醒地思考了。”

生存力#4：积极进取与勇于开创

在许多公司，员工能很好地解决问题，能在团队中融洽地合作，他们还可以灵活适应新的环境和想法。然而，我发现，员工仅仅掌握这些是不够的。同样，许多面临新挑战、需要领导积极采取行动的组织还需要另一种素养。在采访中，一提到希望今天的员工（和公民）如何应用这些生存力时，大家的回答通常一致且笃定：现在的领导者希望看到个人在积极主动地甚至开创性地寻求机会、提出想法和搜索改进策略。

你已经在本章中读到了许多采访内容。许多管理者都提到了个人和团队积极主动地解决问题或提出更好的解决方案的重要性。联合利华的马克·马多克斯表示：“我们需要能自我引导的人……他们能……为棘手且具有挑战性的问题找出独到的解决方案。”凯伦·布鲁特说道，她的教育团队中，理解技术一直是员工最需具备的素养，“我们需要转变视角，需要去理解客户面对的问题——在我的情况中就是教育领域的问题。员工需要帮助教师们弄清楚如何有效地使用技术。为此，我们必须自己主动地去弄清楚背后的细节和操作方式”。

艾伦·熊田给我讲了一个大型金融公司高管们的故事。她为该公司提供咨询服务。在过去短短的几年时间里，公司高管们的想法就发生了巨大的改变。“6年前，我和他们一起研究公司需要什么样的人才。然而，整个过程并不顺利，因为大家认为无法用具体的词汇来定义素养，只能看眼缘找对的人，没法把要求白纸黑字地写在招聘启事上——这都是传统的思维方式。昨天，我们又和所有高管就这个问题进行了一整天的讨论。他们对自己需要的素养有了更清楚的想法：成就导向和成果驱动。他们在寻找那些积极进取、勇于开创的人。现在，他们决定把发现、栽培和留住这类人才作为高管绩效管理系统的一部分。这背后的原因是，公司正在迅速扩张，挖掘和留住这类人才将会保住公司命脉。”

思科的马克·钱德勒或许算得上是这些特质的头号支持者。“领导力就是能主动采取行动、相信自己具有创造力的能力，”他告诉我，“我对自己的员工说，你尝试了5件事，且件件都做对了，这并不代表你成功了。然而，如果你尝试了10件事，其中8件都做对了，你就是个英雄。如果你设定的目标跳出了自己的舒适区，达到了你的发展区，你就永远不会因为没有达到目标而被批评。但你会因为没有试着走出舒适区而被指责。大公司面临的诸多问题之一就是规避风险，所以现在我们要努力在大型组织中培养出开创精神。”

总结一下：今天的“组织人”与怀特多年前描述的那群人已有了很大不同。无论是白领、蓝领还是军人，为了解决问题，创造更好的产品与服务，大家都经常在团队中工作，或在线上线下与他人配合。他们“领导”团队最有效的方式是通过影响力，而不是下达命令。最后，由于日新月异的各种变化，今天成功的员工必须具有高度的适应能力，而且在越来越多的组织中，他们甚至需要勇于开创。简而言之，在我们的经济中，越来越多的人成了商业大师彼得·德鲁克所定义的“知识工作者”。早在1959年，德鲁克就在《已经发生的未来》中首次提出了这个概念。在现如今的各个领域中，一名成功的知识工作者所需的素养还在不断迭代和发展，只有我们的学校迟迟没有做出任何改变。

生存力#5：有效的口头交流与书面沟通能力

在我们探讨第二个生存力时，佩德拉描述了她的团队开始削减面对面工作时，大家面对的第一个挑战。她告诉我："我们不得不为员工提供一些培训和咨询服务，教他们有效地使用电子邮件和电话会议。"事实上，不仅仅是佩德拉的团队有这样的问题，和我交谈过的许多人都对员工的沟通能力感到苦恼。多年来，许多关于大学和职场必备素养的研究都重点强调了沟通能力的重要性。随着团队成员的背景越发多元，沟通能力只会变得越来越重要。在民主氛围中清晰表达自己观点的能力，以及有效地跨文化沟通的能力，也是一项重要的公民素养。

21世纪核心素养联盟的调查显示，当雇主被问及高中毕业生的素养时，"超过一半（52.7%）的雇主表示，书面表达能力，包括清晰高效地撰写备忘录、信件和复杂的报告，对评价高中毕业生的工作绩效有着'非常重要'的影响"，"80.9%的受访雇主认为高中毕业的员工能力'不足'"。该调查还对两年制和四年制大学毕业生的写作能力进行了评估："46.4%的受访雇主表示有两年制大学文凭的职场新人能力'不足'，超过四分之一（26.2%）的受访者称持有四年制大学文凭的职场新人能力'不足'。"近三分之二（64.9%）的受访雇主表示，对两年制大学毕业生来说，英语写作能力"非常重要"；近90%（89.7%）的人表示，英文写作能力对四年制大学毕业生来说"非常重要"。

正如安玛丽·尼尔告诉我的那样："大家最欠缺的是沟通能力，包括书面表达和口头交流。这个问题不容小觑。"

我问罗伯·戈登有没有什么建议可以给到今天的教师，他毫不犹豫地说："教他们写作！有效的沟通是其他一切事情的敲门砖。人们不仅需要和熟悉的人交流，还要和其他圈子的人沟通。即使是军人也需要熟练地运用电子邮件进行沟通。我是在2004年1月再次前往伊拉克时意识到沟通的重要性的。当时，我们询问一名旅长，他对这次派遣有什么印象深刻的地方。他提到了一群士兵并给予了他们高度的赞赏。这些士兵不仅能看懂屏幕上出现的接近实时的作战情况，还能正确地解读和分享他们的所见所闻。”

迈克·萨默斯也曾激情澎湃地与我谈论过这个问题：“年轻人的沟通能力经常让我们很讶异，不论是口头交流能力、书面写作能力还是汇报展示能力。他们好像做不到简洁明了，也不太会把自己的观点有重点、有激情、有感染力地表达出来。在一位高管面前，如果你不能在60秒内把方案表达清楚，迎接你的将会是高管的灵魂拷问：‘所以，你想表达的侧重点是什么？’每每这时，年轻人就会哑口无言。”

萨默斯提到的一系列能力让曾是一名英语教师的我瞠目结舌：不仅要清晰简洁地交流想法，还要能有重点、有能量且有感染力。萨默斯和其他公司的管理者并没有在抱怨年轻人一塌糊涂的语法、标点符号和拼写——这些我们在学校里耗费大量时间教和考的技能。虽然规范的写作和谈吐很重要，但让管理者不满的是年轻人缺乏有逻辑的想法与自己的内在心声。然而，商界领袖们不知道的是，大多数教师其实并没有接受过这样的写作教学培训，学校也没有鼓励教师们去开设相关课程。相反，每天在课堂上，教师们会教120多个学生使用同一种写作套路来应付考试。备考之外，教师们几乎挤不出任何时间来做别的事情了。

生存力#6：获取与分析信息的能力

21世纪的员工每天都要处理海量涌人工作中的信息。就像迈克·萨默斯告诉我的那样：“现在的信息量真是太大了，大到难以想象。如果人们不会高效地处理这些信息，就会被信息的巨浪淹没。”安玛丽·尼尔指出，组织需要了解人是如何处理信息流的。她还强调了员工在接收和使用信息时运用审辨思维的重要性。罗伯·戈登说，所有的高中毕业生都需要学习如何获取和分析不同类型的信息。在零售行业工作的苏珊谈道，她的公司需要“既能提纲挈领，又能从细节入手整合大量数据的人”。正如她所说的：“有太多的数据亟待人们去整合。人们不能不停地发布报告。他们必须从报告中提取关键信息，然后说‘根据这些信息，我们接下来应该……’”

在写到20世纪60年代知识工作者的重要性时，彼得·德鲁克解释说，正是大量可用信息的出现，以及社会对分析信息的需求，促使甚至要求越来越多的员工成为知识工作者。换句话说，即使在德鲁克的时代，从信息中发现新的挑战与机遇的能力已然成为职场中的核心竞争力。而如今，这一点尤其如此。随着互联网的出现和快速连接的日益普及，在很短的时间内，我们已经从一个只有少数人掌握有限信息的社会飞跃到一个全员信息过剩，且信息日新月异的社会——几乎任何检索结果都能在纳秒之中出现在你眼前。

除了喷涌而出的信息量，我们面对的挑战还包括信息的飞速变化。快问快答，宇宙有多少颗行星？20世纪90年代初，我还在哈佛。那时候，我听时任校长的尼尔·鲁登斯廷（Neil Rudenstine）在一次演讲中说到，人文学科知识的半衰期①是十年，而数学和科学知识的半衰期只有两三年。那次演讲已经是很多年前的事了！不知道今时今日他的稿子会作何改变。

显然，这场信息革命不仅改变了我们的工作，还对履行公民义务与终身学习都产生了深远的影响。今天，要成为一个积极参与、博闻多识的公民，仅仅会读报纸是远远不够的。我们必须能从各种信息源中获取信息并评估信息。如果我们不知道如何评估信息，那么这份信息就没有什么价值可言，甚至可能是危险的。因此，面对信手即可拈来的信息，审辨思维就显得更为重要了。最近，一位教师给我讲了一个故事，这个故事直观地反映了这种新挑战。不幸的是，这个故事不是偶发事件，而是冰山一角。在

① 知识的半衰期（half-life of knowledge）指的是一个在某一领域很有学问的人，如果停止学习，就会进入基础知识仍起作用，其他的一半新知识已经落伍的时期。

马丁·路德·金纪念日[①]前，这位教师让学生们去研究马丁·路德·金的生平。然而，作业交上来后，好多学生在网上搜索到的信息让教师倒吸一口凉气。原来，一个白人至上主义的组织已经为这个重要的节日布下了陷阱。他们操纵了互联网的搜索结果，所以当一个人在搜索引擎中输入马丁·路德·金的名字时，该组织的主页就会出现在结果页面的前五名。他们的主页提供了一些真实准确的生平信息，所以乍一看似乎没什么问题。但是当学生们继续浏览网页里的其他信息时，他们就会读到各种各样宣扬种族主义的内容，而这些内容都被标榜为事实。

面对能即时获取的信息巨浪，我们的学校到底应该教授怎样的课程？不过，在探究这个根本性问题之前，我们还有一个生存力需要加以考虑。

生存力#7：好奇心与想象力

“好奇心”和“求知欲”这两个词频繁地出现在我与领导者们的采访中。创造力和创意不仅是解决问题的关键要素，也是开发新产品或改进服务的必备素养。因此，今天的员工需要同时掌握“左脑”力，比如审辨思维和解决问题的能力、获取和评估信息的能力，等等，以及“右脑”力，比如好奇心、想象力和创造力。仅仅学习如何提问是不够的，比如律师和工商管理硕士的培养方式。员工还必须巧用分析能力，打破常规定式，提出有创造性的解决方案，并设计出能在竞争中脱颖而出的产品和服务。换句话说，新一代的知识工作者，不仅要有严谨的思维方式，也要有强烈的好奇心、活跃的想象力，还能通过共情来了解对方的需求。

克莱·帕克看重的不仅是员工的聪明才智。“我想招聘的是会思考的人——聪明还不够，还需要有好奇心。他们对这个世界是否有着浓厚的兴

---

① 马丁·路德·金（Martin Luther King, Jr.）是一位美国牧师、社会运动者和非裔美国人民权运动领袖。1964年，他因长期以非暴力方法追求种族平等理想而被授予诺贝尔和平奖。1986年后，每年一月的第三个星期一被定为“马丁·路德·金纪念日”。

趣？他们是否想要一探究竟？”请记住，分析能力和创造能力密切相关，却各有千秋。迈克·萨默斯告诉我：“在现在的大环境中，谁先学会提出绝佳的问题，谁始终好学好问好钻研，就会成为一马当先的那个人。那是因为他们能以最创新的方式解决最棘手的问题，并为整个行业带去深远的影响。”

安玛丽·尼尔把好奇心定义为审辨思维的关键。她告诉我，好奇心就是“找出问题、厘清情况、深入核心；要理解问题的来龙去脉，我们需要从宏观的系统的视角看待问题，不凭表象轻易地下判断，好奇事情为什么是这样而不是那样”。换句话说就是“系统分析”的能力很重要。有好奇心的人会去思考如何让系统实现质的飞跃，甚至推翻旧的，重新发明一个新的。我们一次又一次地听到，刚从高中甚至大学毕业的新员工不知道如何思考问题，也不知道怎样有效地解决问题。其实，第一步便是要充满好奇心。

《全新思维》一书的作者丹尼尔·平克认为，越来越多的白领工作正在被自动化取代或外包“出海”。这也是为什么我想了解今天的年轻人急需具备哪些素养。他也注意到，在这个日益富足的时代，人们想要独具特色的产品和服务。在琳琅满目的商品中，普通的产品已经吸引不了消费者：“对企业来说，推出一种价格公道、功能齐全的产品还不够有竞争力。产品还需要有颜值、有独到之处、有寓意。在一个什么都不匮乏的时代，要是产品只照顾到消费者的合理消费需求或实用消费需求，就会在市场竞争中黯然失色。工程师们的工作是让产品物有所用。然而，如果这些产品既不赏心悦目，也不打动人心，就不会有人想要购买。毕竟市面上其他的选择实在太多了。”平克还指出，“高概念和高感性”将在未来盛行，为了增加竞争优势，我们应该大力提升想象力、创造力和共情能力。“高概念能力包括：创造艺术美感和情感美，辨析各种模式，发现各种机会，创造令人满意的故事，以及将看似无关的观点组合成某种新观点。高感性能力包括：理解他人，了解人际交往的微妙，找到自己的快乐并感染他人，以及打破常规、探寻生活的目标和意义。”①

在麦肯锡（McKinsey and Company）工作的迈克尔·琼格（Michael Jung）是一位经济学/工商管理硕士、经济学博士，同时也是一名为全球各大跨国公司提供咨询服务的高级顾问。他的想法与平克的观点不谋而合。不过，根据自己多年的经验，琼格勇敢地将平克的洞见往前拓展了一大步。琼格正在为私营和公共部门研发新一代的能实现大规模革新的管理方法。为此，他带领麦肯锡的一个新部门专门开发和实践这样的项目。

琼格表示：“在知识经济中，公司内部、产品或业务往来中都有很多个人发挥的空间（idiosyncratic niches）。我认为最成功的员工是那些具备主动适应性的人，他们不仅能在分配给他们的任务中如鱼得水，还能创造出适合自己的职位。很多人仍然认为工作是公司主动分配给员工的，不过我认为实际上越来越多的员工已经开始主动在公司里创造工作了。”

“传统的观点认为工作是由雇主定义的，而员工必须按照雇主的想法完成工作，”琼格继续解释说，“长期以来，职场中的真实情况却不是这样的。员工能用主观能动性来决定做什么、如何做。他们如果做得不错，实际上便是打造了自己的工作天地。你去理发店，理发师本应该听从你的要求为你理发，但你真正希望的是他设计出让你中意的发型。也就是说，你想要理发师为你量身定制一个独具匠心的创意。对于码农、销售代表来说，也是如此。他们把公司的想法与个人风格结合起来，从而建立起一个真实的、值得信赖的形象。这份可靠和可信为员工带来了可观收入。”

查理·卓别林（Charlie Chaplin）的《摩登时代》是一部非常经典的无声电影。他在这部电影中滑稽地模仿了“旧职场”的蓝领工人。卓别林饰演的角色是一名流水生产线上的工人。他总是与老板们发生各种冲突，最后被机器的齿轮卡住了。这样的工人和齿轮一样，随时都可以被替换掉。我发现，在新兴经济体中，最成功的公司需要的是一类与从前截然不同的

---

① 丹尼尔·平克. 全新思维：决胜未来的6大能力[M]. 高芳译. 杭州：浙江人民出版社，2013: 引言.

员工。这类员工不仅能与他人合作，还能不断改造机器并迭代机器生产出的产品和服务。对很多人来说，大众对白领和蓝领工作的刻板印象已经过时了。同样，也许对于学生必须接受哪些教育，我们的理念也已经过时了。在之后的篇幅中，你会读到，那些为满足20世纪的需求而建立的学校也已经过时了。

在我2008年主持的一个研讨会上，有人突然问道："为什么随着年级的升高，我们的学生变得越来越没有好奇心了呢？"这个提问的管理者来自美国最负盛名的一所私立学校。问题一出，会场一片寂静。在场没有人质疑她的观察，也没有人给出任何解释。连美国最好的私立学校都出现了这样的现象！如果连他们都不能培养学生的好奇心，我们又怎能强求公立学校做到这一点？我们的教育方式似乎在扼杀好奇心，那我们能做些什么？如果要让学校教授"新职场"的七大生存力，我们是否可以评估这些生存力，并用某种方式让学校为评估结果负责？

这些都是亟待考虑的关键问题，因为正如你在前面读到的，好奇心、想象力还有本章介绍的其他素养已不再局限于精英阶层和私立学校。七大生存力对于未来几代人的价值，就像"3个R"对前几代人的一样。它们是21世纪工作、学习和履行公民义务的"新的基本能力"。

第2章 过时的学校

“全球成就差距”是指学术能力较强的学生所学的与在当今世界取得成功所需要的，这两者之间的差别。我第一次了解到这一种“成就差距”，是在陪同比尔与梅琳达·盖茨基金会的项目工作人员参观几所基金会资助的“早期大学”时（这类项目合并了高中和社区大学的课程，所以学生在高中时就能获得大学学分）。这些学校成立的初衷是确保所有学生都“为上大学做好了准备”。因此，基金会的工作人员希望能了解“精准”在课堂上的具体表现，以及如何评估他们所资助的学生的学习进展。

在三天的时间里，我们一共观摩了三所学校的18节课。在最后汇报观摩情况时，我们认为只有一节课为学生们在大学时所需具备的能力与知识提供了充分的教学支持。观摩结束后，我们每个人都异常地清醒，同时又有些灰心丧气。最令我不安的是在一节AP化学课程上，几个学生与我进行的一段对话。情况是这样的：

学生们被分成两到三人一组。他们需要按照黑板上的步骤混合不同的化学试剂。混合好之后，他们需要用本生灯[①]加热混合物。根据黑板上的要求，学生们应该把他们的观察记录在学习单上。三个男孩吸引了我的注意。他们的混合物在加热时冒出一股盘旋上升的细烟，而课上其他学生的烧杯都没有出现这样的情况。小组里一个学生看了看黑板，又看了看他的笔记。然后，三个人都停下手头的工作。他们显然是在等坐在讲台旁的教师过来帮助他们。

① 本生灯（Bunsen burner）是实验室里用于高温加热的一种工具，通称煤气灯。

“你们的混合物怎么了？”我问这三个男孩。

“不知道啊，”其中一个学生喃喃地说，“我们一定是哪里搞错了。”

“那你们有什么假设？为什么会冒烟？”

三个人面面相觑，然后刚才的“发言代表”冲着我耸了耸肩。

“你知道什么是假设吗？”我追问。

我得到的唯一的回应是茫然的目光。一阵沉默后，他们的发言人开口说道：“‘假设’这个词我们在考试的时候遇到过，不过考的是它的含义。它的意思……是不是……说的是之后应该发生的事情？”

这些高中生既然能参加AP课程，理应是这所学校里学习成绩最好的学生。毕竟这门课上教的是大学水平的知识与能力。然而在我看来，这些学生最多只能够格去上烹饪入门课。他们照着教师写在黑板上的“食谱”一步步地进行操作。一旦蛋糕烤糊了，他们就不知所措了。那这门课要教给学生的到底是什么？一定不是如何运用科学方法来研究问题或分析现象——这是所有高中毕业生最需要掌握的能力之一。

还记得在第1章我与乔纳森·金的对话吗？就是那位麻省理工学院的科学家。他告诉我，那些在高中上过AP课程的麻省理工新生，他们特别会考试，但却不知道如何进行科学的观察，他们只想要知道正确答案是什么。和金谈话时，我还有些似懂非懂。在课堂上亲眼见证了学生们的表现后，我才真正理解了他的意思。离开教室时，我不禁问自己，这样的毕业生该如何与印度、中国等国受过良好教育的同龄人竞争？

在美国公认的最好的公立学校，那里的教师和学生理应是美国各地的教学榜样、黄金标准。商界领袖、政策制定者和教师呼吁为所有的学生提供“既有挑战又精准的教育”。这个口号背后的意思是AP课程应当面向美国的每一个青少年，而不是部分学生。《新闻周刊》（*Newsweek*）会定期发布美国高中的排名，而决定排名的是那所学校参与AP课程［美国教育考试服务中心（Educational Testing Service）为这类课程提供测试，测试的难度相当于大一学生的水平]的学生比例，或参与IB课程[①]（起源于欧洲的一种高阶学术课程）的学生比例。前者在美国学校蓬勃发展，而后者则更小众。参与AP课程和IB课程学生人数最多的高中就会被列为翘楚，就是这么简单。在招生过程中，很多大家挤破头想要进的大学也会衡量学生修的AP课程的数量。（在下文中我会提到，尽管很多学生在高中修过AP课程，但越来越多的学校不再允许这类学生免修大一课程。）

用AP课程来衡量学生的成功，这合理吗？恰当吗？这是我们应该为所有教师和孩子树立的黄金标准吗？正在高中学习所谓“精准”课程的学生，对七大生存力的掌握情况如何？从乔纳森·科佐尔等人极具影响力的著作中，我们不难看出很多贫困和少数族裔的孩子在毕业时几乎不知道如何阅读或写作。这毫无疑问是这个国家的耻辱和灾难。但是，那些受过多年良好教育的学生（至少我们自认为已经为大学和职场做好准备的学生）的表现又如何？他们是否在学习审辨、解决问题、合作、积极进取、有效地沟通、获取与分析信息？他们是否充满好奇心和想象力？在本章，我们将带着这些问题去到真实的课堂一探究竟。

双城记

“那是最美好的时代，那是最糟糕的时代。”还记得查尔斯·狄更斯（Charles Dickens）小说里这句经典的开场白吗？多年来，我在一些美国最负盛名的郊区公立学区里观察、工作，而这句话恰到好处地吐露了我的心声与感慨。走进大多数郊区公立高中的正门，一般最先映入眼帘的便是一墙摆满奖杯的玻璃柜。那一座座奖杯是从各大体育锦标赛上赢来的光荣勋章。在美国大多数高中，各支运动队的表现仍是学校士气的主心骨。穿梭在教学楼里，校舍窗明几净，修缮有加，和破旧的市区学校简直不可同

① 国际预科证书课程（International Baccalaureate Program）的常用说法。

日而语。墙壁上几乎没有涂鸦，洗手间里也没有香烟和烟头，只是偶尔在地上有一两件垃圾。下课铃声响起，走廊里很快便挤满了穿戴整齐的学生，他们一边和朋友聊天或者听着iPod，一边去往下一堂课的教室[①]。整个过程中没有任何推搡，也少有激烈的言辞。如果不是人手一副的白色耳机和新潮的穿着打扮，你可能会误以为自己回到了20世纪50年代。

从表面上看，这些学生、他们的教师和校领导正处在最美好的时代。不过，真正的问题不在于运动队表现，也不在于教学楼的整洁程度，甚至不在于学生们的行为，而是课堂上的情况。诚然，体育很重要，但为什么我们的高中很少展示或庆祝学业进展？家长和社区，甚至连教师们时常也会忘记，高中的真正目的是培养有能力参与民主事务的公民。这些学生应当知道如何在社会和职场解决问题并创造价值，而不仅仅关注运动队的输赢。实际上，只有不到10%的学生能入选学校的运动队[②]，而这些学生中只有很小一部分能跻身成为职业运动员。相比之下，高中的教学质量对所有学生的未来都会产生深远的影响。

为了真正了解课堂的真实模样，我们需要走进不同学校，观察里面的教学情况。接下来，让我带你去一些学校“听课漫步”（learning walk）吧。听课漫步是一种在既定时间里去不同教室观察教学的方法。如果一节课听10分钟，你（也许是与学区或学校领导、教研组长一起）可以在几个小时里观察8到10节课。这样你就能对这所学校的教学情况有一个大致的了解。我们显然不会用这种方法来评估某位教师或一门课程，但这种抽样听课能提炼出学校内部和学校之间共有的教学模式。只要知道我们该关注什么，该问学生什么问题，听课漫步法就可以用来评估课程目标与学生正在学习的能力。再加上其他线索作为补充，比如学生的写作和家庭作业，评估就会变得更为准确。

---

① 很多美国高中实行走班制，即任课老师的教室不变，学生根据课表去往不同的教室上对应的课程。

② 原文是varsity，一般指高中或大学代表学校参加比赛的校队。在高中特指十一年级和十二年级学生能参加的运动队。

就像任何研究中的抽样调查一样，听课漫步并不能用来评估学校里的所有情况。听课漫步的底层逻辑是，课堂上的每一分钟都弥足珍贵，特别是只有45分钟的高中课堂，所以哪怕只能在样本课堂里观察10分钟，我们也能了解到不少信息。在过去10多年时间里，我前往几十个学区带领了100多次听课漫步，目的就是把学校领导培养成教学领路人。我希望让他们知道改进教学是他们肩上最重要的责任，并帮助他们判断手下教师们的各种职责，孰轻孰重，孰先孰后。

不过，在我们进入教室之前，请允许我说明一下背景信息与基本原则。首先，这次我们不会去到传统的教学能力较弱的市区高中。与之相反，我想带你参观的是公认的成功教育的典范。这两所学校都在州级标准化考试中名列前茅。其次，我在这两所高中听课漫步时的发现，与我在全美各地的“好”高中的观察是一致的。而我之所以选择描述这两所学校的情况，是因为它们极具代表性。我们可以从中归纳出美国最好的公立高中为有志于上大学的学生提供了什么样的教学。我并不是想抖出一个丑闻；仅凭几个不尽如人意的点就全盘否定教师所有辛勤的工作，是不公平的。其实，这两所学校所在学区的管理者都十分热衷于尝试各类策略来改善教学。与美国的其他中产阶级学校相比，这两所学校的闪光点不是他们的课堂情况，而是那里的领导层愿意承认，学校与学区尽管已经拥有了良好的声誉，但仍然有很多进步的空间。

第一所高中，我就叫它杰斐逊高中（Jefferson High）吧。它位于美国南部的一个州，那是最早着手提高学生成绩的几个州之一。从20世纪80年代末开始，连续几任州长都把教育改革列为该州的首要任务，而该州的立法机构也率先开始制定新课程标准，并推出了新考试。正是在这个教育改革走在全美前列的州，一个成绩优异的学区竟然来咨询我有关考试成绩的问题。

这个学区，我叫它阿什兰（Ashland），在全州的考试排名中名列前茅。按常理来说，拥有如此傲人的成绩，学区应当好好庆祝才对，学校和学区领导做梦都要笑醒了。要知道，媒体常年都在比较不同学区的成绩，成绩不佳的学区被媒体炮轰简直就是家常便饭。因此，要是自己的学区能取得像阿什兰这样的好成绩，大多数学区主管应该都会洋洋得意一番。不过，弗兰克（Frank）并不属于这大多数。弗兰克从原本无比成功的事业里全身而退，因为他想做一些更有意义的事情。尽管弗兰克初来乍到，对学区主管这个职务以及对教育领域都不太熟悉，但他是分析数据的高手。在研究学区的州级考试成绩和其他数据时，弗兰克观察到了一些令他忐忑的信息。

从考试成绩来看，阿什兰学区的小学在全州排名第一。除了必须参加的州级考试之外，学区还进行了一项检测阅读能力的（美国）全国性的考试。在这一考试的结果中，弗兰克发现有近33%的五年级学生阅读能力仅相当于四年级水平，甚至低于四年级的水平。阿什兰的高中毕业率超过了80%，他们理应为此感到自豪。可弗兰克了解到，在这群高中毕业生中能顺利拿到大学学位的人却不到20%！

直觉告诉弗兰克，这两个发现之间一定存在着某种联系。那些在小学时阅读能力远远低于年级水平的学生更有可能从高中辍学，或者，即使拿到了高中毕业证，他们也不太可能顺利从大学毕业。除此之外，弗兰克想知道还有什么别的问题，比如，高中教师是否帮助学生为步入大学做好了充足的准备？

我和杰斐逊高中的校长一起进行了听课漫步。这位校长也非常坚定地想要搞清楚这个问题。杰斐逊高中和美国大多数高中一样，实行“分轨”（tracks）教学。学生根据学习能力被分到不同的组，而学生的学习能力是由考试成绩和前几年教师的意见共同决定的。许多美国高中都有4个甚至5个小组或轨道，而杰斐逊高中只有3个——一个专门针对准备上大学的学生，一个针对那些只需要接受“普通”教育的学生（在今天看来，这个设计很荒谬），最后一个则针对需要重修补差的学生。因为我们想重点关注大学完成率低的问题，所以只旁听了第一轨道的课堂。以下是我们的一些发现：

几何学高阶课。学生们在做学习单上的练习。一个学生告诉我们这是明天的作业。教师坐在办公桌前批改试卷。

十二年级英语课。学生们在小组里把《麦克白》[1]中的不同场景翻译成现代英语。我让一个学生与我分享他今年写的最长的一篇作文。

"到目前为止，我们已经写了两篇作文了，"学生告诉我（当时是秋末冬初[2]），"最长的一篇说明文，我写了两页纸。"

"那去年呢？"我问。

"教师让我们写了一篇五页的论文。"

九年级全球研究课。学生们坐在自己课桌前，用彩色铅笔在空白的欧洲地图上涂色。他们一边参考课本中的地图，一边涂色。

十年级世界文明史课。教师："亚当·斯密（Adam Smith）是支持自由贸易的。有人能告诉我他为什么支持自由贸易吗？"

坐在前排的学生嘟囔着给出了一个我几乎听不清的回答。

教师："是的。那么，英国在1700年取得成功的六个原因是什么？"

没有人举手。教师直接给出了答案，然后问："在那个时期，英国的地理优势是什么？"还没等学生举手，教师就直接说出了答案。又抛出了几个类似的问题后，教师就让学生们在电脑上完成一张学习单。

十二年级经济学课。全班正在看一部画质不清晰的彩色电影。电影讲的是，19世纪后半叶，一个生活在美国西部的矿工[3]找不到食物，手头也没有能用的挖矿工具。这盘带子太旧了，影片的声音模糊不清。黑板上没有问题，也没有学生做笔记。

九年级综合科学课。学生们正在进行电磁学的期中考试。我要了一份试卷，发现试卷上所有的问题都是选择题。

读完这些观察，你可能会得出这样的结论：这所学校的问题出在教师

---

①《麦克白》（*Macbeth*）是莎士比亚篇幅最短的悲剧，同时也是他最受欢迎的作品之一。创作年代约为17世纪，原文用词与现在的英语略有差别，句子结构也比较复杂。

② 美国学校秋季学期一般在8月末9月初开学。

③ 1849年初美国西部加利福尼亚州发现了大量黄金矿藏，于是掀起了淘金潮。

身上。看上去，他们只是在敷衍地走过场，或者他们没有给学生足够难的挑战。在我的采访中，许多商界领袖认为，公共教育的头号问题是强大的教师工会和教师编制。他们认为，许多学校的教学质量之所以多年没有起色，是因为工会在保护那些低效、无作为，却手握铁饭碗的教师。尽管我也不支持教师编制，但我对这个问题有不同的看法。第一，美国师范生的培养项目、教师职业发展培训和教师监督情况都不尽如人意。我将在第4章具体展开这个问题。第二，教师需要帮学生准备州级考试，而绝大多数的州级考试都是与事实知识挂钩的选择题，均由计算机直接打分。这样看来，大多数教师其实是在做分内的工作，且力求做到最好——他们教的正是学科课标规定的、考试要考的内容。我认识的大部分教师每天早出晚归为的不是钱，他们兢兢业业，几乎把全部心思都扑在了学生身上。

绝大多数的教师评估就是一张由学校领导定期填写的教师技能清单。这节课的目标和家庭作业都写在黑板上了吗；学生都清楚这节课对应的是哪一条学科标准了吗；等等。我不仅想看看教师们在做什么，我还想观察学生们被要求做什么，也就是学生需要掌握的具体能力和知识，以及他们在课堂上的思维活跃程度。教师的行为不能决定学生最终学到了什么，教师的作用是为学生提供学习的平台与工具。

例如，我会仔细查看学生在课堂上或作业中被问到的问题，同时也会观察教师如何用追问来深挖学生的思考，或如何鼓励学生提供更多细节、证据来支持他们的回答。经过长期的观察，我发现，学生们被问到的问题类型，还有教师要求学生在多大程度上解释想法或拓展答案，都可以用来衡量一堂课的精准的程度。如果课堂上最常出现的问题都能在课本上找到答案，那么学生就不太需要推理、分析或假设，而教师教授的主要技能就是记忆。一旦在多个课堂上都听到这类问题，我大概率就能猜出这所学校的学生在论文考试中会有怎样的表现，或者他们的升学准备情况如何。

接着，在课堂讨论中，我会重点关注谁在回答教师的问题。如果每次只有一两个学生举手，而且都是坐在前排的固定的那几个人，这就说明：

没有多少学生在参与，教师习惯了点举手的“常客”，或者更糟糕的是，教师只关注那些他或她觉得愿意或能够学习的学生。

接着，我问了自己两个问题：

1. 我在高中课堂上看到的和我在六年级课堂上看到的有何不同？
换句话说，是否有证据表明，随着学生升入更高的年级，他们会循序渐进地接受日渐复杂的思维训练？

2. 听完课后，我有多确信这些学生为进入大学和今天的职场做好了充足的准备？

在观察了上述课堂和其他一些课后，我和杰斐逊高中的校长结束了这次听课漫步。我们对上述两个问题的回答可能在你的意料之中。是的，我们非常地担忧。杰斐逊高中的毕业生，他们的大学毕业率为何如此之低？我们在听课漫步中记录的信息给出了答案：学校并没有教学生们成功所需的素养。这个问题并不仅存在于杰斐逊高中：正如前言中介绍的那样，40%的大学新生都不得不参加补习课程。诚然，不能完成大学学业的原因有很多种，比如，对未来感到迷茫，经济负担重，但很多时候，只是因为学生缺乏大学要求的基本素养：审辨思维、阅读复杂文本的能力、举一反三的能力以及良好的写作能力。一旦缺乏这些素养，他们就会沮丧、气馁，失去斗志与信心。

为什么杰斐逊高中的教师不教学生这些最重要的素养？那是因为上头告诉他们教学科内容比教素养更重要。教师们的责任是让学生通过州级考试，不用去管他们高中毕业之后的人生。读到这里，如果你忍不住开始想指责了，我劝你还是留到下一章吧。我们会在第3章详细讲讲师生们不得不应对的各种考试。

林肯高中（Lincoln High）是我为这次听课漫步选择的第二所学校。它所在的州位于新英格兰[①]。那里长期以来以拥有最好的公立学校和最高的

① 新英格兰地区位于美国东北部。

标准化考试分数而享誉全美。这所高中是该州成绩最突出的高中之一，它被某全美出版物列入了全美前50名公立高中的榜单。林肯高中属于齐尼思（Zenith）学区[①]。齐尼思其实并不能算作一个中产阶层的学区。这个地区家庭收入的中位数接近17.5万美元[②]。那些有财力买下齐尼思学区房的人在缴纳私立学校学费与支付高昂的房价和房产税之间，选择了后者，为的就是能让孩子上这里的公立高中。我在第1章中采访过的许多高管都把孩子送到了类似林肯高中这样的公立高中。林肯高中的学生几乎都能完成高中学业，近乎所有的高中毕业生都进入了大学，其中有很多人被美国最顶尖的大学录取。因此，像林肯高中这样的高中给自己的定位自然是未来国家领导人的摇篮。

格蕾丝（化名）是齐尼思学区的负责人。她邀请我来评估学区的教学情况。格蕾丝读过我的一篇文章，在那篇文章中我提出AP课程并不符合当今社会的需要。尽管在她的管理下，学区在各方面的表现都十分优秀，但作为一位“教师主管”，格蕾丝非常清楚优质的教学有多么重要。她担心学区与工会制定出的教师评估系统不能为一线教师提供具体的反馈，不能帮助他们改进教学（之后我们会读到，这是一个相当普遍的问题）。

格蕾丝希望我能与她手下的管理人员以及教研组长一起给优质的教学下一个定义。她希望日后能在这个定义的基础上改进教师评估系统。我同意了，但我提出了一个条件，那就是她和我一起去林肯高中听课漫步。这样一来，我们俩都能掌握一些日常教学的基本情况。从前，格蕾丝一般会先跟教师打声招呼，然后再去听课，这是学校里的“通病”了。她很好奇我们会从这次突击听课中看到什么。在听课漫步开始之前，我们探讨了观察的标准，统一了我们要收集的证据，即学生们在口头和书面作业中展现出的推理能力和审辨思维等。我们还一致认为，关于优质的教学，一个可

① 同阿什兰学区一样，均为化名，第一个学区以A开头，第二个学区以Z开头，加在一起正好是A—Z，作者在此有指代所有学区之意。

② 据皮尤研究中心统计，2021年美国中产家庭的年平均收入在52 000美元至156 000美元之间。

行的定义是让所有学生在每天的每节课上都进行思考。下面是我们在听课漫步中的所见所闻：

AP英文课程。刚开始上课的时候，教师让学生们复习之前文学课的笔记。下周AP课程考试的题目会涉及笔记中的内容。教室里有7个学生，他们都无精打采地坐在位子上，他们的课桌围着讲台排成了一个半圆形。

教师坐在她的桌子前，问道："好，伍尔芙（Woolf）[①]是如何看待独立与社交之间的平衡的？"

学生们刷刷地翻看着笔记本。终于，一个女孩读着她的笔记："拉姆齐夫人（Mrs. Ramsey）从社交中寻找到了意义。"

"没错，你说得对。那么，那位艺术家呢，莉丽？她是怎么建立意义感的？"

"通过她的画。"另一个学生嘟囔道，她的脸都快贴到笔记本上了。

"那么伍尔芙如何评价这两个女人的选择与牺牲？"

沉默。教师叹了口气，站起来，走到黑板前，开始写板书。

时事政治高阶研讨会。学生们正在观看《60分钟》（*60 Minutes*）[②]的一个视频片段。黑板上没有写出问题，学生面前都没有纸笔。我小声地提了个问题后，一个学生告诉我，他们每周都会看一条《60分钟》的选段。

"为什么？"我问，"看了要写什么作业吗？"

"不，"学生回答说，"我猜想，教师是想让我们多看看新闻，多了解时事。"

视频播完了，教师点了一个学生在全班面前做汇报展示。这位学生上台后，用3分钟，一共7页幻灯片向大家介绍了卡尔·罗夫（Karl Rove）[③]。他的汇报包括一幅政治漫画、罗夫的传记，以及他在布什政府工作时的职责。这些内容与学生们刚刚看的《60分钟》完全不相关。汇报展示结束后，

---

① 指英国女作家弗吉尼亚·伍尔芙（Virginia Woolf），下文出现的拉姆齐夫人和艺术家莉丽是她意识流小说《到灯塔去》中的人物。

② 是由美国哥伦比亚广播公司制作播出的新闻节目。

③ 是美国共和党的一位政治顾问，曾在乔治·W. 布什任总统期间任他的高级顾问。

没有问答或讨论环节。紧接着，另一个学生就被叫到名字，走上台做展示。

九年级英文高阶课。第一个学生站在讲台上做了两分钟汇报展示，讲的是主谓一致①。第二个学生展示的是独立分句和从属分句②中逗号的使用情况。很明显，这项作业的目的是让学生互相教授语法规则。

AP美国政府课程。教师正在讲评学生前一天做的AP练习卷子。卷子上有80道选择题，考的都是联邦政府三大机构的职能。

讲完后，教师说："好的，现在我们来看看前几年的考卷中的开放性问题。"他打开投影仪，关掉灯，读道："为什么有人批评铁三角③不民主，请给出三个理由。"

"你们会怎么回答？"教师问。沉默。"那好，谁能告诉我铁三角是什么？"

"军事工业国会复合体④。"一个学生大声说道。

"好，那它们被认为不民主的三个理由是什么？"教师点了前排一个半举手的学生。投影仪和风扇嗡嗡的噪声盖过了那位学生发言的声音。

"很好。下一个问题。"教师划到下一张图片，"这个问题是关于官僚主义的。来听我讲这道题怎么答。"

几何学高阶课。马上要考试了，教师正带着大家复习知识点。

"好，我们来看三角形和多边形有什么相似之处？"教师问。没有人回答。"拜托，这是我们学过的内容呀，"她希望大家再想想，"好吧，那'比例'是什么意思？"没人举手。教师又等了一会儿，最后问道："大家还记得我们在测量人体数据时讲的比例吗？像腰臀比或身高体重比？"

有几个学生点头。"对吧，有人还记得，"教师们笑着说，"那就是比

---

① 主谓一致（subject-verb agreement）是英语的一条语法。它规定：句子主词是单数时，动词必须是单数动词；当主词是复数时，动词必须是复数形式。

② 从属分句（dependent clauses）在英文中是不能独立成句的句子，需要和主句组成完成的句子。而独立分句由主语和动词构成，能表达一个完整的意思。

③ 英文为Iron Triangle，在美国指的是由利益团体、行政部门、国会形成的封闭决策圈，它们一起垄断了各种决策。

④ 主要用于美国，由国防承包商（军事工业）、五角大楼（军队）以及美国政府（立法部门及行政部门）构成。这样的垄断关系经常用发动战争来获取暴利，因而常与公众利益相违背。

例。好，在试卷里，我可能会出和全等有关的题目。你们需要用到全等多边形的证明方法，以及用三角形的全等条件来证明两个三角形的角和边全等。”

AP化学课程。我们被告知班上有一半的人去校外考察了。剩下的学生要么闲着没事做，开始聊天，要么就静静地呆坐在座位上。一些人在做作业。教师在书桌前处理文书工作。

AP环境研究课程。学生们慢悠悠地走进教室，坐到座位上。他们一边等着上课铃响，一边和同学聊着天。我看着墙上的钟走了5分多钟后，教师才从办公桌后站起来，开始讲话。

“准备上课，今天我们会开启一个新单元。这个单元讲的是替代能源。那么，我来问你们一个问题：木炭是怎么形成的？”

没有学生举手。

“问问牧豆树[①]就知道了，”教师继续说，“牧豆树是怎么来的？其实木炭说白了就是碳元素，一种在地底下的干净的煤。好，现在我们来说说‘可持续’。‘可持续’是什么意思？”顾不上停顿，教师继续说：“风能和太阳能是可持续的，对不对？你们还能再举几个例子吗？”

“体力……肌肉的力量。”一个学生回答道。

格蕾丝和我又去听了5堂课。这些课要么是高阶课程，要么是AP课程。我们在这5堂课上看到的和上述内容没什么实质性的差别。听课漫步结束后，我们驱车前往格蕾丝位于市中心的办公室，准备做个小结。一路上，格蕾丝都沉默不语。

等我们在她的办公室坐下后，她终于开口了。“我简直不敢相信我的眼睛，”她摇着头说，“之前，我只在做教师评估时去听过课，当时的情况与我们今天突击听课看到的完全是天壤之别。”

“根据我们在听课漫步前讨论的标准，这12堂课中，你在多少堂课上搜

① 其木材用作燃烧能产生很高的热值，得到高质量木炭。

集到了学生在思考的证据？”我问。

格蕾丝压低声音回答说：“在我看来是零蛋。”

其实，在几乎所有12堂课上，教师们都有一个共同的目标或者说一个“核心课程”。杰斐逊高中也是如此。我们将其称为“备考”。越来越多的人相信，在美国的学校里正肆虐着一场流行性疾病，那就是一切教学向着州级和国家级的标准化考试看齐，为考而教。这种流行病带给学生极大的后遗症，阻碍他们成为有审辨思维的人。这一点也得到了研究的印证。在我们进一步讨论这个问题之前，我想再带你进行一次听课漫步。

在军队教育系统里听课漫步

美国国防部有一套自己的教学系统。2002年，该系统为世界各地的军事基地的超过200多所学校，共计10万多名学生提供了教学支持。2001年，美国国防部教育活动部（Department of Defense Education Activity，DoDEA）的一项重大研究表明，该系统的教学成果长期优于美国大多数公立学区。在这项研究结束时，DoDEA学校平均招收的少数族裔学生占总人数的40%，校内近一半的学生享有免费或减价三餐的资格，转学带来的学生年流动率为35%。尽管如此，这些学校的毕业率达到了97%，且绝大多数毕业生都顺利升入大学。

美国国家教育目标特别小组（The National Education Goals Panel）[①] 赞助了DoDEA的这项研究。面对这些引人深思的数据，在研究结果的新闻发布会上，该小组主席、时任印第安纳州州长的弗兰克·奥班农（Frank O'Bannon）说：“美国国防部的教育模式可能是教育界最深藏不露的秘密之一。而今天，这个秘密终于要昭告天下了。国防部的教学系统尽管在某些方面有它的特殊性，但也有很多值得其他学校借鉴的地方。美国的教师

① 该小组成立于1990年，目的是报告美国在教育目标上取得的进展，并于2002年《不让一个孩子掉队法》通过后解散。

们都应该研读一下这些建议，以帮助所有学生提高成绩、缩小成绩差距。”

特别小组提出的八项建议其实是一份综合性的教育实践清单，比如，“对所有人提出高期望”“小型学校”“教师发展”“充足的财政资源”“组织内部统一性”“家长参与”，等等。这些建议能帮助我们理解为什么美国国防部的学校跟许多公立学区相比能取得更好的成绩。此外，我注意到DoDEA学校有更雄厚的资金支持，他们的教职工受到了更好的培训。同时，他们的学校规模更小，这样每个学生就能得到更多关注。领导层也更稳定。而最重要的是，学校对所有学生都有着同样高的期望。

DoDEA学校的情况一下激起了我的好奇心。在缩小低收入家庭学生和中产家庭学生之间的成绩差距上，这些学校比普通学校做得好太多了。真的非常了不起，非常振奋人心。但我转念一想，课堂上的实际情况又如何呢？那里的教学与我在传统公立学校看到的会有什么不同吗？

五年后，机会来了。虽然美国国防部学校的教师都不是军人，但是他们的领导层也深受军队文化的影响，并且比绝大多数学区的负责人更执着于持续改善。自前文提到的研究成果公布以来，这所为军人子女开办的学校推行了一个五年计划。在这个计划中，所有的校长都要学习如何在所谓的“标准本位”（standards-based）下开展教学，以及通过“数据驱动决策”（data-driven），我会在后文详细解释这两个术语。领导层中的好几位曾到我任教的哈佛大学上过一个暑期学院。后来他们找到我，想要咨询如何评估这个五年计划。

再后来，我坐上了飞往另一个国家的飞机。我将在那里的一个军事基地生活一周，参观学校，并培训教育领导层学习使用我开发的工具来评估校长们的工作。这项评估由好几个部分组成，但其中最重要的环节有两个，一个是观察课堂，另一个是采访校长，了解他们如何评价自己学校的教学工作。在一周的时间里，我们去到了几所不同的初中和高中。以下是其中的一部分观察内容：

七年级英语语言艺术课[①]。学生们在课桌上做学习单上的练习。越过学生的肩膀，我看到学习单上有很多用不同颜色标出的句子，练习重点是把逗号放在句子中正确的位置。

七年级科学课。教师正在教重力。“我们来复习一下你们昨晚读的内容。艾萨克·牛顿（Isaac Newton）是谁？”

坐在前排的一个女孩疯狂地挥手，教师点她起来发言。“他发现了重力。”她自豪地说。

“好的，”教师接着问，“他是什么时候出生的？”

没有人举手。

“在课本里找一找吧。”教师建议说。

当学生们打开书本的时候，那个坐在前排回答了第一个问题的女孩问：“星系是什么，宇宙是什么，我们之后会学习恒星吗？”

“你们找到他的出生日期了吗？”教师没有理会女孩提出的问题。

九年级美国历史高阶课。学生们三人一组。他们正如火如荼地在小组中交流着，大家看上去都非常投入。根据黑板上的要求，每一组都需要用歌曲、舞蹈和短剧来演绎教师指定给他们的历史书上的某一章节。

我和三个女孩聊天。她们告诉我，她们负责的内容是大平原印第安人的生活。她们打算用一段小品来介绍水牛在这个部落里的作用，以及他们是怎么种植南瓜的。

“你从这个活动中学到了什么？”我问。

“我们正在学习走出舒适区。”一个女孩回答说。

“在历史方面呢？”

“我们在学习一些词汇。”同一个女孩回答。

“哪些词汇？能给我看看你正在学的新单词吗？”

回答问题的女孩犹豫了一会儿，然后坦白说：“嗯，其实也不算是新单

---

① 相当于中国学校的语文课。

词。更像是复习。我们五年级的时候已经学过印第安人了。”

十一年级世界史课。学生们正在一张学习单上奋笔疾书。学习单上的问题和殖民有关，比如，哪些国家在何时殖民了哪些地区。他们可以参考课本上的地图。

AP艺术课程。在宽敞的工作室里，学生们在桌子上或画架旁画画。他们聚精会神地进行着各种各样的绘画项目。我随便走到了一个学生旁边，咨询她，她的项目细节。她告诉我，她正在创作一幅年轻女性的炭笔肖像画。这幅画是她作品集的一部分，而制作作品集是这门AP课程的要求。

“你要怎么评估你的作品呢？你怎么知道这幅画画得好不好？”我问。

她的脸上充满了疑惑。过了一会儿，她回答说：“嗯，我能明显看到我现在画的这幅画比我去年画的更好。”

“那你能给我具体介绍一下都有哪些进步吗？”

她微微一笑，耸了耸肩。“我不知道。”

在一周的观察中，我们看到的情况都大同小异。几乎每节课的教学目的都是让学生记住知识点，只有一节数学课例外，稍后我会着重介绍这节课的情况。为什么会出现这种情况？在我们了解了校长们接受的培训内容，以及“标准本位”和“数据驱动决策”（这两者都是校长们在五年计划和随后的职业发展培训中接收到的核心概念）的具体含义后，原因逐渐浮出水面。原来，在军人子女就读的学校以及在美国几乎所有州的教育机构里，围绕标准进行教学已被默认为是一种教学能力。拥有这种能力的教师可以确保自己教授的内容与特定的知识点、学科课标挂钩。所有的教学内容都是由学者和课程设计专家开发的，接着被编入教科书，然后教师们会在各个教师职业发展培训上接受一本本教材的洗礼。是的，全美的教育“专家们”都认定提高高中课堂学术“精准性”的方法就是教授更多的学科知识点。

每个年级和学科都有相应的课标。例如，七年级的英语语言艺术的课标要求英语教师教孩子们如何正确地使用逗号，这样他们就能在语法和标点符号的考试中取得好成绩。（那你觉得为什么我们还要教九年级的学生在哪里打逗号，就像我们在林肯高中看到的那样？为什么十二年级的英语教师还在抱怨学生乱用标点符号？）同样，七年级的科学课标要求科学教师一定要教授特定的“单元”，比如，刚才的重力单元。只有极少部分的高阶课或艺术课才会出现一些课标上没有涉及的内容。数据驱动决策简单来说就是，受过培训的校长能熟练地通过分析标准化考试的成绩，来衡量教师对课标内容的教学情况。教师覆盖的知识点越多，学校的考试成绩就越好。而如果校长能稳步提升学校的考分，他们在校长评估中也会得到不错的成绩。

在军人子女就读的学校或在我所知道的任何学区，大家都没有确定是否应该教每个学生如何思考。现实中，教师只需要教完指定的内容就可以了。其实，日渐繁重的课标让教师们难以把教学重心放在培养探究力、分析能力，甚至写作能力上。此外，教师们并没有接受过教学生推理、假设、分析等的培训。大多数教师甚至从未见过一堂教学生如何思考的课。

通过知识点来教学生如何沟通、推理和解决问题的教师屈指可数。在20位教师中也许只能遇到一位这样的例外。他们的课堂与你在大多数教室看到的截然不同。在军事基地参观一所学校时，我有幸旁听到了那样的一堂课。当时的场景是这样的：

代数课2。这节课刚刚开始，教师在黑板上写下了一道题，然后转身看向学生。学生们四人一组，彼此相对，四张课桌被排成一个正方形。“你们以前没遇到过这类问题，”他解释道，“解这道题的时候，需要你同时用到几何和代数的知识。请每个小组试着找出至少两种不同的解法。在所有小组做完后，我会从每组随机选出一个代表。这个代表需要在教室里任何一块黑板上写出一种解法。然后，我会请代表们介绍一下你们小组的解题思路。有什么问题吗？”

没有人提出问题。每个小组很快投入到解题中。各自都在激烈地讨论着。他们仔细研读问题，讨论不同的解法。小组讨论时，教师在小组之间来回走动。偶尔，学生会提出一个问题，但教师从不回答。相反，他要么用另一个问题作为回应，比如，“你考虑过……”或“你为什么做出这个假定？”，或者直接说：“你问过其他组员了吗？”

这堂课让学生在掌握学科知识点的同时，又练习了七大生存力中的多项能力。这位教师通过哪些教学设计实现了双赢呢？首先，学生们要解决一个复杂的、多步骤的问题，一个他们以前没有见过的问题。为了解决这个问题，他们必须灵活运用自己的几何和代数知识。因此，学生需要的是审辨思维和解决问题的能力，死记硬背在这堂课上是行不通的。其次，他们必须找出两种解法，这就需要主动进取与勇于开创，以及想象力了。光得出正确答案是不够的，他们还必须利用有效的沟通来阐述解题思路。再次，教师并没有填鸭式地给出答案。他用提问来推动学生的思考，让他们适应模棱两可的情况，帮他们理解不是所有的事情都非黑即白。最后，因为教师说他会随机选一个学生来展示小组的解题过程，这就要求小组的每个成员都参与到讨论中。也就是说，小组不能仅靠一两个学生的思考来蒙混过关，回答问题的也不是第一个举手或说出答案的人。成功离不开团队合作。

除了课上的学生，那群和我一起听课漫步的领导们也受益匪浅，他们在听课结束后又去采访了学校校长。对他们来说，这是非同寻常的一周。他们发现，校长们尽管能指名道姓说出教学能力最弱的教师，却说不出自己曾做过什么或者能做什么来帮教师们改进。校长们也清楚哪些教师更有实力，却不清楚这些教师还能在哪些方面有所突破。听课漫步小组的总结是，校长们并不明确成功的教学的构成要素，他们也不知道除了继续强调一切向课标看齐外，还有哪些改进教学的措施。校长们被一叶障目，因为他们所接受的培训，用学区领导的话来说就是“涉猎虽广却浅薄”。说真的，在这些方面，美国任何学区的任何一位校长都没有接受过足够的培训，毋庸说我们的教师们了。我们将在第4章中着重探讨这个问题。

后来，军人子女学校的领导把首要目标定为：把学校校长培养成教学领路人。这群领路人需要知道什么是优质的教学，还能帮助所有教师不断提升专业水平。大家终于意识到标准本位和数据驱动决策是远远不够的。他们还极其认真地质疑了现行的用于评估学习的各种考试。这些直接由电脑打分的选择题只能考查学生记住了什么，却无法呈现在新场景、新问题中学生举一反三的能力。这些考试也并不是为评估推理和分析能力而设计的。值得一提的是，这些领导在向总部提交的报告中坚定地剖析了上述不足，还大力呼吁为接下来的五年制定一个全新的教育计划。

公开不为人知的“差距”

在继续往下读之前，让我们来简单总结一下七大生存力：

- 审辨思维与解决问题的能力
- 跨领域合作与影响型领导力
- 随机应变与灵活适应
- 积极进取与勇于开创
- 有效的口头交流与书面沟通能力
- 获取与分析信息的能力
- 好奇心与想象力

在这一章中，我之所以把观察重点放在了高中，是因为高中是一个最适合学习我们所说的审辨思维的阶段。同时，在这一时期，学生必须为上大学和步入职场做准备。步入高中后，学生已经有能力去反思自己的思维过程，并逐渐开始探索在社会立足必须具备的能力。然而，小学也能且应该教学生如何思考、如何合作、如何对事物保持好奇心、如何积极进取。那么，在美国中产阶级的小学在教授七大生存力方面做得如何？

这一次就不带大家去我参观过的小学听课漫步了。我直接总结了一些由弗吉尼亚大学的学者们研究得出的关键发现。这群学者们最近在《科学》（*Science*）杂志上发表了一篇对小学课堂的研究报告。这项研究由美国国立卫生研究院（National Institutes of Health）资助，是同类研究中规模最大的研究之一。研究人员去到1000多所学校的一、三、五年级，观察了2500多节课。这些学校分布在400个以中产阶级家庭为主的公立学区。以下是他们的部分发现：

- 五年级学生上课时，90%以上的时间是坐在座位上听教师讲课或单独学习，只有7%的时间在小组里学习。一年级和三年级的调查结果与之相似。
- 五年级的学生把超过60%的时间用在了提高读写能力或数学能力上，而在科学和社会学科[①]上投入了不到25%的时间。
- 五年级学生平均练习基础技能的时间是练习解决问题或推理的五倍；在一年级和三年级，这一比例为10：1。

研究人员总结了他们在三个年级观察到的教学方式：

> 一般来说，在20分钟的课堂时间里，教师只用了一种教学方法或活动（例如，词汇学习单或看教师演示解题步骤）。教师的反馈局限在判断对错，而不是鼓励学生延伸自己的思考，或与全班探讨其他的解决方案。在我们走访的这些以中产家庭为主的学校里，教学情况参差不齐。教师们的表现不符合大多数州级教师资格证对持证人能力的阐述，学生们也未能达到课标对优异的定义。尽管不同学校五年级的教学情况不尽相同，但基本上所有课堂都把精力投入在了基础阅读和数学技能上，而并非解决问题、推理或其他内容。学生很少有机会在小组中学习，精进分析能力，或与教师进行深入的互动。

这项研究中的小学教师几乎只专注于教授阅读和数学的基础知识。为什么会这样?《不让一个孩子掉队法》规定，学生们升入三年级后每年都要参加且只需要参加阅读与数学能力测试。如果学生连续两年没有达到规定

① 包括历史、地理、人类学、经济学，等等。

的“年度学业进度”，学校就会被划为“有待进步”。没有一所学校愿意被扣上“有待进步”的帽子，被大家指指点点。无政治倾向的教育政策研究中心（The Nonpartisan Center on Education Policy）的研究表明，正因为《不让一个孩子掉队法》的实施，全美中小学的课程都开始围绕考试内容而展开。他们的研究发现如下：

2002年后，应试科目的教学时间变长了。大约62%的学区报告说，自2001—2002学年（《不让一个孩子掉队法》颁布的年份）以来，他们增加了小学英语语言艺术（以下简称英语课）和/或数学课的时间；超过20%的学区报告说，自该学年起，中学增加了这两科的课时。在上述学区中，自2001—2002学年以来，英语课与数学课的时长有显著的增加。其中每周英语课的分钟数增加了46%，每周的数学课增加了37%，两门科目加起来每周增加了42%。

其他科目教学时间缩短了。为了给英语课和数学课腾出时间，44%的学区报告说他们在小学阶段压缩了一门或多门其他科目或活动（社会学科、科学、艺术与音乐、体育、午餐和/或自由活动）的时间。根据这些学区的报告，所有这些科目或活动的时长都有大幅减少，平均每周共减少141分钟，或每天减少将近30分钟。自2001—2002学年以来，上述科目的总教学时间平均减少了31%。

更加强调考试所涉及的内容和技能。自2001—2002学年以来，大多数学区都调整了英语课程与数学课程。新课程把重心放在了州级考试的考点上。在小学阅读方面，84%的学区报告说为了应试，他们在“一定程度上”或“很大程度上”改变了课程内容；在初中英语课程中，79%的学区表示做出了相应程度的变动，在高中英语课程中，这一比例为76%。与此同时，81%的学区报告说，他们更换了小学和初中的数学课程以专攻考试内容和技能，而78%的学区更改了高中数学课程。

这份报告中的数据在我们的听课漫步中也得到了印证。如今，越来越多的美国公立学校逐渐只开设一门课程：备考。如果说越来越多的学生因此成为更好的阅读者与数学家，这样的改变也算合情合理。可现实的数据却令人惶恐。在我们的公立教育中出现了一群被称为“泡泡孩子”的学生。詹妮弗·布尔-詹宁斯（Jennifer Booher-Jennings）是哥伦比亚大学的一名研究人员。她和她的同事最早注意到了一种针对“泡泡孩子”的提分策略。这种策略主要应用于在合格分数线上下徘徊的学生，也就是那些稍加辅导就有可能通过考试的学生。她描述了一个学区顾问给出的建议：

> 你可以用这些数据识别出那些差一点点就能通过考试的孩子——泡泡孩子。然后，找出这群孩子中会影响学校分数的学生。那些10月之后转学到马歇尔（一所学校的化名）的孩子，他们的成绩不会被计入学校今年的考核中……根据每个科目最新的基准分数线，把学生分成三组。把“安全生”名字涂成绿色，也就是那些能通过考试的学生。现在，最重要的环节是确定哪些孩子是“有救生”，即那些只要有一点额外的帮助，就能通过考试的学生。把他们的名字涂成黄色。然后，把今年没有可能通过考试的孩子和结果不计入总成绩的学生——“无望生”涂成红色。你应该重点关注黄色名单，那些泡泡孩子。他们会给你的投入带来最大的回报。

布尔-詹宁斯的发现在2008年得到了芝加哥大学研究人员的证实。他们在研究了标准化考试的结果后发现，在芝加哥五年级的学生中，中等成绩的学生在阅读和数学上取得的进步最大。然而，那些分数最低的学生没有取得任何进步，甚至落后得越来越多。而那些成绩最好的学生变化参差不齐，有些学生根本是在原地踏步。

综上所述：没有突出的证据显示，美国公立学校的任何一个年级在教学生七大生存力。相反，大量的课堂时间被用于学习考点。我们将在下一章分析这些考试的质量。更糟糕的是，越来越多的证据表明，《不让一个孩子掉队法》旨在解决的核心问题并没有得到缓解。中产阶级白人学生和经济处于劣势的少数族裔学生之间的成绩差距依然存在。《不让一个孩子掉队法》也并不是毫无作用，它加剧了美国学生的全球成就差距，也就是最好的学校教授和评估的，与能在21世纪立足的公民所需的，这两者之间的差距。

学生的国际竞争力

经济合作与发展组织（OECD，简称经合组织）成立于1961年，致力于促进经济增长和世界贸易。该组织赞助了在2000年正式启动的国际学生评估项目（Programme for International Student Assessment，PISA）。PISA设计了针对阅读、数学和科学素养的标准化评估，然后对参与国的4500至10 000名15岁学生进行了这三门科目的评估。然而，经合组织的领导人不确定的是，这些学科知识在多大程度上能转化为成年人在社会中所需的生存力。因此，2003年，在阅读、数学和科学素养三科的基础上，41个参与国家和地区的学生还参加了一项针对问题解决能力的评估。这项评估的目标是考查所谓的“跨学科素养”，也就是适用于学校各个课程的素养。该评估从三个方面出发，测评学生解决问题的能力：

- 在有条件限制的情况下做出决策
- 为特定的情形评估和制定方案
- 根据描述，排除设备或系统的故障

这项评估让我眼界大开。乍一看，它听起来像是在考核第一个生存力：审辨思维和解决问题的能力。当看到题目时，我却大为震惊。评估中的所有题目合在一起考查的是成年人必须具备的各种解决实际问题的能力。比如，考虑多种因素，规划出最佳的旅行路线；为图书馆设计一个自动借阅系统；找出并解决灌溉系统的故障。那么，在这次史无前例的国际性的比较中，经合组织收集到了哪些信息？以下是评估的总结：

> 在所有经合组织国家和地区中，大约五分之一的15岁青少年**具备反思、沟通和解决问题的能力**。这些学生不仅能通过分析具体情形做出相应的决策，还能够同时应对多种情况。他们可以思考问题背后的潜在关系，系统性地解决问题，检查他们的工作成果，并阐述得出的结果。在一些国家和地区，超过三分之一的学生具备极高水平的问题解决能力。然而，在其他国家和地区，大部分学生还不具备基本的问题解决能力。基本的问题解决能力只要求学生处理一个信息相对独立、描述清晰的数据源。

你一定很想知道我们“美国梦之队”的表现如何。一塌糊涂，惨不忍睹。美国的总分排在28个国家之后，紧跟俄罗斯，勉强领先于葡萄牙。美国国家教育统计中心（National Center for Education Statistics）为美国教育部准备了一份PISA成绩总结。该总结显示，近四分之一的美国学生得分低于1级，而这一水平远远低于经合组织学生的平均成绩。在2级和3级中，美国学生的比例也低于平均水平。在芬兰、中国香港、日本和韩国，超过30%的学生在解决问题方面达到了3级水平，而只有12%的美国学生达到了这一水平。这项分析显示，即使是我们认为在学习上天赋异禀的孩子，也难以与竞争对手相提并论：“平均而言，在解决问题方面表现突出的美国学生（参加评估的美国学生中排名前10%）面对经合组织的同龄人，也难以望其项背。要排进美国前10%，学生至少需要考到604分……但要想排进日本前10%，日本学生得考到675分以上。”

这些数据和分析对我们孩子的未来意味着什么？简单来说，如果我是一家跨国公司的雇主，我需要招聘大量能解决实际问题的员工，而在其他条件都相同的情况下，我可能会优先考虑在其他国家设厂，而不是在美国。毕竟，美国并没有像其他很多国家一样在大力发展智力资本。

也许美国未来真正的竞争优势将体现在那些需要创新的领域。创新离不开好奇心和想象力，也就是第1章介绍的第七个生存力。的确，美国长期以来在创新领域都一马当先，尽管没有人确切地知道背后的原因是什么。是美国政治体制的开放性鼓励了思维的交流与碰撞，还是我们的自由企业经济制度鼓舞了开创精神？如果是这些原因造就了我们竞争的优势，那么随着其他国家的言论越发自由，政府对经济的监管越来越弱，这种优势还会持续多久？

类似于解决问题的能力，美国的公立学校对这个国家的创造力、想象力和创新能力贡献并不大。本章描述的听课漫步就是最好的证据。与此同时，印度、中国和新加坡等国正在努力改革他们的教育系统，以培养出更有创造力的学生。

托马斯·弗里德曼在他的一篇专栏文章中引用了阿齐姆·普雷姆吉（Azim Premji）的话："我们需要鼓励人们把创意孵化成产品，让创新成为国家精神。"阿齐姆·普雷姆吉是印度首屈一指的科技公司威普罗（Wipro）的董事长。弗里德曼接着又引用了印度教育公司嘿数学（HeyMath）首席执行官尼尔马拉·桑卡兰（Nirmala Sankaran）的话："如果我们不允许学生问为什么，只是不断下达指令，那么我们日后唯一能做的就是接受别人的产品外包，而永远无法提供高端服务，因为高端服务要求人们通过复杂的互动和判断来理解他人的需求。我们的国家正面临着创造力危机。"密歇根州立大学中美优质教育研究中心（U.S.-China Center for Research on Educational Excellence）主任赵勇（Yong Zhao）在《教育周刊》（*Education Week*）中写道：

> 无论是国内生产总值，还是学生在国际赛事与研究中的表现，中国在各个方面都取得了惊人的进步。尽管如此，中国对自己的教育系统并不满意，并在过去20年里发起了一系列的教育改革。其中最重要的一项政府文件发布于1999年。1999年6月13日，中共中央、国务院（中国最高的决策机构）作出《关于深化教育改革全面推进素质教育的决定》。

这份具有里程碑意义的文件反映的是中国领导人对传统应试教育的负

面影响的深切担忧。《关于深化教育改革全面推进素质教育的决定》的目标非常明确：大力培养学生的创造力和实践能力，而非灌输一切为了考分的观念，或训练死记硬背的技能。

新加坡教育改革运动的座右铭是“思考型学校，学习型国家”。新加坡教育部在其官网上介绍道：

> 思考型学校就是一种学习型组织。学校和学生不断质疑假设，并通过积极参与、创造和创新来实现改进与突破。学校将成为思考型学生与成年人的摇篮。我们的学生应当带着这样的学习精神离开校园，踏入社会。
>
> 学习型国家旨在为国民营造出终身学习的国家文化与社会环境。新加坡人为职业发展与个人兴趣而不断学习的能力将决定我们国家对变化的适应性与应变能力。

正如时任新加坡教育部长尚达曼（Tharman Shanmugaratnam）在一次演讲中阐述的那样：“我们正在进行的一个重大的教育调整便是我们教育年轻人的方式。我们应当激发他们不断学习的意愿，培养他们去实验、创新和承担风险的能力……创造力和创新能力将是新加坡未来最重要的资产与财富。”

印度、中国和新加坡的教育改革方向似乎与美国的背道而驰。我们拼命想要做的是缩小中产阶级白人学生与贫困的少数族裔学生之间的成绩差距。为此，我们采取的对策是进行越来越多的考试，并用选择题的分数作为判断教学成功的唯一标准。然而，忽视全球成就差距将让我们付出惨痛的代价。

第3章 关于考试与评价的那些事

欢迎回到高中。请拿出你的2号铅笔①。我想让你们做几道十年级的州级考试题。州级考试是每一个十年级学生都必须参加的。下面的题目是我从2006年的得克萨斯州知识与技能评估（Texas Assessment of Knowledge and Skills，TAKS）中挑选的几道题。得克萨斯州自称于20世纪90年代，在时任州长乔治·沃克·布什（George W. Bush）的领导下率先在美国推出教学评估问责制。许多消息来源称，正是布什在得州提升考分的经验推动了《不让一个孩子掉队法》的提出，而该法案于2002年获得了通过。你准备好开始答题了吗？

得克萨斯州十年级英语考试样题

这份报告是莉迪亚美国历史课上的作业。作为同伴讨论小组的一员，你需要阅读这份报告，并思考你会给莉迪亚什么建议。读完报告后，请回答下面的问题。

美国红十字会

（1）美国红十字会是一个致力于救助全世界人民的组织。（2）这个组织是一位兢兢业业的女性通过不懈的努力才建立起来的。（3）那位女

① 铅笔的数字对应的是铅芯的硬度。2号铅笔对应的是中国的HB铅笔。

性名叫克拉拉 · 巴顿（Clara Barton）。（4）在南北战争期间巴顿做了很多工作，为之后领导大家建立美国红十字会打下了基石。（5）她在战场上照顾伤兵，同时还帮助运送物资。（6）最终，美国政府选派她担任军队的护士长。

1. 如何把句（2）和句（3）合并成一句话，下面哪一句最佳[①]**？**（圈出你的答案）

A. 美国红十字会是一位敬业的女性努力奋斗的结果，那位女性名叫克拉拉 · 巴顿。

B. 美国红十字会是一位女性努力奋斗的结果，她非常敬业，名叫克拉拉 · 巴顿。

C. 美国红十字会是一位名叫克拉拉 · 巴顿的敬业的女性努力奋斗的结果。

D. 美国红十字会是一位敬业的女性努力奋斗的结果，她名叫克拉拉 · 巴顿。

2. 句（4）需要改动的地方是[②]**？**

A. 把“做了”变成“做的”

B. 在“南北战争期间”后面加上逗号

C. 把英文“领导”的动词原形修改成过去式

D. 不需要改动

① 这道题考查的应该是英文中的复合从句。

② 这道题主要考查逗号和英语中现在时与过去时的使用。

得克萨斯州十年级数学考试样题

1. 把下列二次函数$y=ax^2$按开口大小从宽到窄依次排序，正确的选项是：（圈出你的答案）

A. $y=\frac{7}{3}x^2$, $y=\frac{2}{3}x^2$, $y=\frac{1}{2}x^2$, $y=2x^2$

B. $y=\frac{1}{2}x^2$, $y=\frac{2}{3}x^2$, $y=2x^2$, $y=\frac{7}{3}x^2$

C. $y=\frac{7}{3}x^2$, $y=2x^2$, $y=\frac{1}{2}x^2$, $y=\frac{2}{3}x^2$

D. $y=2x^2$, $y=\frac{7}{3}x^2$, $y=\frac{1}{2}x^2$, $y=\frac{2}{3}x^2$

2. 李、凯利、琳达和麦迪逊参加了同一场数学考试。琳达的分数比凯利低，但不是最低的。得分最高的人名字的拼音不以L开头。麦迪逊的分数比凯利高。哪一个人在这场数学考试中得分最低？（圈出你的答案）

A. 凯利

B. 李

C. 琳达

D. 麦迪逊

得克萨斯州十年级社会学科考试样题

- 殖民地时期，弗吉尼亚州议会成员
- 第二届大陆会议代表

- 起草《独立宣言》
- 弗吉尼亚州州长

1. 上述信息描述的是美国独立战争时期的哪一位领导人物？（圈出你的答案）

A. 托马斯·杰斐逊

B. 约翰·亚当斯

C. 本尼迪克特·阿诺德

D. 亚历山大·汉密尔顿

请结合以下图文和你在社会学科中学到的知识回答问题。（圈出你的答案）

茶文化起源于中国。

↓

马可·波罗从欧洲出发一路旅行到中国，然后返回欧洲。

↓

茶在英国成为最受欢迎的一种饮料。

2. 以上三句话反映的是：

A. 文化传播

B. 技术创新

C. 社会主义制度

D. 封建制度

我敢说英语和社会学科的题目对你来说简直就是小菜一碟，对吧？没错，你是不是觉得这些题目兴许连七年级的学生都能答对？这些问题的逻辑是不是简单到让你难以置信？但是，如果你（和我们大多数人一样）在工作、生活中几乎用不到代数，对代数的记忆所剩无几，那么你的数学可能就要挂科了，也就是说你在得克萨斯州可能拿不到高中毕业证了。刚才大家做的题目和所有得州学生在十一年级必须参加且通过的考试非常类似。

学生只有通过了十一年级的那场考试，才能从高中毕业。尽管州级考试多考几次也没关系，可是如果在十二年级结束前你都没能通过考试，即使你已经修完了所有必修课，也无法从高中毕业。

托马斯 · B. 福特汉姆基金会（Thomas B. Fordham Foundation）的研究提出，与其他州的考试相比，得克萨斯州的题目在学术难度上排在中游。这个偏保守的基金会专注于教育的研究与倡议，它在2006年发布了美国50个州教育改革实践报告。该报告赞扬了得克萨斯州特许学校的法律，但给其“州级课标质量”打了个C－，给“州级阅读与数学水平达标说明的精度”打了D+。但是，在同一份福特汉姆报告中，另一个州的考试在这两项指标上都得了A。这个州的考试是什么样的呢？来，削好你的2号铅笔，接下来你将回答马萨诸塞州综合评估体系（MCAS）中几道十年级的样题。同样，学生只有在十二年级结束前通过该考试，才有资格拿到高中毕业证。

马萨诸塞州十年级英语考试样题

我们所学的知识能在多大程度上解释周遭的世界？请阅读《当我聆听那位博学的天文学家》这首诗，了解诗人对这个问题的看法，并回答接下来的问题。（在这张试题上圈出你的答案。）

当我聆听那位博学的天文学家①

当我聆听那位博学的天文学家，
当那些证据、数据一列列排在我面前，
当我看见那些表格、示意图，还对它们进行加、除、测量，
当我坐在讲演厅里听那位天文学家备受喝彩的演讲，

① 沃尔特 · 惠特曼. 草叶集：惠特曼诞辰200周年纪念版诗全集[M]. 邹仲之译. 上海：上海译文出版社，2019.

不知怎的我一下子就觉得厌倦心烦，
我起身溜出去，一个人逛悠，
夜，玄妙（mystical）[1]潮湿，万籁俱寂，
我时不时地抬头仰望星星。

——沃尔特·惠特曼（Walt Whitman）

*Mystical—mysterious（神秘）

1. 下列哪个选项反映了这首诗的主旨？

A. 科学不能完全表现出这个世界的奇妙

B. 最好的放松和消遣都在大自然当中

C. 科技带来的问题比它解决的问题更多

D. 学习让人不适，使人疲劳

2. 第5行中的“厌倦心烦”指的是：

A.“我”亲身经历的悲伤与失去亲人的痛苦

B. 危险即将来临

C.“我”健康状况欠佳

D.“我”觉得演讲非常乏味，倍感失望

3. 第7行中“万籁俱寂”这个词语的主要目的是什么？

A. 解释“我”为什么要离开讲演厅

B. 传达一种孤独和悲伤的感觉

C. 与讲演厅里的声音形成对比

D. 突出科学与学习的乐趣

4. 这首诗的最后三行想要表达的是什么？

A. 人去感受和体会自然的重要性

B. 没有意识到时间的流逝，忘记时间是很危险的

C. 学习天文学的重要性

[1] 原文用的是mystical一词，但是旁边标注了*mysterious（神秘）的词汇来解释这个词语，以帮助学生理解。

D. 独自徘徊是很危险的

5. 第1行中“博学”一词最恰当的同义词是：

A. 博采众长

B. 博物君子

C. 博闻多识

D. 博施济众

下一个问题是开放性简答题。

- 仔细阅读题干
- 阐述你的想法
- 补充支持性的细节
- 回过头来检查你的回答

把第19题的答案写在学生答题册上（也可以写在本卷封底里的空白页上）。

19. 在这首诗中，第4句之后出现了一个转折

A. 请解释一下转折前后分别发生了什么

B. 请解释产生这个转折的原因

使用诗中相关的具体的线索来支持你的回答。

马萨诸塞州十年级数学考试样题

请把第21题的解答过程写在学生答题册上（也可以写在本卷封底里的空白页上）。

21. 公式$d=16t^2$可以用来估算一块石头在t秒内落下的距离d（单位：英尺[①]）

① 1英尺约为30.48厘米。

请用$d=16t^2$来解答下列问题：

A. 一块石头下落10秒会落下多少英尺？请写出解题过程。

B. 一块石头在30秒内下落的距离与其在10秒内下落的距离之比是多少？请写出解题过程。

C. 一块石头从144英尺的高度落到地上需要多少秒？请写出解题过程。

D. 一块石头从80英尺的高度落到地上需要多少秒（精确到十分之一秒）？请写出解题过程。

马萨诸塞州十年级历史考试样题

这一部分包括15道选择题和1道开放性的简答题。（我只提供了前三个问题作为例子。）在学生答题册的对应位置标出或写出这些问题的答案。（或在本卷上圈出你的答案）

1. 为什么要在美国宪法中加入《权利法案》?

A. 为了保障外国人的权利

B. 为了保障奴隶的投票权

C. 保护联邦政府不受各州的影响

D. 保护公民的个人权利不被政府侵犯

2. 人们在股票市场上购买股票时，他们投资的是：

A. 公司

B. 工会

C. 政府

D. 政党

3. 下面这段话节选自弗雷德里克·道格拉斯（Frederick Douglass）[①]在1852年独立日上的演讲。

你们的先辈们为你们留下的是正义、自由、繁荣和独立这些丰厚的遗产，却什么都没留给我。阳光带给你们光明与疗愈，而剩给我们的却是鞭痕和死亡。7月4日是属于你们的，而不是我的。

——弗雷德里克·道格拉斯，“独立日”演讲（1852）

在这篇演讲中，弗雷德里克·道格拉斯在为哪个群体发声？

A. 被流放的美国印第安人

B. 被驱逐的美国犹太人

C. 被压迫的美国爱尔兰人

D. 被奴役的非裔美国人

做完这套题，感觉怎么样？是不是比得克萨斯州的难一点？的确是更有挑战了。不过，做回我高中英语教师的老本行，我对《当我聆听那位博学的天文学家》中的问题有一些疑虑。这首诗第一个问题问的是诗的主旨。大家是否觉得这道题有点经不起推敲？我猜想正确答案应该是A“科学不能完全表现出这个世界的奇妙”。不过，我觉得不少学生会选D“学习让人不适，使人疲劳”，毕竟诗中的确出现了与之相关的信息。再加上，学生们花了整整4年为考而学，他们一定对那种疲惫感同身受。我们在后面还会读到更多这方面的内容。

出题人给“玄妙”（mystical）一词加了注解（“mysterious”）。对此，你有什么看法？以下是该词在字典中的各种定义，选项从上到下使用频率依次降低：

1. 有一种神圣的意味：具有超出人类理解范围的神圣感

① 美国杰出的演说家、人道主义者和政治活动家，19世纪废奴运动的领袖人物。

2. 神秘主义的：与神秘主义或神秘主义者有关

3. 超自然的：具有超自然的或与神明相关联的意义或力量

4. 神秘的：神秘的或难以理解的

为什么出题人给出的是最不常用的一个定义？也许因为“神秘”这个定义是最安全的？

所有读过和研究过惠特曼的人都知道，他想在这首诗中突出的就是“玄妙”一词的宗教意味。如果使用其他的解释就歪曲了这首诗的本义。为什么出题者不引用“玄妙”最常用的，同时也是与惠特曼的信仰最接近的定义？为什么出题者不要求学生用这个定义来理解这首诗？这些问题背后涉及政治和金钱，我们将在本章后半部分探讨这些盘根错节的力量对考题内容的影响。

那其他考试题目呢，你感觉怎么样？和上一套类似，我猜想你在英语和历史题上估计没什么大问题，但我打赌数学题一定让你抓耳挠腮。在时间充足的情况下，你可能还是做得出来的，不过，在这类考试中，时间就是金钱。因此，我估计你可能还是拿不到高中毕业证。2007年，在马萨诸塞州所有十年级学生中，有13%没有通过MCAS。（最终的通过率可能会上升，因为这批学生在十一年级和十二年级还可以再次参加考试。）不过，州内各个学区的考试成绩参差不齐，例如，在劳伦斯市，近一半的学生都没有通过数学考试，而在韦兰和许多其他富裕的郊区学区，考试通过率则为100%。

然而，MCAS的通过率并不能反映真实的高中毕业率。这是因为许多一直考不过或者知道自己无论如何也考不过的高中生，往往会选择辍学。

根据《教育周刊》2007年发表的高中特别报告，马萨诸塞州的高中毕业率是73%。通过了这个考试也不能说明学生已经做好了上大学的准备。

《波士顿环球报》（*The Boston Globe*）在最近的一篇文章中指出，马萨诸塞州大约80%的高中毕业生能进入大学，但该州首个“从高中到大学”（school-to-college）的研究却发现，这些学生中有37%并不具备大学所需的能力和知识。在进入社区大学的学生中，有近65%的学生不得不参加至少一门补习课程。

我们将在本章后面的篇幅讨论“准备好上大学”意味着什么。而现在的问题是：如果MCAS不仅使辍学率提升，又不能保证达标的学生掌握了大学（或职场）所需的能力，那这个考试究竟是为了什么？

无论是在美国的国家层面还是在教学一线，人们一直在热烈地讨论着《不让一个孩子掉队法》及其核心——改革后的州级考试。

正如我在前面提到的，现在学校和学区被要求对所有学生的成绩负责。这种评估问责制在公共教育领域属于一个既崭新又重要的概念。然而，现在越来越多的评论家认为，该法案暴露出的缺陷已经大大抵消了其最初的愿景。

具体问题包括以下几点：在2014年前，所有学生在阅读和数学上实现100%优秀，这显然是个不切实际的目标；学生、教师和学校如果在考试中表现不佳，将受到严厉的责罚；没有给予未完成“年度学业进度”的学校任何形式的支持和帮助；对所有科目都需要“高素质的教师”这一要求定义不明晰；最重要的是，各州判断学生是否“优异”和学校是否完成“年度学业进度”的标准大相径庭。

我同意评论家们提出的观点。同时我也相信，了解州级考试对今天高中课堂的影响也是极其重要的。正如大家在上一章中所看到的，我们旁听的几乎每一堂课都在为某项考试做准备。有人说为考而教不见得是件坏事。我同意这种说法，只要那是值得考的考试。美国在2002年通过的《不让一个孩子掉队法》规定，所有学生都必须参加“高利害”的州级考试。在本章中，我想围绕这项法案和随之实施的考试提出两个不常被提及的问题：

- 这些州级考试是否评估了以及如何评估工作、履行公民义务和大学要求学生具备的能力？
- 应试教学对学生的学习动力和继续学业产生了哪些影响？

◎ 学数学可以培养“解决问题”的能力吗？那么学科学呢？

今天，包括比尔·盖茨在内的许多商界领袖都提到，我们高中毕业生的科学素养和数学能力欠佳；还有人说，为了使美国保持全球领先的竞争力，我们需要培养更多的工程师和科学家。因此，《不让一个孩子掉队法》也将科学列为了小学、初中和高中的必考科目。此外，2007年8月，美国国会通过了新的“竞争力”立法，从而专门设立了联邦拨款来改善科学和数学学科教师的招聘和培训。然而，包括高科技公司在内的各类企业似乎并不太看重员工对科学或数学知识点的掌握情况。

克莱·帕克等人，比较了专业技术与审辨思维、社交能力的重要性。还记得我们在第1章提到了一项有400名雇主参与的调查研究吗？研究成果提到了企业对高中毕业生、两年制大学毕业生和四年制大学毕业生新员工的期望。在雇主认为最重要的能力中，数学知识甚至没有排进前10名。是的，在成功所需的各项基本知识和能力中，数学只排在第14或15位，仅次于科学和外语能力。相反，研究报告指出，在雇主对三类毕业生的期待中，各项“应用能力”跻身前列。这些能力与七大生存力不谋而合：“专业精神与职业道德、口头和书面交流能力、审辨思维和解决问题的能力、团队合作和领导力、阅读理解力，以及道德和社会责任感。”在调查总结出的排名中，所有这些能力都排在了科学素养和数学知识前面。

这是为什么？我有一个猜测。的确，所有的雇主都需要有能力解决问题的员工，但经过雇主们的观察，那些上过学校开设的数学与科学课，并且也通过了考试的学生并不能把知识应用到实际问题中。尽管如此，我们却还坚持用老一套的教学方法，教授同样乏味的内容，因为我们觉得这就是培养“问题解决能力”的方式。

高中的教学、考试与大学和社会的所需之间有着一道鸿沟。所谓的高等数学课就是一个活生生的例子。你在刚才的考题中已经看到了，代数知识是州级考试的必考内容，也是几乎每所大学的录取要求。可这真的有必要吗？如果你学的不是数学专业，你在大学里几乎不需要上任何高等数学课，而其他课程一般只要求学生掌握统计学、概率的知识，以及基本的运算能力。这一点在大学毕业后更加明显。最近有一项研究调查了一批麻省理工学院的毕业生。该调查旨在了解这群受过硬核知识训练的毕业生在工作中最常使用的数学技能是什么。在大众看来，只有麻省理工学院的毕业生才需要在工作中用到复杂的数学知识。调查结果显示，尽管的确有人需要用到高等数学，但绝大多数人只用到了算术、统计和概率。

在我采访过的所有人中，没有人能向我解释为什么大学在招生时看重的是高等数学，而并非概率和统计学。这背后的假设也许是高等数学可以训练我们成为更好的问题解决者。在我上高中的时候，有人还告诉我应该学拉丁语，因为它也能训练人的思维。证据呢？一些教育工作者提到，研究表明，在高中学习高等数学的学生在大学往往会有更好的表现。然而，这个结论却忽略了统计学中的一个基本要领：辨别因果性与单纯的相关性。没有绝对的证据表明掌握微积分会让学生在大学取得更大的成功；这只是一种相关性。我打赌，如果希腊语成为美国高中4年的必修课，我们也能找出它与在大学取得成功的关联，甚至这种相关性不会比高等数学的低。在高中学习任何有难度、有挑战的课程都会出现类似的相关性。

我并不是说数学和科学不重要（或者希腊语应该成为所有学生的必修课）。问题不在于是否要教数学和科学，而在于教什么和怎么教。今天有多少高中毕业生只知道套用公式来解决代数问题，却不清楚数学其实是一种思维，是一种解决问题的思考方式？同样，就像第2章开头提到的那节AP化学课程，有多少高中生上了三年的科学课，学了生物、化学和物理，却连科学方法是什么都不知道，更别说如何使用它了？所有学生都需要上更多数学和科学课，这样的声音不绝于耳，但我认为学生真正需要的是更多引人入胜的、有实用性的数学和科学课。那么问题来了：如果数学和科学课是为了培养问题解决能力，高中毕业生应当学习和掌握的内容是什么？

从2006年一次国际学生评估项目（PISA）的科学与数学考试来看，与其他55个国家和地区的青少年相比，美国学生在这两个重要学科上还有一段很长的路要走。令人眼前一亮的是PISA的考查目标，即“了解学生对阅读、数学和科学，特别是这三科中对成年生活有帮助的素养的掌握情况”，而不仅是对知识点的记忆情况。

PISA的出题团队将科学素养定义为“个体的科学知识，以及使用这些知识来发现问题、习得新知识、解释科学现象，能基于证据得出科学相关问题的结论，了解科学作为人类知识和一种探究形式所具有的特点，认识到科学技术如何塑造物质社会、知识环境和文化氛围，并愿意做一个有反思力的公民，带着科学的思维积极投入到科学问题的探索中来”。在参加评估的56个国家和地区中，美国学生在科学考试中排名第25位，排在拉脱维亚和斯洛伐克之间。

PISA将数学素养定义为“个人能确定和理解数学在世界中所扮演的角色，做出有根据的判断，并利用数学来满足个体生活的需求，此乃成为一个有建设性、关怀精神和反思力的公民所需”[①]。美国学生在数学考试中的表现更加不理想，在参加评估的56个国家和地区中位列第35位，排在俄罗斯之后，克罗地亚之前。（由于考试手册印刷错误，美国的阅读测试不得不临时取消。）

安德烈亚斯·施莱歇尔（Andreas Schleicher）是经合组织教育技能司指标与分析处（Indicators and Analysis Division，赞助PISA的组织）的处长。2007年12月4日，他在华盛顿特区的国家新闻俱乐部（National Press Club）为教育工作者、政策制定者和媒体举行了一场PISA结果说明会。说明会的标题为：“失去我们的优势：美国学生真的做好面对全球经济的准备了吗？”

在说明会的问答环节，弗吉尼亚州费尔法克斯县教育委员会（Fairfax

① 已在2018年更新为“个体在各种真实世界的情境脉络中，进行数学推理，并通过形成、应用、诠释数学以解决问题的能力，包含运用数学概念、程序、事实与工具，来描述、解释和预测现象。数学素养促进个体了解数学在世界中所扮演的角色，并促使个体做出有根据的判断与决策，此乃成为具建设性、投入性与反思力的21世纪公民所需”。

County Virginia School Board）成员斯图尔特·吉布森（Stuart Gibson）向施莱歇尔博士提了一个问题：为什么美国教育需要跳出单项选择题、纸笔测试，走向更“有用的、真实的评估”（吉布森的原话）。施莱歇尔博士回答说：

> 综观各个国家和地区的考试，大家的评估方式各有不同。美国大量使用的是快速高效的单项选择型考试。我会把这种考试放在一端，而其他国家和地区如意大利、西班牙和瑞典的开放式的面试型考试放在另一端。我们能从PISA结果中看到这两端的差异。美国学生一般在单项选择题中答得非常好，但面对开放性的题目，他们就有点吃力了。

施莱歇尔的意思就是我们的学生往往不能将课上所学应用在以前从没见过的新问题或新环境中，而举一反三的能力正是“开放性”问题所要考查的，因为，“开放性”的问题不会提供任何选项供你挑选正确答案，你必须利用自己掌握的能力和知识来构建答案。

我们必须扪心自问：首先，如果继续进行廉价的“客观”的选择题考试，并以此问责学校和教师，却不推行要求学生深入思考与理解概念的、更为复杂、更为昂贵的开放性考试，美国会为此付出怎样的代价，承担何种后果？其次，是否正如施莱歇尔委婉指出的那样，正是我们的考试方式导致美国学生在国际数学和科学评估中表现不佳？我们将在本章后面分享一些更好的考试类型。在第6章，我们将参观一所高中，这所学校在激励和培养学生成为数学家、科学家和工程师方面有着相当丰富的经验与成果，他们的教学方式和评估策略也别具一格。

◎ 套模板写作文

我们再回过头来看看大家刚刚参加的两次考试。考试至少考了雇主所说的工作中必不可少的书面交流能力，这一点没错吧？得克萨斯州和马萨诸塞州的十年级考试题确实要求学生写一篇作文。可是考虑到评作文的时间成本和人力成本，越来越多的州把作文从考试中去掉了。为了评估学生的写作能力，我找到了2006年马萨诸塞州综合评估系统中一篇3分的作文（满分为6分）。让我们来读读在这个以严格著称的州级考试中，中等水平的作文是什么样的。

2006年马萨诸塞州十年级英语语言艺术

阅读下面的内容，根据要求写作。

文学作品中的人物或能鼓舞人心，或极具领导力。

从你在学校或课外读过的文学作品中，选择一位能鼓舞人心或很有领导力的人物。请在文章中描述该人物是如何激励或领导他人的，并解释该人物的能力是如何彰显出这部文学作品的主旨的。你的作文需要有逻辑清晰的发展脉络。

2006年MCAS十年级英语语言艺术作文

主题/中心思想的展开——3分

文学作品中的人物或能鼓舞人心，或极具领导力。

这篇作文主题/中心思想的展开较粗浅。阐述观点的段落比较简短，没有留下更多展开的空间。作文的组织架构容易识别。用来支持“哈利·波特是一个鼓舞人心的人”这一中心思想的论据停留在表层，缺乏更深入的发展。

在J. K.罗林斯的小说《哈利·波特与魔法石》中，哈利·波特是一个鼓舞人心的人。他用他的勇气、心怀希望与决心鼓舞着我们。

从一个普通的男孩变成一个魔法师，哈利的勇气体现在为了勇敢地面对生活中的困难，他需要不断做出改变。其中一个改变是他提升了自己抓金色飞贼的能力。同时，哈利还鼓舞了很多同学去加入魁第七球队。

哈利始终心怀希望体现在他在魔法石挑战中坚持不懈。哈利打败了坏人父弟魔的，学校又重新恢复了安定。他带给了大家希望。

最后，哈利战胜困难的决心也鼓舞着大家。从小到大，哈利的姨夫都对他恶语相向。哈利一直鼓励自己别把姨夫的话放在心上。哈利战胜父弟魔也体现了他的决心。哈利从没放弃过找寻魔法石。

J. K.罗林斯在《哈利·波特与魔法石》中描写的哈利·波特很有勇气、心怀希望与决心。他鼓舞着书里书外的每一个人。

（学生答题摘录）

怎么样，还不错吧？思路很清晰，标点符号和拼写基本都没问题。不过，把球队的名字（魁地奇）错写成“魁第七”，把反派的名字（伏地魔）错写成“父弟魔”，把作者的名字（J. K. 罗琳）错写成“J. K. 罗林斯”让我怀疑这个学生是真的读了这本书呢，还是只是看了电影。言归正传，我想套用一个我在听课漫步后提出的问题：写作处于这种水平的十年级学生，他们在两年后有多大概率能做好步入大学或职场的准备？《哈利·波特与魔法石》的阅读难度属于六年级的水平，不太妙。（亚马逊官网显示，《哈利·波特》这一套书是适合9—12岁的儿童读物。）J. K. 罗琳的书写得特别有意思，它们帮助许多小学生从不读书慢慢转变为热爱读书，但是她的书中很少涉及高中生应该读的或大学生必须要读的复杂文体。我不禁好奇，这个学生在读符合高中生阅读水平的书时，会有什么样的表现？

那么这个学生的写作水平如何？很遗憾，这篇文章一看就是按部就班地套用了某个写作模板：一段介绍性的开头，三段提出论据，加上一段结论。在几乎所有的高中，教师都会要求学生们严格套用五段式来写作文。其目的不仅是为了通过州级考试，还有新的SAT考试。新SAT从2005年起增加了写作考试①。

莎拉·劳伦斯学院（Sarah Lawrence College）位于纽约，是一所很有名望的大学。在SAT增加了写作考试后，莎拉·劳伦斯学院便不再要求申请人提供SAT成绩了。（你知道现在有超过750所大学在招生时不再倚重学生的SAT或ACT成绩了吗？）一篇《纽约时报》的文章阐释了莎拉·劳伦斯学院为何作此决定："莎拉·劳伦斯学院宣布从2005年开始，不再要求申请人提供任何标准化入学考试的成绩。SAT增加写作考试虽然出发点很好，却'无法帮助我们这种以写作为基础的课程'甄选合格的学生。莎拉·劳伦斯学院当时的招生负责人布里格斯女士（Ms. Briggs）说，这样的作文'并不能反映学校课程所要求的写作能力'，比如，经过长期的研究、分析和讨论后撰写出多篇长篇论文的能力。她说：'我们从来不会给学生一个他们从未见过的题目，然后要求他们在25分钟内完成一篇即兴写作。'"4年后，《波士顿环球报》报道说："在录取过程中，包括顶尖学校在内的数以百计的大学都不再看或很少关注学生的SAT写作分数了。学校不太确定SAT的写作分数是否能反映出学生的真实写作水平。"

① 2016年，在该考试中写作部分的作文变成选做，2021年正式取消作文。

成为合格的公民，已准备就绪？

州级考试中考了不少与美国历史有关的题目，那些通过考试的学生是否已准备好履行公民义务了？虽然学习美国历史的主要目的不是为了培养公民意识，但我们还是要问，这些课程在多大程度上能教会学生理解美国正面临的一些问题及其根源？这类课程是否能培养学生的分析能力，让他们可以分析当下的重大议题并得出自己的结论？值得注意的是，美国公民及移民服务局（United States Citizenship and Immigration Services）最近修改了所有移民入籍时都必须参加的公民考试。《纽约时报》最近的一篇文章报道说：“移民局的官员说，他们正试着减少考查琐碎的知识点，转而强调政府结构、美国历史及地理中的基本概念。”申请入籍者不再需要背“不自由，毋宁死”[①]或谁创作的《星光灿烂的旗帜》（*The Star-Spangled Banner*）[②]，但他们必须知道苏珊·B. 安东尼（Susan B. Anthony）[③]做了什么。

美国公民的入籍考试，以及优秀的历史教师对学生的要求与之前两套历史题目形成了鲜明对比：能认出且能阐述宪法的前10条修正案，利用史实与时事中的证据写一篇议论文讨论《权利法案》中的哪一个修正案是最重要的以及为什么。

对美国学生来说，熟知美国的历史事件并理解民主政府的构成要素固然很重要，但我认为我们同样应该教授与考查一个积极参与、博闻多识的公民应该具备的素养。在教九年级英语时，我让所有的学生去研究一个他们关心的议题；总结正反两方面的观点；给当地报纸的编辑撰写一封信并寄发出去。我在乎的是对学生研究、沟通和审辨思维的培养，而《致编辑

① 是美国人帕特里克·亨利于1775年3月23日在殖民地弗吉尼亚州议会发表的演讲中的最后一句，意思是如果失去自由，那我宁可失去生命。

② 为美国国歌。

③ 是一位美国著名的民权运动领袖，在19世纪美国女性争取投票权运动中发挥了重要作用。1920年通过的美国宪法第19条修正案也被称为《苏珊·安东尼法案》，它禁止因为性别原因剥夺公民的投票权。

的一封信》就能很好地同时评估这三项能力。我相信要让学生们成为积极参与且博闻多识的公民，研究、沟通和审辨的练习是必不可少的，因为他们要学会三思而辩论，还要学会投出明智的一票。

但是，要怎样才能让所有的高中毕业生都成为合格的美国公民或合格的陪审团[①]成员呢？试想一下，你坐在被告席上，法庭正在审理一个你并未犯下的罪行，你是被冤枉的。决定你命运的陪审团成员都努力学习了考点，通过了州级考试，拿到了高中毕业证。此时的你对陪审团有信心吗？你信任他们能分析论点、权衡证据、辨别偏见（他们自己的和他人的）、区分事实和意见，以及在正义与仁慈矛盾相向时宽严相济吗？他们能否既带着审辨力又富有同情心地去聆听，还能清楚地交流自己的想法？他们是否知道如何与他人携手寻求事情的真相？虽然不可避免地总会出现一些难辨事实与意见的人，他们多多少少会影响陪审团制度的效力，但我仍然坚信，培养学生成为合格的公民与帮助他们顺利步入职场、大学有着同等重要的地位。在第6章，我们将了解一些学校是如何在课堂上使用模拟法庭来培养公民意识的。

七大生存力对履行公民义务来说同样受用。你觉得本章列举的州级考试题目是否考查了我在前面提到的公民素养？本章中大多数的样题，以及其他考试中的问题评估的都是学生对知识点知识的背诵情况。一些读者可能会说，这些知识点和听课漫步中提到的教学点都是在为大学打基础。那接下来，我们就来探讨一下大学的问题。

上大学，胸有成竹？

多年前，新英格兰地区一所公立高中的校领导联系到我，希望我给他们的一个项目提点建议。这所高中在新英格兰地区赫赫有名，大学升学率

① 陪审团由从一般市民中随机选出的6—12个人组成，在刑事案件中会判断被告人有罪或无罪，而在民事诉讼中则会判断被告有无责任或赔偿金额。

达到了90%。他们想通过合并英语和历史学科的教学来增加毕业生的升学优势。校领导认为，这两门学科的结合可以帮助学生对同一时期的历史与文学产生更深刻的理解。然而，当我问他们怎么知道这就是改进课程的最优方案时，校领导们却什么也回答不上来，只是直觉告诉他们这样的创新会对学生有帮助。

我个人认为跨学科学习相当有意义，但我也深知学校能投入到改革中的时间和资源非常有限。因此，学校必须谨慎地挑选课程改革的方向。我提出的建议是去采访几位三到五年前从学校毕业的学生。我想听听校友们会如何回答"身处大学的我多么希望自己在高中学过……"这个无论是在私立高中还是公立高中都很少被提及的问题。领导们欣然同意了，然后开始整理比较有代表性的校友名单，并邀请其中有意愿的人在寒假回家期间抽几个小时来参与访谈。

校友小组中既有去普通州立大学的学生，也有去顶级名校的学生。当时，我向他们提出的第一个问题是："回顾你的高中四年，哪些经历让你印象深刻或者对你来说很有帮助？"（*现在的我会换一种问法："通过高中的学习，你在大学中觉得最胸有成竹的是什么？"*）接受访谈的校友们都对这个话题很感兴趣，他们兴致勃勃地与我们分享了他们高中的经历。

课外活动，比如，社团、制作学年纪念册等等，是校友们觉得高中时代最有意思的回忆。紧随其后的是朋友。校友们说在这所规模较小的高中没什么小团体，大家都相处得非常融洽。体育活动也榜上有名。因为学校小，所以基本上每个人都有大量的运动、自由活动时间。

"那么学习方面呢？"我问道。

一个男生回答说："放学后，基本所有教师都会留下来帮我们答疑解惑。"几个人点头表示同意，然后整个房间就陷入了沉默。

"你们学习的课程对大学有什么帮助吗？"我追问道。

"说真的，"一个在某名校读大四的学生有些不耐烦地说，"除了数学，我们在大学里要把所有课程都重新学一遍。高中学习过的知识基本没什么用处。”

周围响起一片附和声。然后，另一个学生笑着说：“这也不是什么坏事，毕竟一考完，所有背过的东西就都忘了！”房间里爆发出一阵猛烈的笑声。

我一下傻眼了，不知道接下来该说些什么。最后，我问道：“那么，如果高中能重新来过，你希望课程上有哪些改动？哪些内容能帮你更好地适应大学的学习？”

“更多的写作时间！”立即有人回答。我问有多少人同意这个观点，所有12个人都举起了手。可是让这所高中闻名全美的正是它出色的写作课程！

“做研究的能力，”另一个学生说，然后补充道，“我高中的研究项目大多都是靠‘复制粘贴’完成的，以至于上大学之后，我都不知道如何拟定一个好的研究问题，也不知道怎样消化大量的文献材料。”

“还有时间管理。以前的作业都是一周内做完，上大学后，面对期末才交的项目我完全不知道怎么规划时间。”坐在我对面的学生说。

“学会与小组中的其他学生共事，”这是校友们提出的最后一点，“你不可能啃下所有的学习材料。如果不和学习小组一起复习准备考试，你就死定了。”

不用说，我交给校领导的报告完全在他们的意料之外。再后来，他们的课程改革走向了一个截然不同的方向。相较于这次课改咨询的细节，反而是毕业生们的话在我的脑海中久久萦绕。我想知道，他们只是个例吗？他们说的是一个普遍的现象吗？

在过去的几年里，大家越发积极地鼓励更多学生去上大学。其目的是为了提高美国的劳动力水平。在这样的大环境下，一些新的研究开始探讨“准备好上大学”意味着什么。由全美州长协会（National Governors Association）创办的一个名为“实现”（Achieve）的非营利性教育组织采访了300名在两年制和四年制大学教大一新生的教师。报告最吸睛的部分是这些大学教师提到的大一新生准备有所欠缺的地方：

- 70%的教师说学生理解不了复杂的阅读材料
- 66%的教师说学生不会进行分析性的思考
- 65%的教师说学生不具备相应的学习工作习惯
- 62%的教师说学生写作水平欠佳
- 59%的教师说学生不知道如何做研究
- 55%的教师说学生不能应用所学的知识来解决问题

令人意想不到的是，大学教师们认为学生最缺乏的不是某个学科的知识，而是某些素养。这不正是几年前那些高中毕业生提到的吗？大卫·康利（David Conley）对这个问题展开了进一步的研究。康利的研究重点是大学所需的最重要的能力与知识。他先收集并整理了大一学生的作业类型，再把总结的结果与他在高中课堂上、州级考试中发现的情况进行对比。这是他得出的结论：

> 一个在大学学习中得心应手的学生应当具备扎实的思维习惯。这些思维习惯能支持学生去学习和掌握各科内容。然而不幸的是，为了应试或只是为了让学生保持安静，高中把教学重点全放在了脱离真实场景的知识点上，无从顾及对学生思维习惯的培养。绝大多数的州级高利害标准化考试只要求学生回忆或识别出零散的信息。而真正能考查学生个人见解的题目要么有答题时间限制，要么缺乏深度和广度。这些考试很少要求学生举一反三，几乎不要求学生展现更高阶的认知能力。

康利列出了大学生需要具备的核心“思维习惯”：思维的开放性；探究精神；分析、推理、论证和证明；解读；精确性和准确性；以及解决问题。他接着明确了“首要的学术能力”：写作和研究。在他的结论中，学科知识点排在了这两者之后，位列第三。

尽管大学生最需要的并非掌握更多的学科知识，但AP课程却如雨后春笋在各个学校迅速涌现。其中一个原因可能是AP课程看上去像是提升高中课程“精准”程度的唯一途径。因此，我们需要更审慎地看待AP课程，看看它是否真的像一些人宣称的那样，能帮助学生为上大学做好准备；看看它作为新黄金标准的声誉是否实至名归。（IB课程近年来也非常流行。尽管IB在课程和考试中都要求学生进行更多的思考，但它的普及程度却明显逊色于AP课程。）

参加大学先修课程

美国大学理事会（The College Board）是负责开发和监管AP课程大纲与考试的非营利组织。除此之外，美国大学理事会也负责管理一些其他的（美国）全国性考试，例如，SAT。根据其在2006年的年度报告，超过100万名考生参加了200多万次AP考试，这一数字是1995年考生人数的两倍多。AP考试涉及22门学科，只要负担得起83美元（并不便宜）的报名费，任何人都可以参加任何一门AP考试。不过，数以万计的考生都在学校里修了为AP考试量身定制的AP课程。

AP课程于20世纪50年代初具雏形，一开始只是为成绩优异的高中生提供大学水平的课程。后来，许多大学开始向在AP考试中斩获高分的学生提供学分。不过，近来形势瞬息万变。2006年《今日美国》（*USA Today*）的一篇文章提到，越来越多的大学不再为AP课程提供学分了。这些大学最主要的担心是，尽管通过了AP考试，大量学生的学习能力仍达不到大学需要的水平，或者对该学科的理解尚未达到大学要求的透彻程度。文章接着引用了几项研究的成果。这些研究指出，在AP考试中取得好成绩并不意味着在同类大学课程中也能取得成功。

在上一章中，我们去旁听了一些AP课，对所见所闻大失所望。为了更好地了解AP课程的优缺点，我采访了该领域的三位资深人士：两位参加过AP课程及考试的学生，一位教AP美国历史课程的教师，她同时也是AP美国历史考试全美阅卷组的成员。

第一位学生叫朱莉（她不希望使用自己的真实姓名，以免历史教师误会自己在针对他的教学）。高中的头两年，朱莉在美国东北部一所知名的公立学校上学。后来，她转到了一所独立（私立）学校。朱莉在十年级时修了AP美国历史课。

“这门课号称与大学课程的难度相当，”朱莉说，“他们说‘除非你已经和九年级历史教师谈过话，也确定你能扛得住这样的课业压力，否则就不要来上这门课’。可事实上，这门课的暑期阅读并没有什么挑战性，就是戴维森（Davidson）写的那本教科书《众国之国》（*Nation of Nations*）的导言和第一章。就是比较花时间，因为每章有100个术语，每个术语都得做笔记，比如，重要的人、日期、战役、地点，这些都可能是考点。这本书读起来真的很枯燥，没有任何思考的成分。另外，这个作者（戴维森）不喜欢分析任何事件，只喜欢陈述事实，像谁在战斗中获得了胜利。他甚至没有去整合要点、总结规律。”

“一整个学年，我们每3周就有一次考试或要交一篇论文，”朱莉继续说，“考试真的很无聊，因为它只会考章节里的术语。论文还挺有意思，可惜我们没有足够的时间深入地讨论。这就是一门跟着教科书走的课程。我的教师很不错，他总是试着让我们在论文中表达自己的思考。我真的很喜欢动脑筋去分析。然而，一到期末我们就开始疯狂地背术语。这就让历史从一门极具探讨性、分析性的学科变成了纯粹死记硬背的学科。我们还发现，虽然有所谓的简答题，但拿高分的方法还是在回答中尽可能多地列举事实。”

“那这门课程是否改变了你对历史的兴趣？”我问道。

朱莉回答说：“这门课对我的兴趣没什么影响。我就把它当作前进路上的小路障。”朱莉在考试前生了3个星期的病，最后仍然在5分的考试中拿了个“4”。

在与我回顾他的AP经历时，亚力克·雷斯尼克（Alec Resnick）正在麻省理工学院读大三。他读的是数学和历史双专业。那时，亚力克本该读大四了，但他休学去哈佛大学学了一年人文课程。亚力克在高二时转到了一所公立学校的“AP部”。他们学校的“AP部”规模很小，是为天资聪颖的学生准备各个AP考试而专门设立的。他在那里共修了10门AP课程，且在所有考试中都拿到了4分或5分的好成绩。亚力克是这样评价他的AP课的：

“这些课相对于无聊的普通课程来说算是让我耳目一新了，”亚力克说，“但一年后，我突然发现，过多无意义的学习与没意思的学习一样糟糕。AP是一种标准化的课程，所以所有学生学的和讨论的内容都千篇一律。这些标准化的课程让学生逐渐成为被动的信息接收者。教师们有一个装满考点的盒子，通过一整个学年的教学，他们会把盒子里的知识点全部塞到你的脑子中。在高三开始前，我意识到这并不是我想学的。"

“要怎样才能在AP考试中取得好成绩？”我很好奇。

“在AP考试中拿高分的有两类人：一类循规蹈矩，另一类靠考试直觉。这两类人都有同一种能力，那就是了解出题人的意图。AP课程描绘了一幅很美好的学习画面：课程会为你提供大量的数据，你需要解读这些数据，结果是你拥有了审辨思维。在我看来，这完全是胡说八道。我的真实感受是，你最终掌握的是各种应试技巧，以及一大堆拿5分的套路。你又想让人们审辨，却列出了各种条条框框，那最终就只能看到这些条条框框而不是人们的审辨力。一个人完全可能高分通过AP考试，却什么都没学到。这是让我最不满意的地方。”

“AP课程对你上大学有帮助吗？”我问道。

“有吧，帮助就在于我的一些大学课程和AP课相差无几，特别是科学方面的课程。不过，高中和大学不一定得学相似的内容，也不应该是这样的。这就是为什么我没有报考物理专业，太多必修课了，而且学生只能被动地坐在课堂上，死记硬背考点。数学专业不错，因为必修课比较少。我现在正在上一些研究生的选修课，这些课才是真的有意思。课上，我们不仅在做真正的研究，还会进行激烈且有价值的讨论。大家探讨的问题没有一个预设的标准答案。我觉得这才是高中和大学应该有的样子。”

亚力克的话让我百感交集。学校的教学和考试方式令他大失所望，他因此放弃了科学家的梦想。亚力克现在有志成为一名教师，并创办一所学校。我相信他一定会在教育领域大有建树。可我不禁问自己：要是高中带给亚力克的是一段截然不同的学习体验，或者大学科学课的授课模式再新颖一点，亚力克和我们的社会是否都会有一个更光明的未来？这个世界会多一位教育工作者，却少了一位前途无量的青年科学家。

有着十年教学经验的迪娜·麦卡德尔（Dina McArdle）在西雅图的巴拉德高中（Ballard High）教了5年AP美国历史课程。她是我采访的第三位“AP资深人士”。两年前，她被选为AP美国历史考试的阅卷员。迪娜花了8天的时间学习如何阅卷，然后便开始对作文部分（约占整个考试的一半）进行评分。对迪娜来说，学习给作文打分是一次绝佳的职业发展培训。这是她第一次与其他博闻多识的教师们围坐在一起探讨如何给历史论文评分。但有一次，迪娜参加了几位AP主管的培训，“这个培训给我的感觉就是，你得在规定的时间里批阅尽可能多的作文”，迪娜解释说，“我在8天内大概读了1000篇作文。相当于我得在90分钟里读25到50篇作文。”

我请迪娜点评一下AP考试的“精度”。“已经过时了，”她告诉我，“它考查的是学生对知识点机械的记忆能力。作文的话题比较单一，且每道题背后都有一个标准答案。我希望看到有更多话题供学生去研究、分析，然后动笔发挥。我希望看到学生们在作文中把各个问题联系起来，总结其中的规律，扣准主题慢慢展开自己的想法。”

重新定义教学中的“精度”

三位AP资深人士都提到了AP项目的一些可取之处。他们的回答与之前许多受访者的观点基本一致。师生们都认为，和那些为应对州级考试而进行的课程相比，AP课程明显更有挑战性。难怪AP课程能成为“精度”的黄金标准。不过，三人都发现AP考试过于强调记忆知识点，而忽略了对研究、推理和分析能力的考查。没错，AP系统试图借鉴和效仿大学中课程的“精度”，但我坚信AP系统不仅仅是迪娜所说的“过时”了，而是完全被时代抛弃了。

一直以来，我们都把教学中的“精度”定义为掌握更多、更复杂的学术内容。那些要求学校教学变得更“精准”的家长希望教师布置更多的家庭作业：更多的数学题和要背的词汇。那些所谓更“精准”的教师让学生在课堂上快马加鞭，试图讲完更多的内容。这种对“精准”的定义受到了卡耐基学分[①]的影响。20世纪初，卡耐基学分成为大学招生的衡量标准。学生需要学习四年的英语，三年的数学和科学，两年的外语，等等。从那时起，高中和大学广泛认可的“精准”便是修更多学术课程（相对于职业技术课程），“掌握”（即记忆）更多的学术知识点。这个黄金定义一个世纪以来都没有被撼动过。

如今，滚滚的信息洪流一天一个样，可在100年前，公共图书馆屈指可数，大多数人根本没有机会接触到百科全书，比尔·盖茨也还没出生。因此，人们的确需要大量地记忆信息。毕竟你上哪里去查找信息呢？况且你背下来的内容可能在接下来的十几二十年都不会有什么变动。

情况在今天发生了翻天覆地的变化。现在大多数美国人都有机会上网。互联网向我们源源不断地输送着信息巨浪，这些信息的变化一日千里。正如我们之前探讨的那样，信息从本质上发生的巨大变革催生出了“知识工作者”，进而对工作和履行公民责任提出了一套新的素养要求。时至今日，要在新环境中工作、学习和履行公民义务，我们需要的“精准”是问对问题的能力。而过时的“精准”则要求我们答对答案，而且是越多越好。

说得更具体一点，你觉得哪一个更重要：背词性还是写一篇佳作？（顺便说一下，没有任何研究表明学习写作必须要知道各种词性。）你觉得

① 四年制高中的学生一般须取得16个卡耐基学分才能毕业，这同时也是许多大学的录取要求。1卡耐基学分对应一门一学年有120小时教学时间的课程。

哪一个更关键：是记住不断更新的元素周期表，还是知道如何获取与解读相关信息？我们不可能把大千世界教个遍、考个遍，可是这正是我们的教师在做的事情。什么都想教、样样想俱全的后果就是一败涂地。夏威夷委托他人进行了一项研究。这项研究旨在统计教师要付出多少时间才能教完所有五年级课标中规定的内容。答案是规定教学时间的30倍。所以说，我们必须在众多教学目标中做出取舍，以下是我的立场：

> 21世纪最重要的"精准"是掌握工作、履行公民义务和终身学习所要求的核心素养。学习学科知识是发展素养的一种手段，并非传统意义上的目标。在今天的世界，知识储备量远远没有知识应用能力重要。

当然，有些信息是有必要记在脑子里的，我就很庆幸自己把乘法表烂熟于心，所以外出就餐时不必随身携带计算器计算小费[①]。此外，学生也应当知晓一些跨学科通用的核心知识，还需要熟记某些内容以成为一个合格的公民。然而，术业有专攻的学术界很少商榷高中毕业生应当掌握哪些跨学科的基础性知识。事实上，今天教师们面前黑压压的"课标"，一部分是20世纪90年代初学者们商讨的结果。那时，许多州的教育专家曾咨询学者们州课标的内容。可惜，这些学者难以达成一致，而彼此妥协的结果便是宣布所有内容都同等重要。

我之所以批评州级和AP考试，不是为了反对考试，而是为了提出一些基本问题。我认同教学中的评估问责制，但我们应该明确让人们对什么负责任，即最需要学的是什么？第1章重点探讨的是最需具备的生存力。没错，对那七大生存力的培养在未来只会变得越来越重要。不过，如果学生没有达标，谁应该为此负责，这也是我们需要考虑的问题。不达标的学生应当受到惩罚吗？最后，如何评估那些我们认为重要的能力？

商界、政界和教育界的领导人纷纷呼吁要打造更"精准"的教学，并

① 美国餐厅的小票上会显示消费金额，客人需要根据金额自行计算小费。午餐小费一般是消费金额的15%，晚餐是18%。

主张大力实行评估问责制。然而，在考虑这些问题时，他们完全没有做到“精准”与严密。他们也没有思考过所有这些测试将会如何影响学生的学习动力。你刚才已经读到了AP课程对两位学生的影响。除此之外，我们还有别的数据吗？

是什么扼杀了学生的学习动力？

在采访中，企业高管们不仅担心年轻人能力不足，还担心他们不够敬业。除了不满于无意义地为考而教之外，我从老教师那里听到的最频繁的抱怨就是，相比老一辈人，现在的学生似乎没有什么学习动力。然而现如今，尽管这类担心和抱怨层出不穷，尽管它们是企业高管与教师难得共同关注的问题，大家却很少在教育改革中探讨学生的学习动力问题。这是为什么？也许大家都有着这样的假设：如果学生没有动力，提醒他们不学习就无法通过考试、拿不到高中文凭，他们自然就会产生动力了。悲哀，只有大棒，没有胡萝卜，只有辛苦，没有甜头。

我们会在第5章进一步梳理动力问题。现在，我想说的是，高中主流的教学和考试方式给学习动力、享受学习的快乐甚至是继续学业埋下了一颗定时炸弹。跟上一代人相比，今天高中生的课外活动和选修课的时间缩短了不少。我们已经看到，在几乎所有的州，要想毕业就必须修更多的学术课程，而且在学区的坚持下，大量的课堂时间被用于备考。学校的选修课预算也大大缩水。于是，大多数艺术、音乐和其他选修课程便不见了踪影。我上周在一所高中观察教学时遇到了十一年级的西拉（Sierra）。西拉是一个聪明、活泼的女孩，她告诉我，她所有科目的成绩都不错，但她讨厌上一所学校，所以决定转到这所另类学校（alternative school）[①]。为什么？因为学校取消了她课表上所有的艺术课程，而这些课程恰恰是她一开始选

① 与主流体制中的学校不同，此类学校有着自己独特的教学理念，包括在家上学、自主学习，等等。

择那所学校的原因。

辍学率与学习动力息息相关。曼哈顿政策研究所（Manhattan Institute）的研究员杰伊·格林（Jay Greene）等人发现美国公立高中的实际毕业率比许多州公布的数字要低得多。从那之后，尤其是在过去的几年里，围绕美国高中辍学率展开的讨论持续升温。只有大约三分之二的美国公立学校的学生能通过4年的学习获得普通高中文凭。这一数字远远低于其他工业化国家。许多人认为，导致高中生辍学的主要原因是他们缺乏学习能力，特别是阅读和写作的能力。对于部分学生来说，这一点不无道理。但由比尔与梅琳达·盖茨基金会资助的一项研究发现，阅读、写作和运算能力欠佳并非高辍学率的主要原因。事实上，与辍学率直接挂钩的是意愿，而不是能力。

在一项针对全美各地近500名辍学生的调查中，约有一半人坦言，他们离开学校是因为课程很无聊，而且与他们的生活或职业抱负相去甚远。大多数人还表示，学校并没有激励他们努力学习。超过一半的人是在距离毕业不到两年的时候离开的学校，同时，88%的人在辍学时并没有挂科。近四分之三的受访者说，如果他们愿意的话，本是可以读完高中，拿到毕业证的。

没完没了的考试、死记硬背扼杀的不仅是辍学生的动力，而是几乎所有学生的学习动力。在上一章中，大家也感受到了大多数课程是多么的无趣。在我与高中生进行的无数个焦点小组[①]中，大家最常抱怨的就是“课程太无聊了”，其中也包括了所谓的高阶课程。

是否有更好的考试形式？是否有考试能考查工作、履行公民义务和大学最需要的能力？我们应该考试吗？是否有一种连学生都觉得值得参加的考试？答案是肯定的。

① 这种研究方法通过采访和面谈一个群体来了解他们对某个问题、产品、概念等的观点和评价。

建立更有价值的评估方式

在过去的5年里，测试评估领域取得了非常大的进展。学者们研发出了能合理评估所谓高阶思维能力（higher-order thinking skills）的方法。理查德·赫什博士（Dr. Richard Hersh）是这场考试革新中最具影响力的一位领导人物。在几年前担任文理学院院长时，他意识到自己面临着一个严峻的问题。

“我在活动中会跟家长或捐款人打招呼，然后我们会聊聊博雅教育是多么有价值，”赫什告诉我，“但偶尔会有人问我：‘赫什博士，博雅教育的价值到底在哪里？你怎么知道你的学校是否在提供这种教育？’在那当下，我总能应答如流，但我却始终没有找到一个令我满意的答案。”

因此，在几个大型基金会的支持下，以及在当时兰德公司（Rand Corporation）的史蒂文·克莱恩（Steven Kline）和罗杰·本杰明（Roger Benjamin）的帮助下，赫什开始了他的研究。他想看看是否有可能评估学生在大学里的“增值”情况，也就是学生在大学4年实际学到了什么。首先，他们与大学教授一起商榷了大学毕业生应该掌握哪些学科知识。“对于这个问题，教授们甚至在院系内部都莫衷一是，可想而知跨学院甚至在全校范围达成共识是一件多么困难的事情，”赫什直言，“但他们都认可学校应该教所有学生一套核心素养：审辨思维、分析性推理能力、书面交流能力和解决问题的能力。在这个共识的基础上，我们设计出了一个内容相对中立的评估。然后，样本学生会在大一和大四时分别参加一次评估，帮助我们了解他们在这四个方面的成长。”

正如赫什说的“生活不是一道选择题”，现在学生们可以参加大学学习评估（Collegiate Learning Assessment，CLA），一个90分钟的开放性的“实作评估”。在评估中，学生要尝试解决一个“真实世界”的问题，他们需要展示自己推理、解决问题和写作能力。在我做的样题中（该评估至少有十几种不同版本的样题），题目设定在一个犯罪率很高的城市。我需要给这个城市的市长候选人解释在几个降低犯罪率的方案中，哪一个最有可能带来成效。首先，我必须评估发布在网上的8份文件。这些文件都是基于真实情况改编而来的，一份是报纸上有关犯罪模式的报道，一份是关于增加警力的研究，还有一份药物治疗的报告，等等。读完后，我必须在网上写出两份说明：一份要比较增加警力与引进药物治疗的利弊，另一份要写出候选人的立场。这个评估非常有挑战性，而评估结果为我们提供了大量有关七大生存力掌握情况的信息。

经过几年的研发，CLA于2003年被正式推出。CLA作为一种考查“增值”的评估获得了美国的认可，也成了业内的示范。超过250所学院和大学正在使用CLA评估学生在大学4年的学习情况。赫什和其他研发人员正在探索能否将CLA用作评估高中生的大学和就业准备情况。这个新项目被称为大学与工作准备充分度评估（College and Work Readiness Assessment，CWRA）。包括霍奇科斯学校（Hotchkiss）、霍兰德霍尔学校（Holland Hall）、圣安德鲁学校（St. Andrew's）和劳伦斯威尔学校（Lawrenceville）在内的众多赫赫有名的私立学校都在用CWRA考查所有学生的学习情况。教师们说，到目前为止这是测试大学所需能力的最佳评估方式。此外，CLA的费用还不及AP考试的一半，每个学生40美元左右。因此，公立学校没有理由不采用它来评估学生是否为大学做好了准备。

一些私立高中的学生在试点评估后接受了采访。以下是部分学生的反馈：

> “这简直颠覆了我对考试的认知，每个问题都带劲，很有挑战。”
>
> “这比我在高中参加过的任何一场标准化考试都有意思。我终于能把在课堂上学到的知识运用进来了。”
>
> “我认为这个考试很有创意、很有意思，还能激发思考，是一种完全不同的考试方式。”
>
> “这次考试的与众不同之处在于，它评估的是一个人的分析能力、使用证据的能力和写作能力，而不是SAT考试考的知识点。”

“我用上了审辨思维，还需要评估问题。我不是在凭运气瞎猜，我得根据给出的信息分析各种情况。”

“我在这次考试中用到了我的审辨力，而不是公式、套路和单词。”

在这些小型私立学校中，每个学生都需要参加CLA。除此之外，CLA则主要用于抽样调查，即只有部分大学新生和大四毕业生会参与评估。抽查结果能告诉大学（或者在未来，告诉高中或学区），样本中的学生在多大程度上掌握了思考和交流所需的核心素养。“教师们也可以以CLA为模板自行设计实作评估去考查所有学生的学习情况。”赫什解释说。

美国国家教育进步评估（National Assessment of Educational Progress，NAEP）是一个由联邦政府资助的项目。和CLA类似，它主要对学生的核心学术能力和一些学科知识点进行轮流的抽样评估。从CLA和NAEP这两个评估中，我们总结了几条改进公共教育问责制的经验教训。一方面，与其要求各州每年花费大量资金来设计新题目，并要求每个学生都要参加考试，我们可以把这笔钱用于研发质量更高的、开放性的、考查素养的考试，并降低考试的频率，实行按人口比例的抽样评估。另一方面，抽样评估后，“问责人”就变成了组织机构，比如，学校、学院或学区，而不是个别学生或教师。CLA的魅力在于，它考查的是每位教师在每节课上都应当教授的核心素养。坦白来说，无休止的州级考试既不是最有成效的，也不是最高效的问责方式，反而会打击学生和教师的士气。我们将在下一章讨论教师问责制，在本章剩下的篇幅和第6章中，我们会分享一些让师生更有效地为教学负责的方法。

近年来，市面上还涌现出其他几种可圈可点的标准化测试。例如，我们在上一章中已经提到过的由经合组织开发的新版PISA跨学科问题解决能力评估。教育考试服务中心开发了一个被命名为“ISkills”的信息与通信技术素养评估。这个在线评估要求学生在75分钟内应用各项技术完成一些任务，包括在网上获取和评估信息、在数据库中搜索特定的数据、设计一张支持某个论点的图表，以及把分析得出的信息整理制作成一个幻灯片。这两种评估目前尚未被任何州采用，一方面是因为其成本高于现有的考试，另一方面是更替评估方式还不是一个广泛的需求。

然而，与州级考试或AP考试相比，这些评估方式更有希望测评出学生们在几大生存力上的表现：审辨思维和解决问题，获取与分析信息，有效的口头交流与书面沟通，甚至可能是随机应变与灵活适应。那么，怎样评估剩下的生存力——积极进取、好奇心和想象力？

罗伯特·斯特恩伯格（Robert Sternberg）认为智力分为三种：创造性智力、分析性智力和实践性智力。他极具开创性意义的研究向我们说明，为什么诸如SAT这样的评估最多只能浅显地考查一个人的分析力。斯特恩伯格一直致力于开发能测评学生创造性智力和实践性智力的方法。他认为这两种智力对人生的重要性相较于分析性智力来说有过之而无不及。2006年，斯特恩伯格离开耶鲁大学，成为塔夫茨大学人文与科学学院院长。目前，塔夫茨大学已经开始在大学招生中全面使用能考查三种智力水平的评估方式。斯特恩伯格相信，这种新颖的评估手段将吸引一批与众不同的学生报考塔夫茨大学。同时，斯特恩伯格也在培训大学教师如何在课程中培养学生的这三种智力。

斯特恩伯格突破性的举措与研究获得了全美上下的关注。不过，是否总有一天会有人开发出一套能评估七大生存力的标准化考试？对此，我们也不要过早下定论。要评估一些所谓的软实力，如团队合作、领导力、积极进取心和好奇心，你首先需要充分了解一个学生，并在一段时间内观察他或她的学习。这个过程就像是拍一部电影，而不是简单地按快门。这样的评估也无疑会用到人的主观判断。职场人士会告诉你，在大多数招聘和晋升决定中，他们更依靠主观判断而并非白纸黑字的评估，当然也不会仅靠一面之词。在面试过程中，许多公司会要求应聘者与5个或10个人谈话。在员工的年度绩效考核中，公司也常常使用“360度评估”（“360 reviews”），整合同事的评价来评估一个人的表现。在考查学生的学习时，这类合作型的评估又会如何进行？

纽约成绩标准协会（The New York Performance Standards Consortium）为校际合作树立了一个相当了不起的榜样。该协会成立于1997年，由28所高中组成。这些高中一直在共同定义和评估对高中生来说最重要的硬实力与软实力，并实行相互问责制。他们合作开发出了所有高中生在毕业前都需要完成的“实作任务”（performance tasks）：一篇分析性的论文、一篇研究报告、一个科学实验和一个对应用数学概念的展示。你也可以把这些“实作任务”称为学业“勋章”。教师们共同探讨如何评估这些任务，外加各个水平的评量标准。最后，大学学者和商界专家这些外部人士也会参与评价学生的成果。

另外值得一提的是内布拉斯加州在评估方面取得的成就。道格·克里斯滕森（Doug Christensen）是一位兼具魄力与胆识的领导。在他的领导下，内布拉斯加州教育部已经发展出了一套独具一格的州级评估问责制度：校本位教师领导的评估系统（School-based Teacher-led Assessment Reporting System，STARS）。内布拉斯加是唯一不采用选择题考试的州，取而代之的是写作考试。同时，每个学区还需要根据州级标准设计自己的评估系统。学区的评估可以包括口头报告、展示和项目，在实施前必须得到州政府的批准。研究员克里斯·加拉格尔（Chris Gallagher）研究了内布拉斯加州的这套评估系统。他说，大部分学区的评估是由学区的教师设计和批改的。正因为如此，内布拉斯加州甩开单纯的服从，打造出了一种能力和承诺至上的文化。

“我们采用的是自下而上的模式，”克里斯滕森解释说，“这种模式的出发点是课堂。我们要确保课堂的教学与课标一致。接着，教学还要与该学区研发的评估方式相关联。这些评估考查的是学生应用概念和解决问题的能力，并非简单地记住事实、数字和日期这些背完就忘净的信息。”

上述的例子表明，我们不是没有经过实践验证的更优质的评估方式。这些创新的考试用师生都认可的更具动力与吸引力的方式，来考查学生最需具备的能力。其实，在教育改革运动中，有这样一个鲜为人知的事实：许多州在20世纪90年代初就开始制定与上述案例十分相似的评估问责制了。然而，除了内布拉斯加州之外，其他州的努力都无疾而终。接下来，我们将以肯塔基州为例，看看它的教育改革如何在起步时掌握着正确的方向，却逐渐偏离了轨道。海伦·芒乔伊（Helen Mountjoy）将告诉我们到底发生了什么。

新型评估背后的分歧与成本顾虑

1980年，海伦·芒乔伊所在学区的负责人被当地教育委员会免去了职位。那时她两个年幼的孩子还在该学区的公立学校上学。于是，海伦和另外两人把改革作为竞选口号跻身教育委员会。她在任8年，担任了4年委员会主席。

“当时，肯塔基州的公立学校在全美是属于吊车尾的，”海伦告诉我，“我们的高中完成率排全美倒数第三，考试成绩的排名落后同样也不尽如人意。州政府在教育上投入的钱少，对孩子的期望也低。”

1985年，66个学区起诉肯塔基州政府，对政府给学校的拨款方式提出了不满。州最高法院判学区胜诉，并发布了一份涉及教学各个方面的法官意见[①]。首席法官甚至略带威胁地说，如果立法机构不迅速采取措施，就将控告其藐视法庭。因此，州政府于1990年通过了《肯塔基州教育改革法》（Kentucky Education Reform Act，KERA），要求在学校的管理、资金、课程、考试和其他方面进行彻底的改革。

这项法律为所有学生设定了精准且极具挑战性的教学目标，其中还要求对七大生存力中的几项进行考核评估。同时，该法律罢免了原来的州教育委员会，海伦被任命为新的委员会成员。她在这个新的岗位上待了15年，

① 法官意见（opinion）指在英美法制中，法官宣判时给出的一份用于解释做出这项判决的理由的文件。

曾6次担任委员会主席。她口述了自己的这段经历：

“根据法律规定，我们必须在上任后一年内开发出全新的州级考试。法条里写的是实施基于实作的评估，但没有人知道那是什么意思。（类似于CLA，这种评估是基于真实任务的评估，如让学生发挥自己想法和应用已有知识的活动、练习或问题）……我们一开始采用的是围绕真实情境的实作，也就是学生们在团队中工作，解决这样或那样的问题。可是，这些活动的设计和试点成本特别高，而且每年都需要更换题目，再加上人们担心评分中可能存在太多主观性，所以在尝试了5年后我们就没有再继续了。”

“基督徒部分右派人士的态度把我们‘骂’了个措手不及。例如，有人说这些开放性的评估会考查学生的价值观，学生只有答出‘正确的价值观’才能从学校毕业。‘审辨思维’会让你的孩子批判你和你的教会。”

“这类分歧（考试的成本及其客观性）在我们州还在持续上演，”海伦解释说，“一部分人想保留循规蹈矩的考试（选择题），不想做任何改变，因为他们信任这种考试的客观性。相反，另一部分人却说：‘你们很清楚那样的考试只会考基础知识，考得那么简单能测出个什么来呢？’我很焦虑，我不知道这场纷争最后会怎么收场。”

海伦补充道，该州的评估仍然要求学生参加作文考试并提交写作集。但她也指出：“政策和实际课堂之间有着巨大的鸿沟，教育委员会的设想与（教师们的）实操也存在着脱节。不信你可以去课堂上看看教师们是怎么教写作的，估计会让你惊掉下巴。我们的写作课一直在重复相同的写作套路，浇灭了孩子们的创造力和创作欲。教师们一遍遍地修改学生的作文，改到里头完全没有了学生的个人特色与痕迹。”

最后，海伦伤感地说：“我们以前的路子是对的。现在还有一些地方仍坚持走在改革的路上，但哪怕是在最好的学区，大家最关注的从始至终都是考分，而不是学生的学习。大家似乎还没有意识到考分和学习并不是同一件事。这就是为什么《不让一个孩子掉队法》在肯塔基州和全美各地终究是一场悲剧。”

在那次谈话后，海伦迎来了一个崭新的机会来应对尚待解决的挑战。2008年1月，海伦·芒乔伊被任命为肯塔基州教育部长！

为什么更精准的评估会举步维艰？

大多数州的教育改革之旅都和肯塔基州的相差无几。在20世纪90年代，包括佛蒙特、马萨诸塞、明尼苏达和俄勒冈等在内的多个州都在研发一种更“精准”的评估方式。那时，大家把目光都聚焦在如何考查新全球经济中越发重要的能力和心智习惯：审辨、解决问题、研究、写作、团队合作等。然而，后来所有这些尝试都逐渐被摒弃了，原因就像海伦解释的那样：新的评估成本相对较高，带来的分歧也给教育蒙上了一层政治色彩。对于一些美国政客来说，考试考知识点就够了，其他方面无足轻重。他们青睐传统考试的另一个原因则是设计和批改传统考试的费用仅是其十分之一。

纽约大学文化教育学院教学研究中心（Center for Research on Teaching and Learning）的主任罗伯特·托比亚斯（Robert Tobias）说：“《不让一个孩子掉队法》是压死这些评估改革的最后一根稻草。”托比亚斯曾是一名数学教师，后来成为考试研究员。他在纽约市的公立学校工作了33年，之后又在评估与问责部门做了13年执行理事，最后于2001年退休。

“（在20世纪90年代初的一小段时间里）大家真的在追求更高的标准、更优的教学以及相匹配的评估。也就是说，人们对评估本身提出了更高的要求，”托比亚斯解释，“评估从一个萝卜一个坑的选择题变成了开放性的问答题。那是一个实实在在的改进。接着《不让一个孩子掉队法》就出台了。这项法律近乎严苛地要求各州必须提高标准化考试的成绩，还会对不合格的州实施制裁。因此，各州必须证明所有孩子都在学习，并都能在2014年之前达标。这不就是拿枪指人脑袋，真要命吗？”

托比亚斯继续说：“100%的达标率在任何一位统计学家看来都是不合常理的。面对这般压力，各州能采取的唯一的合理的措施便是降低评估难度。现在，为考而教成了大家‘应付’法律的通用‘伎俩’。如今，纽约市的学生们每年要参加6到15次标准化考试！他们声称，其中一些只是‘诊断性’测试。但实际上，这些都是大考前的预演练习。”

接受精准的新定义，评估中也要考查核心素养

目前，我们的考试考查的是学生在某一时刻记忆了多少内容，能提取多少信息。同时，50个州有50种课标与50种对达标的定义。然而，21世纪的工作、大学或履行公民责任所要求的能力在这些课标里却丝毫未被提及。这个评估系统的背后是过时的“精准”、大量的政治分歧和成本顾虑。很明显，我们有足够的知识和框架来搭建一个截然不同的、更优质的评估制度——在（美国）全国性和地方性的评估中测试最重要的能力，考查学生循序渐进的成长。问题是：我们是否愿意接受“精度”的新定义，愿意重新思考高中毕业生应该知道什么、能够做什么？其实，美国民众已经产生了这样的意愿。21世纪核心素养联盟最近发起的一项研究显示，“80%的选民说，今天学生需要学习的内容与20年前是不同的”，而且，“10位选民中有将近9位（88%）认为21世纪核心素养可以且应当成为课程的一部分”。

接下来，还有两个同样重要的问题：面对那些裹挟着评估系统甚至学生未来的学术保守派与财政保守派，我们是否愿意去据理力争？我们是否同意，在本地区自行设计评估的基础上，每个州都应该使用统一的评估来测试学生对几个核心素养的掌握情况？我们是有这个能力的；当然，新的评估系统会更复杂、更具挑战性。那么，我们是否有充足的政治意愿将其付诸行动呢？

第4章 重塑师范教育

假设你叫格雷格，是一位高中校长，同时也在教社会学科的课。你在一所不错的郊区公立学校工作。你和学区中其他才华横溢、经验丰富的教师、领导一行人来到哈佛大学，参加一个为期3天的高强度教育管理课程。秋风习习，你从酒店走进位于剑桥市的哈佛校园，面对映入眼帘的红砖绿藤，你既紧张又兴奋。你笑着对自己说："我也是上过哈佛的人了！"你和同事们来到研讨室，好几十个学校团队已经在圆桌旁落座了。

你们的讲师托尼·瓦格纳请每个团队的成员进行自我介绍，并简要分享一下未来3天团队想要探讨的"核心教学问题"（problem of practice）。你们团队的议题是老教师对调整课程"不买账"。学区主管把**"课程协调"**（curriculum alignment，又称课程校准、课程联结）列为今年的一个首要任务。老教师们没有恶意也不是针对谁，就是单纯觉得没必要做这样的事情。

上课后不久，瓦格纳提出："如果给一个学期定了10个优先待办事项，那就相当于一个也没有"，然后便敦促各个小组思考**"行动沙盘"**（theory of action）。"行动沙盘"是一种十分系统的思考方式，里边涵盖的问题包括：你要解决的真正问题是什么？你怎么知道这是最亟待解决的问题？你的解决策略是什么？你为什么选择这个策略？哪些证据可以证明该策略在发挥作用？最后，谁会负责做什么？要让策略充分发挥其作用，每个人需要什么？你和团队在过去从未思考过这类问题。大家的脑子都在飞速运转。

在讨论时间，你们团队粗浅地聊了聊课程协调项目，可谁都不敢说太多。毕竟学区主管就坐在旁边，大家都知道这个项目是她的心头肉。你和身边的人都心知肚明，学区的优先事项太多了，但也没人敢啃这块硬骨头。这位学区主管尽管很厉害，但也和其他主管殊途同归。你和同事们喜欢开玩笑说，这些主管总是“一天一个改革”或加入了什么“每月教育浪潮俱乐部”。他们总是扔下一堆建议和优先事项，然后去到下一个新会议，听一个演讲，接着又带回来3个新的想法。最要命的是，他们一般在任三四年后就会跳到另一个学区。之后，新的主管又会带着自己的“解法”下达新的指示。

最后，你用微弱的声音打破了死一般的寂静：“也许我们需要更清楚地告诉教师们这次课程计划对学区来说很重要。我们也要告诉他们其他需要优先处理的是什么，以及这些事情之间有什么联系。”桌子上所有人的目光都投向了学区主管。

她微微皱起眉头，语气坚决而又平静：“课程协调将减少课与课之间的重复情况。人人都会清楚什么时候应该教哪一条州课标，以及课程的发展脉络是如何与考试相对应的。作为结果呢，大家都能看到分数的明显提升。”话题结束。她不会真的以为这一两句话就能打消大家的疑虑吧？

瓦格纳的声音再次在教室里响起。他告诉大家，如果你的目标是提升学生的学习（这其实也是最重要的目标），那么要努力解决的首要问题就是改进教学与对教师的引导。不过，谈何容易呢？你们学区需要按照法律规定实行某项教师评估，但那实属浪费时间。为了这个评估，教师们每年都要填无数张表格、听各种课。不过就算有这个耗费心力的评估，要开除一个教师也要历经好几年的时间。每个人心里都明白这就是个劳心劳神的过场，这样的评估也根本不会为教师们提供任何职业发展上的帮助。不只是你的学区是这样，几乎所有学区的教师评估都如出一辙。

讲师说，你们如果想改进教学，就必须对优质的教学有统一的定义。他放了一节十年级英语课的视频。刚放完那节课的前三分之一，他就按下了暂停键。他让你们给这节课从A到F打分。你把分数写在一张3×5[①]的卡片上，然后传到前排给讲师。在讲师和他的同事统计结果时，你和团队开始谈论这堂课。你惊讶地发现，大家对这堂课的评价竟如此不同。你给这堂课打了C-，而那位为学校教师打分的校长助理却给了A-。你看了一眼眉头紧锁的学区主管，很想知道她的看法。但你不敢问，她也没有说。

好，这时瓦格纳抛出了一个重磅炸弹。他把大家的打分情况投影了出来。你和房间里的其他人一齐发出一声惊叹——从A到F，打什么分的都有！更糟的是，给这门课打B+及以上的与打D及以下的人数一样多。这怎么可能呢？讲师告诉你，每一次做这个活动他都会收到近乎一样的结果，然后他问道："为什么会出现这样的情况？"

"有些人对非裔美国学生的期望太低了。"一位女士说道，她的声音中带着一些情绪。（视频中的学生大多是非洲裔美国人。）

"有这样的可能，"讲师说，"不过我们也播放过一个以白人学生为主的教学视频，然后得到了同样的打分情况。"

"我们对一堂课的关注点有所不同，"教室另一端的一个人说道，"这完全取决于我们的个人经验和我们看重的东西。"

"让我们来测试一下这个假设，大家都踊跃参与。"讲师对大家说。

他邀请3位打了B+及以上分数的人来解释他们的理由。然后他又请了3位打分低于D（包含D）的人来分享理由。

你一定不会相信自己的耳朵。这6个人几乎用了同样的措辞。他们都谈到了课堂的"精准"、课程内容对孩子来说是否有用，以及师生关系。然而，他们得出的结论却完全不同！

"这就证明，我们往往关注的是同一个东西，但却各持己见。"讲师说。

他接着说："对于大家为什么对这节课的评分如此不同，我这里有另一种解释。在教育领域，我们总是在谈论各种各样的事情，比如，学习理

① 即3英尺×5英尺，约合7.62厘米×12.7厘米。

论和课堂管理技巧，等等。但是我们从来没有真正地一起研究和探讨过教学。我们如果想改进教学，要做的第一件事就是推倒教室的墙壁。我们必须一起‘听课漫步’，然后交流我们的所见所闻。我们必须给自己和他人录像——不仅要录制课堂，还要录教学指导会，甚至是我们的教师会议。我们需要归纳出优质教学的要点，然后制定相应的策略来帮助每个人在每年都有所进步。”

“在定义‘优质教学’之前，我们得先定义什么是‘精准’，”瓦格纳说，**“我们可以让教师辩论‘精准’具体指让学生个性化地学什么、会做什么、理解什么**。不过在真实的世界中，‘精准’已经有了一个非常明确的定义，企业和大学都非常清楚他们希望学生知道什么、能做什么。社会要求学生具备的这一系列素养，可容不得我们讨价还价。”他又放了几张幻灯片，展示大学教授和雇主希望高中毕业生掌握的能力。这些数据不仅真实有力，而且可能超出你的预想。教授和雇主们重视的能力在本质上是一致的，如审辨思维。他们想要能审思明辨的高中毕业生？你心里打着鼓，我们有教师知道怎么教审辨思维吗？

你有点坐不住了，迫不及待地想要休息一下。打心底里，你知道他说的不无道理。如果学区主管点头的话，你也许会在教学楼里试着搞一次“听课漫步”。你也很清楚自己应该在教学上花更多时间。尽管你一直有此打算，但天啊，你可不希望在自己的课堂或教师会议上架一台录像机！教师们的意见可多了。而且，想都不用想，他们绝对不想被录下来！

你也认同他分享的数据，比如现如今“精准”的新定义，以及学科知识点没有过去那么重要了。然而，家长和AP课程的教师可不会买账！他们恨不得自己的孩子能拿全“5分”，然后顺利进入哈佛大学。为此，学生不得不大量地死记硬背。什么鬼，难道他不知道AP教师才是学校的幕后大佬吗？为什么瓦格纳不和哈佛大学的招生官聊一聊，让他们修改一下录取标准，别总是去关注学生上了几门AP课？

还有他问的那些关于行动策略的问题。谁有闲工夫去折腾明白这些问题？你的时间被回复电子邮件、接听家长的电话占得满满当当的。哦，你还不得不赶去出席一场晚宴或周末的什么活动，在那之前还得把上头交代下来的表格在规定时间内填完上交。你一周要工作80小时都不止。他说我们必须有一个“行动沙盘”和一个改进教学的策略。我们不该先有个“生存策略”吗？

3天的课程结束了。你会填一份课程评估表，你认为这是职业生涯中最烧脑的一次培训，你下定决心要在课上多多尝试从中学到的技巧。尽管你的大脑还是一片空白，不知从何做起，也不知道如何与教师们展开一次真正的教学对话。如果告诉教师们你要去他们课上听课，他们会有什么反应？一想到这个场景，你就眉头紧蹙。

在回程的飞机上，你在想：也许你不必什么都照做。毕竟，你的学生在州级考试和AP考试中表现得都还不错。有句话怎么说来着：“东西没坏就别修！”再说了，你也没听说有哪个学校真的在做这个……然后，你就昏昏沉沉地睡了过去。

我和变革领导力小组的同事做了大量革新教育领导力的研究，然后基于研究成果开发出了这个为期3天的工作坊。我们花费了8年的时间，在剑桥市进行了十余次“学习实验室”工作坊。除此之外，我们在全美各地已经办了数百次类似的工作坊。当然，“格雷格”不是一个真实存在的人，他是各个工作坊参与者们的综合缩影。他的想法展示了绝大多数教育工作者在工作坊中的反应。对同一堂课的各种打分也是真实出现的情况。我与私立学校的教师也做过这个活动，也得到了同样的结果。因此，这不仅仅是一个只会在公立学校出现的问题！

为什么有能力、有经验的教师们连给一堂课打出同样的分数都做不到，甚至是在私立学校也不行？他们连自己的核心业务——教学都参不透吗？医生、律师、工程师和建筑师对行业内的“优异表现”多多少少达成了一些共识；不仅如此，他们还在持之以恒地精进自己的业务水平。那么，教师们的情况又如何呢？

即使是最具天赋、最资深的教学领导在回答商界领袖认为理所当然的日常问题时，也会磕磕巴巴答不上来。这些问题包括：你要解决的问题是什么，数据说明了什么，你的策略是什么，你怎么知道它行之有效，谁负责做什么，等等。同样，商界领袖也很难理解格雷格和他的团队为何对领导如此言听计从。大部分教育官僚体系还延续着早已过时的、以服从为核心的作风。不光格雷格会对评估手下的教师感到不安和不习惯，教师们也会为此忧心忡忡。

要想实现公共教育的转型，我们需要先深入了解师范教育是如何培养教师的，以及教师们在工作中是如何继续学习和与同事交流的。在接下来的篇幅中，我会用自己的故事来详细说明改进每间教室中的教学情况是一件多么复杂的事情。

师范生之路：拿到从业资质也对教学一知半解

我硕士读的是教育专业。坐在第一堂课的教室里，我有点不知所措。我觉得我能被哈佛大学录取全靠运气，周围的同学也比我聪明得多。但这些焦虑并没有把我压得喘不过气来，因为我知道我的梦想是成为一名教师，而哈佛大学有着全美数一数二的教育学院。我能做的就只有拼了命地努力，希望勤能补拙。

几个月后，我的焦虑在选修课上化为了越发高涨的兴奋。非常幸运的是，我一半以上的课程都是选修课。当时，我认为我可以去教社会学科，所以我修了好几门人类研究研讨课。几堂课下来，我发现这几门课不仅充满挑战，也极具吸引力。接着，我又选了一门叫“美国的特性与社会结构”（Character and Social Structure in America）的社会学课程。在这门课上，我们阅读了亚历西斯·德·托克维尔（Alexis de Tocqueville）的《论美国的民主》和其他著作。这是一门学生特别多的大课，但我有一个很棒的助教，他叫杰伊·费瑟斯通（Jay Featherstone）。

杰伊同时也在教一门不计入学分的教学研讨课。这门课很快就成为我的心头好。我们翻阅了当时的教育改革家们撰写的所有书籍，包括约翰·霍尔特、乔纳森·科佐尔、赫伯特·科尔（Herbert Kohl）等。我们还谈论了各自的教育理念以及在我们看来学校需要改进的地方。杰伊会根据当周的阅读内容抛出一个问题，然后就坐在教室后面静静地听。他会时不时地再问一个很有启发性的问题。没想到最让我觉得受益匪浅的竟然是一门不提供学分的课。所有的必修课，包括“心理学：学习过程”（Psychology: The Learning Process）和“社会学科的教学”（The Teaching of Social Studies），似乎都与日常的教学完全脱钩，这些课的内容或教学法也从未激发出全班的学习兴趣。

后来，哈佛大学为郊区公立学校的学生免费提供了一个暑期学术强化班。我被安排在一位初中社会学科教师的班上。这是我硕士项目的实践部分，而且要拿到教师资格证我也必须去学校实习。我个人觉得这位老师很无聊，他的课也让人很痛苦。孩子们都对他的课不太感兴趣。可是因为实习的要求，我整个暑假都不得不观摩他的教学。后来，我发现他离开教学一线去做了行政。这背后的原因也就不言自明了吧。

暑假快结束的时候，我没有等分配，就开始主动寻找一位能在开学后指点我的实习“大师”。经过一番寻找，我在市内的一所另类学校找到了一位教高中社会学科的教师。这所学校位于一所大型的综合高中内，是一个小型的自治的校中校。我希望以后也能在类似的学校里教书。我的大部分同学都被安排去了郊区的学校（如今已经不是这样了），不过面对这个异于传统的实习岗位，哈佛大学最后也默许了我仓促的请求。

同样，这一次我唯一需要做的事情就是看这位教师上课。我觉得他的某些课上得还挺不错的，但我们从未坐下来讨论过他对自己课程的看法。我想知道他认为哪些活动是有效的，哪些是可以摒弃的，以及为什么。在春季学期，他终于给了我一个独当一面的机会，让我自己设计并教授一个为期5天的单元。我记不起自己具体教了什么了，只依稀记得我十分紧张。

他说我教得挺好的，但那期间他很少来听我上课，也很少给我反馈或有价值的指正。除此之外就没什么特别的了。我们所有关于教学的讨论都无疾而终，那个对教学充满热情的我只收到了零星的反馈，而我内心的疑问自始至终都没有得到回答。

在6月毕业时，我完全没有做好走上讲台的准备。手捧硕士学位证书和州级教师资格证，我已经是一名名副其实的有资质的教师了。按照今天《不让一个孩子掉队法》的规定，凭我的学位和学科实习，我完全可以被归为“优异”（highly qualified）。问题是，提到教学我的大脑还是一片空白，我感觉整个硕士项目并没有教我一丝一毫如何做一名好教师。现在他们就放任我去教一群高中生了？我怎么觉得这么不靠谱呢？

在公立学校教书，教师评估走形式

我在华盛顿特区附近找到了一份工作，然后举家搬迁。我负责运营一所公立高中校内的一个新兴的另类学校项目（PIE项目）①。我面对的是最棘手、最叛逆的学生，而我的工作则是挖掘他们的学习动力，好让他们继续留在学校里学习。每周大部分的时间里，我都在与学生进行一对一或小组交流，所以我特别想了解传统课程的形式与内容，于是我自告奋勇要教一门普通的英语课。我还想融入英语教学组，而不是单枪匹马地工作。英语教学组长分配给我一个有39名学生的班级，而其他英语课上只有大约25人，他自己的AP英语课有13人。他是故意想看我出丑吗？我心里泛起了嘀咕。

我仍然清楚地记得，那是第一次有人真正地走进我的课堂，观察我的教学。来听课的是学校的校长，他是来做我的年度教学评估的。我试着把注意力全部放在学生身上，尽可能不和校长有任何眼神交流，但这谈何容易。那感觉就像我是一件一丝不挂的展品。在实习时，我教过一个为期5天

① 托尼·瓦格纳.用心学习：教育大师托尼·瓦格纳的学习之道[M].麦丽斯译.北京：中国青年出版社，2023: 175.

的单元，那时我在哈佛大学的硕士生导师前来听了一小会儿课。除此之外，再也没有任何成年人真正意义上旁听过我上课。校长在教室后面坐了10分钟，听我们讨论在家庭作业中读的一则短篇小说，然后就悄无声息地离开了。我们约在一周后去他的办公室讨论我的评估。虽然有些许紧张，但我内心其实非常期待这次见面。

校长带我走进他的办公室，然后指着红木桌前的一把椅子，微笑着示意我坐下来。我一坐下来，他就递给我一份文件，说："你先读读这个。"从他手里接过那份文件的时候，我记得我的手在微微发抖。终于，终于有人能给我的教学提供一些反馈了。

我发现那是一份4页的检查清单，里面有五六个类别，总共有差不多40项内容。每条内容旁边只有两栏选项，一栏标着"满意"，而另一栏则是"有待改进"。我快速地浏览了一下面前的表格，发现校长给每一项都打了"满意"。

校长对我说："如果你没什么异议的话，在下面签个名就可以了。"我自然是不同意自己在教学的方方面面都做到了"满意"，但我有什么资格向校长提出质疑，我又能问他什么问题呢？经过近一年的教学，我仍然不知道我哪里教得好，哪里需要提升，甚至不清楚一堂好课是什么样的。我往往只能靠学生的参与度和直觉来猜测我的教学质量。看样子，这次会面并不会给我什么实质性的反馈了。我签了名，带着文件的复印件离开了校长办公室。那种如坐针毡的紧张感消失了，随之而来的空虚填满了我的整个身体。这次见面从开始到结束持续了不过5分钟的时间。

一年后，一模一样的场景再度上演：同样的校长、同样的检查表、同样的结果。第三年也是如此。唯一的改变是，在完成了3年"成功"的教学后，我不再只是一名有教师资格证的教师了，我现在拥有了教师编制，而且获得了终身教职。

然而，这一成就却让我一点儿也开心不起来。相反，我的心情很复杂，我为自己的名不副实感到难为情。的确，和初出茅庐时相比，我积攒了更多教学经验。至少我知道该如何管理课堂了，而且我也很欣慰许多学生真的在认真学习写作。学生们好像很享受写作工作坊，他们会在工作坊上大声朗读自己的作品，然后展开讨论。我们还用研讨会的形式讨论文学和时事，大家对这类活动也充满了热情。但我也很清楚自己的迷茫与困惑。我经常想不明白为什么某堂课的效果不太好，或面对一个无心向学的学生我应该如何是好。我不知道要怎样才能成为一个更好的教师。我觉得自己正孤立无援地走着钢丝，却连一条安全绳索都没有系。我开始写教学日志，记录下我在教学中的所学所想。

我最渴望的是与其他教师一起讨论教学技巧，并收到他们的反馈。我一直竭力邀请英语组组长来听听我的课，可组长却从未来过。教师们也从不会去到彼此的课堂。学校里似乎有某种约定俗成的禁忌。那一扇扇威严而沉重的木质门终日紧闭，牢牢地守卫着一间间教室，只有学生能定时定点地在其中穿梭。在每月一次的教师会议上，我们也从未谈论过教学问题。这些会议一般不会超过20分钟，主要是用来发布通知的。我特别抵触进入教师休息室，因为那里总有几个老教师在发牢骚，抱怨他们的工资有多低。每年我们有几个工作日是专门用来做职业发展培训的。在那段时间里，我们会坐着听别人介绍一些教育方面的热点话题。这些培训每次都有不同的主题，讲完即结束，也不会有什么后续的跟进。大家都争着要坐在大礼堂的后面，因为我们可以躲在那里批阅一些作文。

在私立学校教书，无反馈独自摸索

在公立学校教了5年书后，我跳槽去到了华盛顿特区一所有名的独立学校（西德威尔友谊学校①）。我希望在那里遇到志同道合的、专业性更强的同事。我成立了一个小小的教育讨论小组。在头几次小组聚餐上，我们还

① 托尼·瓦格纳. 用心学习：教育大师托尼·瓦格纳的学习之道[M]. 麦丽斯译. 北京：中国青年出版社，2023: 198-219.

会讨论一些教学相关的文章。不过，渐渐地，我们的关注点便从文章转移到了美食与美酒上。我问英语组的同事们能否去听他们的课，他们表示非常欢迎。尽管同事们从来没找我要过听课反馈，但我热爱学习各式各样的教学法和教学技巧，所以旁听他人上课本身就让我无比激动。

在那所学校的第三年，我参与发起了一次教师会议。在会上，大家观看了几段教学视频，然后一起讨论我们观察到的信息。在我印象中，上一次与其他教师探讨教学问题还是在哈佛大学读硕士的时候，而那已经过去整整9年了！那次教师会议在一个小时后就结束了，之后我们再也没有做过类似的事情。

回顾我的教学生涯，为了让学生掌握学习的主动权并为自己的学习负责，我一直在尝试新的策略。比如，我安排学生们两两一组轮流负责引导全班讨论。我会和每组学生提前碰头，一起计划如何让更多的人参与到讨论中。我还把备课时间变成答疑时间，和学生们一起探讨他们的作文。我发现这是一种更加有效的教写作的方式，特别是在学生自行选择要讨论哪篇作文时，这种方式的作用就会被发挥得淋漓尽致。

后来，在反复把同一门课教过好几次后，我已经摸清楚了这门课最优的教学“框架”，比如选择哪些有意思的文学作品作为阅读材料，搭配多少写作任务来同时训练分析能力与创造力。一旦我勾勒出了那个“框架”，教授这些课程就变得非常容易。据学生们说，大家觉得我是学校里最棒的英语教师之一，我的表达性写作课也是最受欢迎的选修课之一。尽管如此，我仍然不知道我的教学法是否正确，我需要如何改进。教学就是一场场实验，而我只能凭直觉来判断实验的成功与否。我邀请课上所有的学生填写一份期末评价，这些评价对我来说相当有帮助，但我想知道一位资深的老教师会对我的课作何评价。遗憾的是，在这所学校教书的4年里，不曾有一个人来听过我的任何一堂课。

在私立学校教书的优势恰恰也是其劣势。只要校长和教学主管认可了你的能力，你就能按照自己的想法开展各种形式的教学。没有什么正式的教师评估，全靠家长和学生的反馈。如果行政部门收到投诉或者听到对你的抱怨，那学校就不会再和你续约，不过这种情况很少发生。我在那儿教书的4年里，只有一位教师非自愿离职。

渐渐地，我有些焦躁不安，还有点无所事事。我好像没学到什么新东西，工作也没什么挑战性。同时，我受够了一直单枪匹马。于是，在做了10年高中教师之后，我试着申请了一所K-8学校（剑桥友谊学校[①]）校长的职位。没想到我最后竟然拿到了这份工作。

身为校长，琐事缠身，无力顾及教学

这所学校位于新英格兰，新工作的节奏快得令我不知所措。我要面对急需见到我的家长，学生需要管教，我要撰写简报，一位教师问我他能否请假去参加一个教学大会，另一位教师来告诉我女厕所里没有卫生纸了，复印机总是卡纸，清洁工对男厕所里翻倒在地的垃圾桶大喊大叫，好多要回的电话，要启动学校装修项目，筹备家长之夜和我的第一次教师会议。我每天都要应对形形色色的人、事、需求对我的狂轰乱炸，而刚才那些模糊的记忆片段只是冰山一角。

你别说，至少在一开始我还挺享受那种轰炸的。与之前的教学工作相比，我感觉到了前所未有的挑战与充实感。不过，我很快开始意识到，我所有的时间都被用来处理琐碎的管理工作和日常运作问题了。这些毋庸置疑都是校长的职责所在，但仅仅确保不出任何岔子，就占用了我所有的注意力，我恨不得有三头六臂。我完全抽不出任何时间或精力去处理我最关心的事情——教室里正在发生的事情。

令这所学校久负盛名的是它的“进步式”教学，这也是我决定申请这份工作的原因之一。换句话说，从建立之初这所学校的办学理念就是主动

① 托尼·瓦格纳.用心学习：教育大师托尼·瓦格纳的学习之道[M].麦丽斯译.北京：中国青年出版社，2023: 227-238.

学习与在探索发现中学习（discovery-based learning）。我的梦想是创建一所“实验室”学校，在那里我能与同事们一起测试和开发更优质的教学方法和课程。我已经学到如何良好地管理课堂了，而现在，我想知道与一群教师共同创建一所示范学校是一种什么样的体验。然而，学校似乎存在着一个大问题。作为面试的一部分，当时我去听了一些课，还与部分家长进行了交流。一些家长抱怨说学校没有给孩子足够多的挑战。作为一名前高中英语教师，我着实为高年级学生的写作质量捏了一把汗。孩子们不遵守纪律的情况也多到超出了我认为合理的范围。走廊上时常有学生在大喊大叫、追逐奔跑。许多孩子似乎认为，随心所欲地打断大人的话是天赋人权。那时的我懂什么？我不过只是一个普普通通的高中教师。

而今，接受新工作不到几个月，我接到了一个真正的“烫手山芋”。我很快意识到，这里几乎所有教师都对学校的总体情况，特别是自己的教学自我感觉非常良好。哦，不，不只是自我感觉良好，教师们真心地认为一切都相当不错。自然也有一些家长对学校的教学表示认同。这是一所非常小的学校，“小”在这里既有褒义也有贬义。我能找谁确认一下我的直觉是否准确？如果我想做出一些改变，应当从何入手？我心里一点底都没有。现实把我打了个措手不及。

几个月后，我终于能够抽出时间去听课了，甚至还能教几堂课。再度回到课堂的感觉非常好，我也很开心观察到一些我认为不错的教学，特别是在低年级。但我仍然觉得无论是从智力上还是行为上，学校对高年级学生的要求还远远不够。现在学校给予他们的更像是放纵而不是挑战。我后来一再观察到的问题是：所谓的自尊心胜过了审辨力。

我试图跟一些教师提到过这些问题。而大家普遍的回应是，我根本不了解学校的文化，也不清楚小学和中学的运作机制。是啊，毕竟我初来乍到。在开学后不久的一次教师会议上，我提出大家需要重温一下学校的纪律守则，底下是一片沉默而又呆滞的目光。我试着跟尽可能多的教师们交流。可是，大家对我的不满与日俱增，但我也不能怪他们。我完全不知道如何成为一个领导，一个带来变革的领导。在大部分的时间里，我只是一个被日常琐事吞噬的管家。我比以前当教师时更孤独了。在校长的位子上挣扎的那两年，我感受到前所未有的挫败。于是，我递交了辞呈。

那12年的教学和管理经验让我清楚地看到了师范教育和教师工作中存在的问题。然而，那时我并不知道自己能为这个职业带去哪些改变，又能做出什么贡献。于是，我决定先去非营利组织工作。我和其他人共同创立了“社会责任教育者组织”（Educators for Responsibility）。这个组织很快发展壮大，后来还为纽约的公共议程基金会开展了一个（美国）全国性的项目。非营利组织中的项目都极具挑战性，让我学到了很多与曾经的认知截然不同的东西，但我很怀念在学校的日子。6年后，我选择回到教育学院继续深造。

我在哈佛大学取得了教育学博士学位。这段经历我可以说上三天三夜，但长话短说——除了一门课以外，其他所有的课程都与变革领导力或改进教学无关。当时，唯一和教学、教师指导有关的课是一门选修课，讲师是凯瑟琳·克鲁普尼克（Catherine Krupnick）。这门课非常有意思。我们在凯瑟琳的课上观看并讨论真实的教学视频，然后开展角色扮演，讨论我们会在教学指导会上给教师提出哪些建议。我真真切切地把在这门课上学到的知识应用到了我最关心的教学与领导力问题上。这样的课，在我整个硕士、博士生涯中仅此一门。要是这门课是我的硕士必修课该有多好。

后来，我去大学的教育学院任教并指导他人的教学实习。我要求学生们把自己的教学视频带到研讨课上来一起讨论。这种方法非常有效地帮助他们改进了自己的教学。我坚信，对所有学校来说，观看并讨论课堂和教学指导视频是改进教学最有效的策略。可惜的是，这个方法几乎无人问津。接下来我们会讨论其背后的原因。

一个商人的教师之路：教书绝非易事

兰迪·摩尔（Randy Moore）曾任夏威夷一家大型房地产企业的首席执行官，目前在夏威夷州公立学校系统担任设施部副主管。4年前在我们第一次见面时，他在檀香山一个经济落后的社区教初中数学，教了正好3个年头。后来，我们时不时会聚在一起讨论各种话题。我最近问兰迪，为什么他要从一个商人转行成一位教师，他上讲台的第一年都经历了什么，他认为这个崭新的世界与他成长的环境有何异同。以下是兰迪的故事：

“我一直都对教育很感兴趣，多年来也一直与各个基金会、资助人讨论如何应对公共教育中的问题。那时，他们的结论一般都是问题太大了，况且他们已经交了税，为什么还要给更多钱？不过背后更重要的原因是，他们清楚自己并不了解这个问题。尽管如此，我还是想做点什么。我做了一些研究，然后发现校长很关键，因为他们能影响一个学校的全局发展。所以我下定决心要成为一名校长，但要想在夏威夷的公立学校做校长，就必须要先从教师做起。因此，我又回到学校考取了教师资格证。

“我只花了不到两年时间就拿到了教师资格证。我很喜欢教育学院开设的一些课程，像教育史，因为它为我提供了一个崭新的视角。然而，这些课程并没有帮我为教学做好准备。现在想来，教育学院的课程应该像商学院或法学院的那样，让我们通过案例来学习如何教学。

“到目前为止，教书是我做过的最有挑战的工作。在企业里，几乎没有什么事情必须在接下来的10分钟内完成，但在课堂上你必须寸步不离且时刻准备着。孩子们瞬间就能捕捉到你眼中的不自信和恐惧。课堂管理也非常让我头疼，直到教书的第四年，我才开始觉得自己找到了点门道。”［在那一年的下半年，夏威夷州教育部部长帕特里夏·浜本（Patricia Hamamoto）“发现”了兰迪，并邀请他去教育部工作。］

“作为一名新教师，你得到过什么样的帮助？”我问道。

“我的同事们都很友好，”兰迪回答，“只是他们每个人都忙得不可开交，人人都自顾不暇。现在想来，我发现之所以很难为教师们提供实质性的帮助，是因为学校里没人有多余的时间。这是一个系统性的问题，不能简单归咎于疏忽怠慢。每个人的直属上司都是校长，面对如此大的管理体量，你让他们如何有效地领导、管理和支持整个学校的运行。校长无法有效地监督、指导和评估所有的70号人，特别是这里头还有很多教学小白。”

“做生意和教书这两个领域有什么异同点？”

“这两者有许多相似之处。这两种工作都要求你明确目标。你需要带领并管理个体和组织，取得成果。不同的是，大多数的教育工作者会做一辈子教师，所以他们很难想象教学以外的可能性。因此，许多人很难想象如果不这样做，还能有什么其他的方式。而在商业领域，你必须在创新中求生存。另外，学校和学区的组织架构也有更多层级。”

“那两个行业的工会呢？”我问道。在和其他企业领导谈话时，我听到许多人对教师工会抱有强烈的不满，因此，我很好奇兰迪怎么看。

“工厂之所以有工会，唯一的原因就是长期以来管理上的问题和失败，所以员工只能通过成立工会来表达不满、寻求改善。即使你挥一挥魔法棒把工会变不见了，这些问题也不会随之消失。教育中的主要问题来自学校中的成年人。这些成年人是在这个教育系统中成长起来的，也通过这个系统取得了成功。他们唯一知道的就是这个系统能用且有用。”

师范教育与外界脱钩，教学领导力培养不足

我采访过几十位公立和私立学校的教师和管理者，询问他们的职业培训之路。我也与师范专业的学生交流过。他们的经历与我的基本一致。很少有师范专业把重心放在培养教学所需的技能上，而且也很少让师范生跟着经验丰富的导师学习，积累有意义的教学经历。培养教学管理者的项目把大量的时间和重心放在了教育史、教育心理学、教育哲学、教育法和研究方法等科目上，完全没有提到如何成为一个能引领变革的领导，或是如

何有效地监管和指导教师。

阿瑟·莱文（Arthur Levine）的研究证实了我在采访和实地考察中发现的情况。莱文博士在1994年到2005年间担任哥伦比亚大学教育学院院长，还曾任伍德·威尔逊美国联谊基金会（Woodrow Wilson National Fellowship Foundation）主席。他非常关注教育学院与师范专业对教师和教育管理者的培养，并在这个方向上进行了两项极具影响力的研究。莱文对教育学院的毕业生、学校校长和教职员工进行了问卷调查，还走访了全美28个师范专业。根据收集到的信息，他在2006年发表了一篇题为《学校教师的培养之路》（*Educating School Teacher*）的报告。莱文在报告中写道："许多师范生在毕业时不具备一个合格教师所需的能力和知识。超过五分之三（62%）的人认为，师范专业并没有教师范生如何应对现实课堂中会发生的事情。"

莱文断言，造成这种失败的一个主要原因是教育学院的教师对当今的学校和课堂缺乏全面的认识：

> 尽管近九成的教育学教授在其职业生涯的某个阶段都在学校任过教，但毕业生和学生还是认为教授们的教学经历太过久远或是太过短暂。因此，他们说，课往往是过时的，理论多于实践，而且内容也比较单薄。课程比较杂乱，一门课与另一门课之间缺乏连贯性，而且课堂与实习也缺乏有机的结合。

公立学校的教师流失率高得惊人。其主要原因是教师没有做好踏上讲台的准备，以及没有得到足够的教学支持。调查显示，美国近一半的新教师在仅仅教了5年书之后就选择了离开！据美国国家教学与美国未来发展委员会（National Commission on Teaching and America's Future，NCTAF）估计，每年教师流失问题所带来的损失高达70亿美元。

莱文博士对学校与学区管理者的研究表明，那些为培养教学管理层而开设的课程，它们的质量甚至还不如师范专业。他在2005年发表的《学校领导的培养之路》（*Educating School Leaders*）中写下了这样的结论："大学开设的教学领导培养课程几乎都不够全面，甚至相当差劲。”这一结论一石惊起千层浪。《学校教师的培养之路》这份报告至少还能列出了几个优质的师范专业课程，而莱文在全美境内竟然找不到一个令人满意的教学领导培养课程。

莱文认为与师范课程类似，教学领导培养课程不尽如人意的原因包括“课程杂乱、入学与毕业标准低、师资力量薄弱、实践经历不足，以及授予的学位不恰当”。他提出的一个最重要的建议是开设一个类似工商管理（MBA）的教学管理硕士学位，以替代教育博士学位（Ed.D. degree）①。

面对这类批评，哈佛大学和其他大学正在积极探索培养教育领导力的新方式。哈佛大学教育学院与哈佛大学商学院、肯尼迪政府学院合作，为学校、学区和州教育部的领导小组设计了一个名为ExEL的教育领导课程。弗吉尼亚大学的教师们也在做着类似的尝试。这两个项目都是由华莱士基金会（Wallace Foundation）资助进行的。在比尔与梅琳达·盖茨基金会的资助下，变革领导力小组也一直在开拓与发展各类方法，以求把教师培养成能带来变革的领导者。参加过这些课程的教师们都给予了肯定的评价。然而，由于课程时间短且基本依赖于基金会的资助，课程每年只能招收少量教师参与其中。诸如此类的项目将彻底重新定义教育工作者的培养路径，但它们是否会影响全局的发展方向，还有待观察。

教核心素养还是知识点?

师范专业的课程，以及各州对教师和教学管理资格证的要求暴露出很多问题。在我看来，核心问题是它们都在强调教师和管理者需要掌握大量的学术内容。然而在许多情况下，这些知识点与实际工作并没有什么关系。

---

① 教育专业一般有两种博士学位，一种是注重研究的教育学博士学位，另一种是作者提到的教育学位。前者注重培养专业的研究人员，毕业生一般会去到研究机构；后者培养研究型的专业人员，毕业生一般会从事教育行政管理工作。

在这一章的开头，你读到了那个对三尺讲台无比憧憬的我在哈佛大学上过的必修课。而在下面这段话中，阿瑟·莱文总结出了成为校长所要上的必修课：

> 培养校长的课程与校长的工作基本没有什么关系。这类课程可以说是各种课随机组合的结果。一些已经完成了校长课程或正在修这类课程的校长参与了《校长问卷》的调查。调查主要询问的是校长们在课程中都上过哪些课。其中80%以上的人都上过这9门课：教学领导力（92%）、学校规范（91%）、教育心理学（91%）、课程开发（90%）、研究方法（89%）、教育的历史和哲学基础（88%）、教学与学习（87%）、儿童和青少年发展（85%），以及学校校长专业课（84%）。这9门课算得上是美国范围内校长培养项目的核心内容了，它们加起来占了硕士学分的75%到90%。然而，这个组合就像一个把各种教育学院的入门课混在一起的大杂烩。如果不看校长专业课，你几乎猜不出这个项目的培养方向到底是什么。

教师和教学管理人员的认证过程与学生获取高中毕业证的过程几乎如出一辙。他们都需要修一系列质量参差不齐的课程，然后通过基本不考查核心能力的考试。因此，和改造学生的课程一样，成人课程的关注点也需要从记忆知识点转型为掌握重点能力。我们需要先明确一名合格的教师或管理者最需具备哪些核心素养，然后开发相应的评估方式。打个比方，与其让实习教师和未来的管理者背诵汽车的零部件，不如让他们证明自己能开车！

成立于1987年的全美专业教学标准委员会（National Board for Professional Teaching Standards，NBPTS）有一个可自愿参与的教师认证项目。这个认证项目开创性地采用了基于实作的教师评估。它的设计初衷是为了证明教师可以通过一种与众不同的职业发展培训在教学的路上越走越远、越走越好。要获得NBPTS的认证，教师们要花一年或更长的时间来筹备自己的作品集，在其中展示他们备课、进行教学和反思教学的能力。教师作品集必须包括教案样本、至少两节课的教学视频、学生作业样本，以及“一份‘成就记录’用于展示你在课堂之外的成就，以及它们对学生学习的影响”。教师们需要就作品集中的每一项内容附上自己的分析和收获。然后，一个全美性的同伴教师研讨小组会对每个作品集进行评估。此外，教师们还必须在网上完成对应学科的6个练习。在这些练习中，教师们需要把对学科的理解应用到某个真实的教学挑战中。

宾夕法尼亚州教育部对全美专业教学标准委员会的认证教师（National Board Certified Teachers，NBCT，即完成全美专业教学标准委员会课程的人）进行了研究。以下是研究的发现：

- 在学年末的考试分数上，NBCT的学生比非NBCT的学生高7到15个百分点。NBCT对少数族裔学生的帮助尤为显著。
- 研究进行了48项比较（4个年级、4年的数据和3种学业衡量标准），NBCT的学生在几乎四分之三的比较中占据优势。其学习进展相当于在学校（平均）多学了一个月的时间。
- 在九年级和十年级的数学考试中，NBCT帮助他们的学生取得了更好的成绩。这一支持在有特殊需求的学生、非裔及拉丁裔美国学生中显得尤为突出。
- NBCT的学生比非NBCT的学生更频繁地展现出深度学习的能力和成果。

教师体制的另一种可能

上述这类流程能否被列为获得教师资格证的必要条件呢？（现在有几个州正在试行类似的教师认证流程，尚不清楚这些流程是否像全美专业教学标准委员会那样对“达标”有着同样高的标准。）所有州是否可以要求教师通过定期更新作品集来延长教师资格证的有效期？现在大多数州仅要求教师修门毫无意义的在职（继续教育）课。换句话说，为了拿到并长期持有教师资格证，教师们必须用事实说话，证明专业能力，证明自己在不断精进教学法与教学所需能力。只有持有教师资格证的教师才能教书。

为了满足这些新要求，教师们需要有更充分的准备并接受更有效的管理与指导。师范教育应当效仿住院医师的规范化培训。规范化培训是大三、大四的医学生以及住院医师的核心课程，为医学生提供了丰富的实践经历和指导。教师的继续教育和管理可以效仿演员或运动员的训练模式。教学和表演、运动一样都需要人顶着压力在观众面前进行现场展示。教师也需要有专家指导他们的教学，并定期给出反馈。考虑到教师流失的主要原因是他们没有做好踏上讲台的准备，且在工作中常常孤立无援，如果教师们都能获得上述支持，在头5年离开讲台的教师数量将会大大减少。

当然，这个建议也面临着一个问题。它冲击的是在教师职业中延续了一整个世纪的两大传统——教师的自主权（稍后探讨）和教师编制。教师工会应当考虑如何调整工作方式，如何逐步取消编制，以换取更好的教师薪资、评估和晋升制度。我不太确定教师工会对此是否做好了准备。我发现教师们的工作积极性不太高，我相信工会领袖也意识到了这一点。教师们感受不到尊重和爱戴。因此，我建议提高师范培训和长期认证的要求，同时提升教师作为专业人才的薪资水平，并提供更多晋升机会，开设类似教学导师、资深教师等岗位。这些做法将有机会提高教师的社会地位，吸引更多人选择这个职业。我的建议对基层教师来说也极具吸引力。随着老教师退休，对编制不那么感兴趣的青年教师将成为中流砥柱。他们在工作中渴望的是合作的机会与脑力挑战。我们将在第6章中进一步了解这些青年教师。

其他国家和地区的实践证明上述部分建议对培养教师与改善学生学习起着积极作用。麦肯锡咨询公司对PISA成绩最高的25个学校进行了研究。这项研究旨在了解为什么这些学校能取得如此优异的成绩。他们的结论清晰明了："从这些学校的经验中，我们总结出三个核心要素：1）挑选对的人成为师范生；2）把他们培养成优秀的教师；3）确保学校能为每个孩子提供最适合他们的教学。”

我最近采访了安德烈亚斯·施莱歇尔。我们在上一章提到，他是经合组织教育技能司指标和分析处的负责人，PISA就是由该组织发起的。施莱歇尔与麦肯锡的研究人员有着非常密切的合作关系，经常向他们提供收集到的数据。他也认为改革教师体制是十分重要的。

“现代教育制度不是靠一个人拍板，然后把命令传达给一线教师。我们拿芬兰来举例（芬兰的学生在PISA数学、科学和问题解决评估中都取得了最高分），芬兰有非常严苛的教师录用机制，每一位教师都经过了精挑细选。吸引佼佼者们加入教师行列的不是丰厚的工资，而是诱人的激励措施和良好的工作环境。不是像许多国家把教师当成流水生产线上的工人，芬兰依靠一线教师的观察、经验和创造力来持续改善教育制度。教育工作者的能力决定了教育制度的质量。”

教学管理者所需的素养

尽管市面上已经有了全美专业教学标准委员会的教师认证项目，但很遗憾我们还没有看到与之类似的教学管理者认证项目。不过，还记得我在第2章提到的美国国防部学校的听课漫步吗？作为那个项目的一部分，我和同事莉萨·莱希（Lisa Lahey）为领导们拟定了一份实作考核标准，还建议他们也要求校长提交作品集来证明自己的能力。校长的作品集里可以包括：

- 一份《学校改进计划》（即一份循序渐进改善教学的方案），其中包含对学生成绩的数据分析。
- 一份教师会议的议程样本，以及一份与教师和家长的书面沟通样本，如新闻简报。
- 一份校长一周的行程安排。

- 一份教师会议的录像选段，并附上讲解与评论。
- 一份与一位教师进行教学指导的录像选段，并附上讲解与评论。
- 一份校长的自我评估以及对作品集中每个部分的分析。

教学领导层和政策制定者就教学管理者应当具备哪些素养达成共识，并明确评估方式。无论是获取教学管理硕士学位还是教学管理资格证，刚才提到的作品集都比莱文在研究报告中列出的课更有价值。

教师的职业文化

毋庸置疑，每所学校都有尽职尽责的教师，到处都有尽心尽力的学校在训练学生的审辨思维。甚至，不少学校的教师们为了提升教学能力一直在通力合作。我会在第6章向你介绍其中的一些教师和学校。但是，这些教师和学校只是个例，我把他们称为一个中规中矩制度中随机出现的卓尔不群。我知道大多数教师和学校领导都在一心一意地教书育人，并不是他们造成了教育制度中的问题。除了教师的培养与指导方式之外，问题还出在教师职业文化上，还有教师单枪匹马的状态上。

我在哈佛大学的同事理查德·埃尔莫尔（Richard Elmore）常说："教育是一个没有标准的职业。"他的意思是，在衡量什么是有效的教学或领导力时，我们并没有一个明确的标尺。不像医生、律师、会计师或建筑师，这些职业都有必须成文的严格执行的行业标准。同时，作为教育工作者，我们每天都在孤军奋战。由于缺乏行业标准，也没有可以学习的同事，很多事情都要靠我们自己摸着石头过河。

在我看来，天生品质与个人经验同时影响了教师的职业文化。先谈谈天生品质。自20世纪初以来，被教师这个职业所吸引的人都自带一种工匠精神。他们乐于精进某项技艺，也很享受独立工作。相比挑战与变化，这类人更重视稳定性与连续性。个人经验是，教师的培养方式以及学校里的教学安排进一步强化了教师们的先天品质。就像刚才我们也说到无论愿意与否，教师们总是形单影只地在工作。教学就像手工艺一样，有其规律性和重复性。教师们每天会把同样的课教上两三次，常年近乎一成不变地教授着同样的内容。

这个制度得以运行至今靠的是人们对传统权威的服从。只有过去的流水生产线才要求工人服从上级，而现如今大多数工作早已不靠发号施令、服从命令来完成了。在我任教的第一所学校，我还记得我们每天早上都要在考勤表上打卡。在今天的一些学区，校长们哪怕是出去办点小事，也需要得到学区主管的许可。从国家到学区，到学校，再到每个教室，教育的权力和责任都是自上而下地在单向传递，从而造就了一种服从的文化。不过令人意外的是，这种文化并没有深入人心。许多教师表面上遵守着学校或学区的规定，在课堂上却在按照自己的方式随心而教。

教师们长久以来都心照不宣地履行着一份不成文的协议：只要能让我在课堂上或学校里按照我的教学风格来工作，填写各类工作表格、参加各种会议、表面上迎合“一天一个样的改革”都不是问题。教室或学校从来都是教师和校长的地盘，他们中的很多人仍把自己视为独立的分包商，而把学区中央办公室的管理人员看作墨守成规的警察。校长常把自己当作一个村的村长或一个小企业的首席执行官，高中校长尤为如此。即便课程已经被规定好了，许多教师还是随心所欲地教着他们喜欢的内容。的确，美国历史上最优秀的教师往往都非循规蹈矩之辈，例如，黛博拉·迈耶（Deborah Meier）等教学先驱一直坚信要教所有学生如何更好地思考。不过，这其中也有许多教师枉为人师。他们只会教自己感兴趣的内容，却没有顾及培养学生需要的核心素养。还有一些教师仍然认为，他们的教学工作就是个体面的过场：“学生没学会不关我的事，该教的我都教了。”

许多商业领袖都认为由于工会与编制的存在，开除教师简直难于登天，因此任何教师评估都是白费工夫。然而，我发现无论是有工会的学校和学区，还是不提供编制的私立学校、特许学校，或是没有工会的学区，大家用的都是老掉牙的教师评估方式，提供的指导和监督也都少得可怜，被解雇的教师数量都屈指可数。换句话说，工会和编制并不是解雇教师唯一的阻碍。其实，作为教育工作者，我们的“通病”就是都不愿意批评他人或评价彼此。我的同事埃尔莫尔的另一条金句是：“教育行业是个充满善意的‘安乐窝’。”这可不是句表扬的话。

现实情况则是管理层心有余而力不足。即使管理层想要好好评估教师，他们也没有接受过评估教学或指导教师这方面的培训。而且，没有几个学区主管会让手下的管理人员深入课堂，帮助教师提高教学水平。毕竟一般来说，管理人员的工作是确保食堂井然有序、校车准时运行，以及家长的投诉能得到最基本的回应。当管理人员踏入教室，开始对课堂“指手画脚”时，他们就撕毁了那张不成文的协议。也就是说，教师和校长一直把教学的自主权视为神圣不可侵犯的掌上明珠。

教育界带着这份心照不宣的“共识”安然度过了20世纪。然而今非昔比，它暴露出的致命弱点为教育变革创造了一个绝佳的机会。简单来说，社会的方方面面都敦促学校改进教学，然而教师和管理层靠单枪匹马是无法满足这些紧迫的要求的。当前的**评估方式**（问责制）在考查学生核心素养上还有很多进步的空间，但这类考试的弊端已经对教学模式产生了极具破坏性的影响。教师没法凭一己之力让所有学生都达标，而管理层也不清楚何种指导机制能让所有教师不断提升教学水平。现实就是，没人能靠自己解决这些极其复杂的问题。一些教育工作者已经意识到了这一点；用著名教育领导人物安东尼·阿尔瓦拉多（Anthony Alvarado）的话说，他们意识到了“孤立是进步的敌人”。现在越来越多的教师比以往更愿意，甚至更渴望合作、互助、彼此学习。

试想一下，如果让教学团队定期观察课堂、讨论教学中的常见问题，他们在工作中是否会变得更高效？如果答案是肯定的话，其原因是什么？我很幸运带着这些问题参与到了一个在夏威夷进行的项目。这个振奋人心的项目至今仍在如火如荼地进行着。

组建实践共同体，从一座座城堡到整个王国

那是2003年一个明朗的夏日，我突然接到了夏威夷州教育部部长帕特里夏·浜本的来电。她希望我能与当地各所高中的教学团队共事一天。她的原话是："我们的高中需要回炉重造。"

到达夏威夷后，我和帕特讨论了"听课漫步"对了解一线教学情况的重要作用。然后，我们决定在几所高中进行听课漫步。第一次听课漫步结束后，帕特告诉我她有点震惊。我记得我们旁听了一节十一年级的英语课，课上学生们在小组中练习合作技能。这些小组的任务是头脑风暴出夏威夷所有以字母"H"开头的地名。在后来复盘的时候，帕特和我一致认为这个活动更适合三年级学生，而不是即将毕业的高中生。

罗伯特·维特（Robert Witt）是夏威夷州独立学校协会（Hawaii Association of Independent Schools）和夏威夷州教育委员会（Hawaiian Educational Council）的负责人。他邀请我在夏威夷独立学校校长与委员会成员的年会上发言。后来，他又请我去太平洋地区的商业和社会领导人教育行政会议上发表演讲。在那两场会议上，我很幸运地与大家深入探讨了当今世界需要什么样的"精准"，以及教育工作者可以采取哪些创新的工作方式。

在接下来的一年半里，我多次前往夏威夷参与各种不同的项目。在每一次的交流中，我都提到了我的一篇文章。在文章中，我建议用"新3R准则"来重塑学校：精准（rigor）、相关（relevance）与关系（relationships）。在某一次交流后，有人问我是否愿意帮助一组校长将"新3R准则"付诸实践。我同意了。于是，我与来自南科纳（South Kona）的6位校长进行了为期3天的研讨会。我带领他们探讨课堂上的"精准"到底是什么样子的，以及怎样教所有学生更全面地思考。时任学区主管阿特·苏扎（Art Souza）对这个项目非常感兴趣。他欣然加入了这个校长小组，和大家一起探索教学中的"精准"。

第一天，我们齐聚在一位校长的家里。首先，我邀请大家一起来讨论几个基本问题：你如何定义“精准”？今天的“精准”与50年前的相比，在哪些方面有何异同？师生在你定义为“精准”的课堂上会做些什么？哪些证据表明这些课堂比其他课堂更“精准”？这场讨论进行得如火如荼，大家都迫不及待地想要评估一下我带来的教学视频。

午饭后，我播放了一段教学视频。接着，大家围成一圈聆听每个人对这段教学的评价。上午的兴奋很快化为了失望。和之前的活动一样，大家的意见千差万别。校长们对偌大的分歧倍感惊讶。我告诉他们，我觉得之所以会出现这样大的差异，主要是因为他们之前从未真正分析和讨论过教学问题。之前，校长们对即将到来的听课漫步都表示很紧张。不过，看到大家对同一堂课的评价竟会如此不同之后，校长们都意识到共同观察和探讨教学是多么重要的一件事。

在接下来的两天里，我们先后去到6位校长的学校观察了几堂课。然后，我们花了和观察一样多的时间来讨论这些课。每一次讨论都采用了固定的流程：一次只关注一堂课；请每个人按低、中、高来评价这堂课的“精准”，并阐述理由。接下来，我们会讨论不同的评价与搜集到的证据。一次次地讨论后，每个人的观察都变得越来越敏锐，评价也更趋于一致。还有，我们相处的时间越长，大家就越放松。我们一起聚了几次餐，餐桌上善意的玩笑和爽朗的笑声此起彼伏。校长们很开心地发现原来合作比单枪匹马更有意思。

但我不禁问自己，这次研讨会对校长们来说是否和其他凑数的职业发展培训相差无几？是不是结束了也就没有后文了？在研讨会的尾声，我们聚集在一起评估这3天的活动，然后讨论接下来的行动计划。房间里的气氛逐渐严肃起来，但最后每个人都分享了这3天的收获。

还有几年就要退休的中学校长南希·索德伯格（Nancy Soderberg）第一个发言：“这是我职业生涯中最有价值的一次培训。”房间里的人都点了点头。资历颇深的小学校长费伊·奥吉尔维（Faye Ogilvie）补充说道：

“我在这次研讨会中最大的收获就是了解了各个学段。从学前班到高三，他们都是我们的孩子。”让大家热泪盈眶的是蒂姆·里诺（Tim Lino）的发言。蒂姆曾是一名足球教练，现在在夏威夷州为数不多的夏威夷语沉浸式学校做校长。这是一所非常不错的学校，但却让蒂姆焦头烂额：“我觉得被困在一座官僚主义的迷宫里。我每天都在填写一大堆要上交给教育部的表格。我不知道我工作的真正目的是什么，也不知每天为什么来学校。但现在我明白了。我找到了工作的意义——我想学习如何成为教师们的好教练。”

在此之前，这群人只会每隔6周左右在一顿匆忙的早饭后碰个头。见面也只是为了听通知、跟进公务。用校长们的话来说，他们都在各自的城堡里工作。他们说，现在他们想一起工作，一起改善各自的城堡，还要推动他们共同的王国向前发展。3天的研讨会结束后，校长们同意每个月空出一个上午去一所学校开会，每次会议前先来一个听课漫步。他们将轮流提出一个与改善教学有关的“核心教学问题”，并在一个真实的案例中探讨解决方案。那年春天，帕特·浜本邀请这6位校长在全州教育领导大会上分享他们的项目。校长们的演讲题目就是《从一座座城堡到一整个王国》。

也许上面的例子可以成为培养领导力的新模式。这种模式的核心便是领导力“实践社团”（community of practice）①，又称实践共同体。在与罗伯特·维特和米奇·德奥里尔（Mitch D’Olier，一位著名的夏威夷社会活动家、商人和慈善家）的一次会面中，我们决定为这个项目寻求项目资金。这样一来，我乃至变革领导力小组的其他同事就可以更频繁地去夏威夷推动项目的进行。罗伯特和米奇对这个项目特别感兴趣。他们认为这也许能成为培养未来夏威夷学校领导的崭新模式。那年夏天，我们收到了哈罗德·K. L. 卡塞尔基金会（Harold K. L. Castle Foundation）的资助。该

① 实践社团指的是有着同样的目标、工作或者兴趣的成员组成一个小组，共同探讨他们关注的问题，促进知识的分享与发展，加深在某一领域的经验。它是由让·莱夫（Jean Lave）教授和爱丁纳·温格（Etienne Wenger）于1990年前后提出的一种学习方式。在教育学中多用作实践共同体。

基金会一直在寻求培养教学领导的最优方法。我在变革领导力小组的同事也同意将这个项目纳入我们的工作中。

在接下来的一年里，我们多次前往夏威夷与南科纳小组见面。为提升自己的领导力，一些校长把他们的教师会议录了下来，或邀请一位同事前来旁听。这样的做法为教师们树立了一个绝佳的榜样。校长们还把研讨会上的讨论搬到了自己的学校，和教师们一起讨论了“精准”的定义。然后，在春天我们与每所学校的教研组长们开了一次会。这些会议的初衷是在每个学校播撒实践共同体的种子，为教师们创造机会共同讨论什么是优质的教学以及如何改进教学。大家的反响非常热烈，每个学校都成立了一个实践共同体。大家开始探讨课程，进行听课漫步，甚至录下了彼此的课堂。

阿特·苏扎现在想让北科纳的一组K-12校长也参与进来，夏威夷其他学区的校长也跃跃欲试。罗伯特和米奇同意帮助我们扩大项目的范围。卡美哈梅哈基金会（Kamehameha Foundation）为我们提供了资金，该基金会一直在支持一批夏威夷族学校的运营。同时，我们也从卡塞尔基金会获得了第二笔资助。这些资金得以让我们又增加了3个K-12校长小组，并招募和培训了一批“夏威夷教员”（Hawaii Faculty）。这批教员最终将取代变革领导力小组，成为这个项目的讲师。两年半后，在我写下这些文字时，所有的4个小组都已能独当一面。和我们在哈佛共事的还有3位夏威夷教员。我们会一起前往夏威夷的各所学校听课漫步，也会共同讨论并制定更有效、更系统的策略来改善教学。

桑德拉·垰坂（Sandra Taosaka）的工作是优化学校的运营。她与南科纳的6位校长共事多年，并一直在参加他们的各个会议。让我们从她的视角来了解一下校长们的工作：

> 我们的会议发生了翻天覆地的变化。在组建实践共同体前，我们的会议主要围绕学校的运营展开。每个人都出席了，但却好像并没有“到场”。现在，会议议程都集中在改善领导力的实践上。我们的关注点和决心完全改变了。人们常说教师总是躲在教

室这个龟壳里，不愿意走出去与他人交流。大家对学校和校长的评价也是如此。然而，在南科纳，人们可能需要改口了。校长们会去参加其他学校的开学典礼，会去听其他校长的开学致辞；他们还会互相分享开学典礼的幻灯片；校长们欢迎彼此来学校参加教学会议。校长们之间的关系发生了变化，这一切教师们都看在眼里，喜在心头，因为他们的学校也因此受到了积极的影响。教师们明白，实践共同体并不是纸上谈兵，因为校长们身体力行地证明了实践共同体的存在与价值。

我们再来看看校长对实践共同体的看法。我采访了小学校长费伊·奥吉尔维，我想知道实践共同体给她的学校带来了哪些影响。她说：

毫无疑问，自从我们开始合作后，我的想法就与之前不同了，而且还在继续发生变化。在一次次讨论中，我意识到哪怕教师们的教学策略有研究的支持，哪怕他们营造出了良好的学习环境，他们也不一定能让学生真正积极地思考。我邀请教师们一起讨论课堂上的“精准”，这促使他们反思自己的课堂，进而逐步改善教学，把重点从正确答案转移到学生的思考上。我和教师们开始讨论孩子们现在与未来的需求。我向教师们抛出问题，让他们去想象今时今日的小学生（有的现在只有5岁）在15到20年后会过着什么样的生活。这样的讨论与问题似乎刷新了教师对教学目的与责任的认识。教学不是为学生提供照本宣科式的课程，而是为他们提供思考式的课程。只有学会思考，学生们才能在一个也许与当今社会截然不同的世界中立足。

是的，在我们（与其他校长）携手合作后，我领导学校的方式也发生了改变。教育和领导力在我心中有了新的定义。我发现作为一名校长，我要变得更强大、更坚定才能让教师们持续地参与到教学的改进中来。而要做到这一点，我必须确保教师们了解社会的大环境，并能感受到教学改革的紧迫性。

我问学区主管阿特·苏扎，紧密的合作对他和校长们的工作有何影响。他说："我们的领导方式改变了。每个人都铆足了劲想要改善个人的生活技能与职业素养。在我们的职业生涯中头一次有了如此强烈且坚定的决心。"

如何大规模推行培养教学领导力的项目？

待我下次回到夏威夷，和我进行交流的将是一群背景完全不同的人——州立法者以及慈善家。如今，越来越多的人希望这个项目能扩展到整个夏威夷。现在的问题是：为了服务更多的教育工作者，我们应当怎样"大规模推行"这个项目？我们从这个项目中汲取的经验能否给予我们培养教育领导人的新思路？

当然，除此之外，关于这个项目我们还需要回答一些基本问题。其中最重要的是：这种方法能否真正改善学生的学习？为了回答这个关键问题，项目特意聘请了经验丰富的外部评估人员。这个评估小组曾参与评估过比尔与梅琳达·盖茨基金会的教育项目。因此，让他们来评估这个项目再合适不过了。（*他们的初步报告将在2008年夏天前在变革领导力小组的网站上公布，该小组的研究于2010年就结束了。*）

如果评估小组获得的数据和我们的早期观察相符，那么决定权就交到了政策制定者手上。他们需要拍板要不要去资助一个全新的、费用更高昂的教师与教学领导的培训模式。这是美国国会和每个州的立法机构都需要且必须考虑的问题。要让学校取得显著的进步，我们就不得不在师范专业和教师职业发展培训上投入更多精力与金钱。在许多其他国家和地区，教师们每天有更多可以用来合作的时间。例如，日本教师通常只用工作日的一半时间来教学，其余大部分时间则与同事一起计划和完善课程，也就是所谓的**"单元教学研究"**（lesson study）[①]，又称**课例研究**。长久以来，大

---

① 是一种起源于日本的备课模式。老师们通常是以一个"教学单元"（lesson）为单位，共同备课、构思教材与教学法；然后一起观摩课堂，并进行教学反思以改进课程和教学，精进教师的专业能力。

多数美国学区都不太愿意为非教学时间买单。这样的不情愿也并非空穴来风。毕竟，地方教育委员会尚未看到有证据表明，给教师更多的交流时间能提高学生的学习成绩。因此，为了持续获得更多的教学资源，教师们必须抽出额外的时间去参加职业发展培训，然后用实际的成果证明他们学到了东西，而这些正是日本教师在工作时间里做的。

我们都知道，在教学领域，孤立是进步的敌人。其实这对各行各业来说都是如此。我们也发现，要想尽可能地改进教学，提升学生的学习成绩，摆在教师们面前的有且就只有一种方法——合作。我们还看到，教师们时间有限却事务繁多，他们还要证明学生正在学习越来越多的知识。然而，我们尚不清楚，美国的纳税人与政府是否足够关心这个国家的未来，他们是否愿意向教师支付与他们的付出相匹配的薪资，并为他们提供所需的工作条件与环境：小班教学、由教师团队共同负责各组学生、持续有效的教师指导、在当地更频繁地进行更优质的教学评估，以及更多与同事合作和学习的时间。我们也不知道在合理的激励措施面前，师范院校、教育工作者及其工会是否愿意摒弃陈旧的观念和模式，迎接新的挑战。然而，在与即将踏上讲台的年轻人谈话后，在有幸与勇往直前的老教师们共事后，我的内心还是充满希望的。

总结：还差一块拼图

在第1章中，我们了解到在新的职场环境中，个人的成功离不开一套核心素养。这套素养也是大学所要求的，更是一个积极参与、博闻多识的公民所要具备的一套生存能力。第2章探讨了这样一个现实的问题：就连我们最好的学校也没有在教这些核心素养，而越来越多的学校在为考而教。在第3章中，我们研究了美国现行的考试制度，了解了它们为何如此简单，同时，我们勾勒出了一个考查七大生存力的评估问责制可行的模样。在本章，我们仔细拆解了教师和学校管理者的职业成长路径、他们的工作方式，还剖析了为什么培训和日常工作没能助他们一臂之力，反而在改善教学上拖了后腿。同时，我们还了解了教师和管理者可以用哪些新方法来携手前行。

要想缩小全球成就差距，我们有必要把教学重点放在新的生存力上，有必要用更好的考试来评估最重要的能力，并重塑师范项目，还有必要重新定义教师的合作模式。有必要，但却不充分。这张图上还缺少一块重要的拼图，一个亟待解决的大问题：我们怎样才能激励今天的学生、明天的职场工作者奋发图强？

第5章 激励今日的学生、明日的栋梁

今时今日，我们怎样才能让年轻人在学校和职场发挥出最大的潜力？尽管商界领袖和教育工作者在很多议题上都各持己见，但他们面前摆着一个共同的难题：美国年轻人的敬业度在日益下滑。在访谈中，商界领袖经常跟我提到，他们非常担忧现在的年轻人缺乏敬业精神。去年的《华尔街日报》也就这个话题发表了几篇文章。这些文章的作者谴责20多岁的年轻人渴求表扬与晋升，比前几代人更急于求成，缺乏耐心。同样，我所接触过的教师们都表示他们最大的一个压力便是激励学生完成作业，把考点背下来。

我经常听到初中和高中教师们说：

> “现在的孩子都不读书了，也不怎么做家庭作业。我在课上把该讲的知识点都讲了，但他们要是不读课本上的内容，考试铁定一塌糊涂啊。”
>
> “他们写完作文不会回过头去校对。他们大概是觉得自动拼写检测能识别出所有的错别字和语法错误。他们好像并不在意自己的学习。”
>
> “今天的年轻人一点儿也不尊师重道。他们在课堂上嬉笑言谈，当老师不存在。一旦他们犯了错，他们的父母就会用电话和邮件来轰炸我，甚至还会向教育委员会投诉。很多学生从小就被惯坏了。他们想要什么，需要什么就会得到什么，真是欠管教。”

联合利华食品公司人力资源部的经理马克·马多克斯对教师们的这些担忧深有感触。“我在这些初入职场的员工身上看不到敬业精神，”他说，

“他们的想法和我们年轻时的不太一样。年轻人不想在周末工作，平常也不想加班，一听到全力以赴，就噘嘴叹气。”

思科公司的安玛丽·尼尔也注意到年轻员工缺乏敬业精神。在年轻人工作时，她观察到：“他们打开电脑在3个网页之间来回切换，同时还在社交软件上跟所有朋友聊着天，给人一种消极怠工的感觉。”

提到年轻一代即将面临的竞争，埃地沃兹公司的克莱·帕克也是愁容满面。他认为美国年轻人消极的工作态度是由教学质量造成的。“我经常去亚洲出差或旅游。那里的人们总是兢兢业业、勤奋进取。想到这个国家的未来，最令我揪心的就是人们糟糕的工作态度。我觉得这一切都是从学校开始的。我们夫妻二人都注意到，有的教师逐渐不那么介意学生碌碌无为，甚至任由他们落后。”

波士顿科学公司（Boston Scientific Corporation）的联合创始人约翰·阿贝尔（John Abele）刚卸任了董事长的职位，开启了他的退休生活。这家市值60亿美元的国际公司是微创医疗领域的先锋。在最近的一次谈话中，阿贝尔告诉我：“现在，最让企业领导人头疼的就是这个国家欠缺敬业精神。”

虽然我所采访的绝大多数教师和企业管理者都持有上述观点，但其中也不乏有一些异议者。坎布里亚咨询公司的管理合伙人艾伦·熊田说：“劳动力中的新鲜血液与高年资的员工的确大有不同。不过，现在的年轻人不是不敬业，只是敬业的方式有所不同。”罗伯·戈登上校最近从陆军退役，目前在城市年（一个全美国的非营利的青年服务组织）担任公民领导力部门的高级副总裁。他的想法和熊田类似：“大家对年轻人敬业度的批评有点夸大其词了。”

还有一些教育工作者也同意熊田和戈登的看法。罗伯·弗里德（Rob Fried）曾是一名教师，也做过校长，还写了3本关于美国学校教育的书。他对学校的教学相当有洞察力。在最新的著作里，他认为学校对许多学生来说是一种“游戏”。这群学生觉得课堂枯燥乏味，所以凡事达标即可，绝不多做。但同时他们又渴望在智力上得到挑战或有机会发挥自己的创造力。丹尼斯·利特基（Denis Littky）是宏图公司（The Big Picture Company）的联合创始人与联席董事。该公司资助了美国一批非常成功的高中，而这些学校主要招收在学习上遇到困难的学生。利特基坚信被他称作“兴趣为本的学习”（interest-based learning）至关重要。他解释说：“当你围绕学生的兴趣设计教学时，这群孩子的表现会让你大吃一惊。”我们将在下一章中了解这一理念在课堂上的应用和效果。

那么，我们今日的学生、明日的栋梁到底是动力不足，还是需要一种量身定制的激励机制？结合我的教学经验，以及与众多学生、一线教师的交流，我相信今天20多岁（或更小）的年轻人需要的是一种截然不同的激励方式。要想让年轻人发挥出最大潜能，要想激励他们在学校、职场和社会中有所作为、追求卓越，我们就必须了解新旧激励方式的差异，帮助年轻人与身边的成人建立起一种崭新的人际关系。

在数字时代长大成人

为了更好地理解今天的年轻人会响应何种激励方式，我们就得先去了解他们与前几代人迥然不同的成长环境。简单来说，他们是与互联网和各种即时通信设备共同成长起来的一代。这些技术与设备是20年前的人们无法想象的。这群被叫作N世代的孩子们“在数字时代长大成人”（Growing Up Digital）——这也是约翰·西利·布朗（John Seely Brown）那篇极富影响力的文章的标题。

布朗是最早开始观察新技术对年轻一代的影响的人之一（他也是其中最具洞察力的）。他最杰出的成就是为企业界的变革与创新拨开了迷雾，锚定了方向。布朗曾任施乐公司（Xerox）首席科学家，并在帕罗奥多研究中心（Palo Alto Research Center）担任主任一职长达20年之久。他著有一些关于企业战略的书和文章。在布朗的文字和我们的谈话中，他对在数字时代长大成人的理解令我眼前一亮。布朗的观点是，互联网对未来几代人的学习、工作和娱乐方式产生了变革性影响，这就像在19世纪，电灯进入寻常百姓家对日常生活的影响一样。他认为，万维网和其他科技对我们生活方方面面的影响才初见端倪；尤其是那群枕着崭新的交流、通信和创造工具长大的年轻人，我们对他们的认识才拉开序幕。

在拉里·罗森（Larry Rosen）的新书《现实的我，虚拟的我，分别是谁？》（*Me, MySpace, and I*）中，他引用了一些骇人的数据来展示整个N世代正活跃地徜徉在新科技当中。罗森的研究显示：

- 87%的青少年都在上网，在12岁时这一比例为60%，13岁则增加到82%，16岁和17岁的使用比例为94%。
- 青少年平均每周上网5天，每天2至3小时。
- 67%的青少年和40%的学龄前儿童有自己的手机，平均每天花一个小时通话。在8至17岁这个年龄段，三分之二有手机或拥有个人手机的人每天都会发送短信。
- 在8至17岁这个年龄段，87%会玩电子游戏，其中绝大多数人每天都会玩。
- 75%联网的青少年使用即时通信工具，每周平均与35人聊天，总时长为3个小时。
- 75%的青少年每天花两到三个小时从网上下载或在网上听音乐。
- 在12至17岁这个年龄段，80%的青少年每周都会使用聚友网（MySpace）[①]。

虽然不同种族和民族之间的联网人数有所不同，但凯撒家庭基金会（Kaiser Family Foundation）最近的一项研究发现，这种差距正在迅速缩小。“父母最高学历为高中的家庭，他们最近5年的联网率增加了近40个百

① 为全球用户提供了一个能交友、分享个人信息、实时聊天的社交平台。

分点（从29%升到68%），而父母具有大学或研究生学位的家庭，他们的联网率增幅不到20个百分点（从63%到82%）。”

《教育N世代》是戴安娜·奥布林格（Diana Oblinger）和詹姆斯·奥布林格（James Oblinger）编辑整理的一本电子书。从书中的文章来看，一旦年轻人进入大学，他们对电脑的使用会越发频繁，使用方式也会发生改变。青少年的确会用电脑来搜索信息、完成作业，但对他们来说电脑的主要用途还是娱乐。对他们来说，电脑更像是一台吸引力与互动性更强的电视。然而，从下面的小故事中我们能读到，在大学，电脑在学习和交流中的作用变得更为突出：

> 大学三年级的埃里克一睁眼就去瞅了眼电脑，看他在睡觉时收到了多少条信息。屏幕上有几条找他的信息，还有他一直关注的博客上的若干条帖子。匆匆洗完澡后，埃里克用雅虎打开自己设置的主页，里面是特别推送给他的新闻、天气和运动信息。然后，他登录校园账户。第一个弹出的提醒显示今天有一个社会学测验；另一个提醒显示他需要在零点前把实验报告发送给化学教授。在和朋友们快速发了几条消息后，他调出计算机科学课上一个小组项目的维基，查看他搭档的项目进度。接着，埃里克把昨天化学课的视频下载到电脑上；他打算在和学生会成员开会时，复习一下那节化学课。下课后，他不得不去一趟图书馆，因为他在网上搜索不到一个项目所需的资料。他很少去图书馆借书；他一般会选择在谷歌（Google）或维基百科（Wikipedia）上搜索信息。那天夜里，他一边写着学期论文，一边玩着一款线上的多人竞技游戏。

如果你家中也有这样一个年轻人，或者你经常与这类年轻人打交道，你肯定知道埃里克并不是一个特例，也不是什么“电脑怪咖”。这种刻板印象早已不复存在。我采访了凯莉·温德姆（Carie Windham），她2005年从大学毕业，现在是一名自由记者。我想知道离开大学后她的电脑和网络的使用情况。“嗯，我想想啊……我现在正用笔记本电脑在即时通信软件Skype上和你说话，”她告诉我，“然后，睡觉的时候，我会把笔记本放在床底下。因为这样闹钟一响，我就能立马查看有线电视新闻网（CNN）、《人物》[①]、我的电子邮件和名人的博客。这些都是我起床的动力。”

“我接下来的一整天都离不开网络。我需要上网查询路线。我的银行业务也需要在网上进行。在银行开户后，我连一张支票都还没有写过。我会去谷歌或在线字典上查询词汇。基本上所有的事情都要用到网络。我一直在用iTunes，我最近还迷上了在线看电视节目。我想什么时候看就什么时候看，想什么时候暂停都可以，我也不在乎有没有广告。我也经常在网上听播客，比如，美国全国公共广播电台（NPR）之类。哦，我还会在脸书（Facebook）上跟进高中同学的近况，谁要结婚了，谁还在和谁保持联络。没有网络我可怎么活？”

年轻人也郑重其事地在网络上大搞创作和传播个人作品。凯莉18岁的弟弟就是一个典型的例子。“他组了一个乐队，”凯莉告诉我，“我很吃惊他和朋友们一开始想的并不是‘出去演出，让唱片公司看到我们’，而是直接在家里的谷仓把音乐录了下来，然后上传到乐队的社交平台上。人们可以直接在网上下载他们的作品。他很早就意识到可以借用互联网的力量吸引人们的关注。除此之外，演出的宣传和门票的售卖也都是在网上进行的。”

从很大程度上来说，由于N世代对互联网的广泛使用，那些他们青睐的网站正在蓬勃地发展。例如，聚友网于2003年上线，到2006年8月，它已经拥有了1亿注册用户。又过了一年后，用户数量超过了2亿，相当于每天都有23万个新账户。由于绝大多数用户都是青少年，拉里·罗森把这一代年轻人称为“聚友网世代”。2005年首次上线的视频网站YouTube发展更为惊人。截至2007年1月，该网站每月的访问量突破了1.5亿次，较前一年增加了9倍。而且，尼尔森（Nielsen）[②]2006年的报告显示，最常访问

① 介绍美国名流的新闻、故事和各种消息的杂志，同时也是一个网站。

② 是全球领先的互联网媒体和市场研究公司，还提供网络广告测评服务。

YouTube的人群是12至17岁的青少年，他们的访问量是其他年龄段的1.5倍。

科技给当代年轻人的工作和学习方式带来了哪些影响？尽管对这个课题的研究才刚刚起步，但有些结论已经不言而喻了。在网络陪伴下成长起来的这代年轻人与他们的父母相比，将会和这个世界产生非常不同的交互。

◎ 一心多用与实时在线

2001年，为了更好地了解媒体和科技对年轻人的影响，约翰·西利·布朗决定招募一批15岁的孩子参与他的研究。这些孩子将以研究员的身份加入施乐实验室。他先邀请孩子们根据自己的想法设计出理想的工作和学习空间。接着，布朗会研究这些空间以及大家的工作方式。他观察到的第一件事是年轻人总是一心多用，并且实时在线。他们几乎不会一次只做一件事。年轻人总是一边在好几个网页中来回切换，一边听着音乐，一边用手机打电话或回复朋友的信息。这是这代人的共同特点，也是他们与周围世界互动的方式。

我第一次见到前微软高管琳达·斯通（Linda Stone）是几年前去微软做演讲的时候。她认为一心多用，或她所谓的“持续的部分注意力”（continuous partial attention）[①]是今天许多人的真实写照，却不见得是工作所需的。然而，这一概念却很好地诠释了20多岁的年轻人想要甚至需要与这个世界交互的方式：

> 持续的部分注意力描述的是今天许多人的专注方式。它的意思是一直在一件事上投入一部分的注意力。为什么会出现这种专注方式？这是因为人们渴望在网络上保持活跃。换言之，我们希望能彼此联结。我们希望在任何时候都能迅速捕捉到机遇，并在各种机会、活动与社交面前随时处于最佳状态。保持忙碌、实时在线就能证明我们活着、被认可且无可替代。

① 此概念由琳达·斯通于1998年提出，指的是注意力不是集中在一件事上，而是时常被分配到同时进行的好几件事情上。

今天年轻人渴求的联结并不仅限于互联网上的信息或游戏，他们还无比期待能与他人实时联络。在成长过程中，他们接触到的聊天工具、交友工具数量之多，完全超乎我们的想象。正如我们所看到的，这些工具已经渗透到了他们生活的方方面面。在《教育N世代》中，戴安娜·奥布林格和詹姆斯·奥布林格详细地记录下了年轻人这种对联结的渴望和对社交工具的疯狂。

> 他们热爱交流，热衷于组织和参与互动性强的活动，包括跟老朋友发消息、在电脑游戏中组队、在网上发表日记（博客），或转发笑话类邮件。面对多样性、差异性和分享性，N世代展现出一种惊人的开放；他们能轻松自如地和素未谋面的网友见面。他们在网上还会无所拘束地分享心情，甚至是一些非常私人的信息。N世代是包容性极强的一代人，他们可以把并不熟悉的人添加到聊天群组中，朋友的朋友也无妨。他们一直在积极地寻求与他人互动的机会，无论是在个人生活中，还是在网上，或者在课堂上。虽然科技并不能改变一个人的个性，但却给了人们一个向外探索的机会。对内向的人来说，通过电子邮件建立社会关系是以前想都不敢想的，而外向的人则可以利用网络扩大自己的朋友圈子。

在分析聚友网为什么会风靡全美时，罗森写道："不知为何，在短短几年内，聚友网俨然成为美国青少年的安乐窝。情景喜剧《欢乐时光》（*Happy Days*）中的里奇和方兹总是在阿诺德路边餐厅打发下午的时光。与之类似地，聚友网成为这代青少年碰头和聊天的绝佳场所。他们在公告栏发表自己的想法，回复其他人的公告、日志、信息、电子邮件和博客。而其中最重要的就是，积累朋友。"罗森采访了《网上的一代人》（*Totally Wired*）的作者阿纳斯塔西娅·古德斯坦（Anastasia Goodstein）。她对年轻人的网络使用情况做出了这样的评价："与其说他们是在单向办事（transact），比如搜索机票、查询电影时间、发送电子邮件，不如说他们是在双向交互（interact）。"

◎ 即时满足与光速之间

年轻人徜徉在0.005秒内即可完成搜索的网速中。他们在一个瞬息万变、日新月异的世界里茁壮成长。在这个崭新的世界里，他们可以立即获得自己想要的任何信息。对这代人来说，与朋友随时随地发消息是一件再自然不过的事情，他们的朋友同样也手机不离手。我与20多岁的年轻人进行了数十次访谈，我非常好奇新科技给他们的生活带去了怎样的影响。几乎每个人的开场白说的都是“即时满足”的魔力。我最近与新英格兰大学的学生进行了一个焦点小组访谈。小组中的一个男孩说：“这些科技让我们的耐心变少了，要求变多了。‘等待’这个词完全不在我们的字典中。”其他人也同意了他的说法。一个女孩给我们说了一个故事。故事中，她的朋友前一天晚上给她打了个电话，可是她回过去的时候已经是第二天早上了，这让她朋友非常不爽。“她没出什么事，也没什么要紧事要说。她发脾气完全是因为在她想联系我的时候没联系到我。当时我就是没心情聊天，但是她完全不能理解我这种心情。”而凯莉·温德姆坦言：“我去祖父母家的时候，得拨号上网。那个瞬间，我觉得自己完全与世界脱节了。”

《教育N世代》的作者也提出了一个类似的见解：“飞速的N世代不仅期待即时回复，还习惯了光速般地获取信息。无论是玩游戏还是回复信息，他们的反应速度都在眨眼之间。”

信息时代思维下的3种新型学习方式

年轻人希望能同时处理多件事，也渴望实时在线与世界、朋友保持联系，还期待着即时收到回复。无论是在学校、职场、家里或在旅行中，这些特点都影响着他们与世界的互动方式。我们的教育工作者和雇主都必须考虑到这些特点带来的影响。最重要的是，要想缩小全球成就差距，我们需要重点关注这一代人与众不同的学习方式。互联网和其他数字科技已然改变了这代年轻人的学习内容与方式。

◎ 在多媒体与社交中学习

泡着网络长大的年轻人不再满足于单纯的文本互动，他们早已习惯了多媒体环境下的学习方式。奥布林格夫妇提到："研究人员报告说，无论是阅读长篇小说还是作业要求，N世代的学生很抗拒大量的文字信息。在一项研究中，研究人员将作业的步骤从文本说明改为图形示意后，拒绝做作业的人减少了，考试分数也提高了。"我不仅与学生进行过交流，还访谈过他们的高中和大学教师。这些谈话都证实，学生越来越不喜欢讲座式的学习和仅从课本上获取信息，他们渴望更多的课堂讨论。

相较于扎进图书馆的书堆里，N世代更喜欢在网上做研究。其中一个原因是网络为他们提供了非常不同的体验。"歌曲赋予散文意境。视频给予照片活力。议题被转化为在线投票与讨论。对N世代来说，生活中的一点一滴似乎都能在多媒体中呈现出来，"温德姆写道，"要想集中学生的注意力，我们的课堂就得借鉴这样的生活方式。在黑板上写完板书、布置一份阅读作业就万事大吉了——教师们得把这类过时的观念抛之脑后了。各种多媒体，如电视、音频、动画和文字会更吸引N世代参与到学习中。"

一旦开始在网上搜索信息，N世代的学生们就会发展出约翰·西利·布朗所说的"信息导航"的能力。这是一项非同小可的能力。布朗认为："未来世界需要的素养是人们有能力成为自己的图书馆员。你要知道如何在混乱、复杂的信息中游刃有余地找到方向。不会'导航'的人很可能就会成为21世纪的文盲。"

加州大学洛杉矶分校的杰森·弗兰德（Jason Frand）在对学生们进行了观察后表示，今天的大学生希望与他人互动，还想要从各种信息源获取信息："这些具有信息时代思维的学生，他们希望教育能够强调学习过程，而不是灌输一本本知识点。他们希望成为学习社区的一部分，在那里每个人都能成为学习的传播者和接收者。他们抗拒像电视节目那样的广播式学习（或在阶梯教室里埋头记笔记）。”

◎ 在探索发现中学习

在网上进行学习和研究，与课堂上的学习，或图书馆中的研究有着本质区别。我们都知道，在互联网上输入一个关键词，结果页面就会显示出成千上万条信息源。这其中不仅有文本，还有视频、音频和图片。点击一个链接后，新的页面里又嵌着其他供你点击的新链接。你可能会在页面里找到你想了解的人或书的名字。于是你开始了一轮新的搜索，而新的搜索结果就会把你带入一个崭新的宝库，里头有无数信息和图像，外加无数的新链接。这种主动的、动态的、非线性的、基于发现的搜索过程更像是沿着蜘蛛网在旅行，而不是单一地从A点到B点的直线运动。正如约翰·西利·布朗所写的："我们大多数人经历的课堂都是教师站在讲台上输出知识点。而现在，网络上涌现出大量的信息，一种‘新’的学习方式登上了舞台，那就是发现式学习。我们在浏览数字‘图书馆’时发现新事物。事实上，网上冲浪把学习和娱乐合二为一，创造出了‘资讯娱乐’。”在前面提到的焦点小组中，一位年轻女孩的发言证实了布朗的观察。她坦言自己用谷歌纯粹是为了好玩。“我每天都会在谷歌上搜索点什么。我不只是“谷歌”与学习相关的信息，我什么都会“谷歌”一下。在我无聊的时候，我就会去“谷歌”一些和我的生活有关的东西。”

约翰·贝克（John Beck）和米切尔·韦德（Mitchell Wade）曾对“游戏玩家”进行过研究。所谓游戏玩家，就是玩电子游戏的年轻人。在两人的《别担心，孩子们一切正常》（*The Kids Are Alright*）一书中，他们指出，游戏玩家（据他们研究，游戏玩家占青少年总人数的92%）“有着不同的学习方式。游戏要求他们独立解决问题，快速掌握各项游戏技能，而不是学会莎士比亚的修辞或是微积分”。詹姆斯·保罗·吉（James Paul Gee）也对游戏玩家进行了研究。他在《游戏改变学习》中写道：“电子游戏让玩家像科学家一样思考。玩游戏的过程事实上就是在循环往复地‘做出假设、探究世界、接受反馈、反思结果、迭代以获得更好的结果’。这不就是一个典型的科学实验过程吗？”

我的妻子PJ · 布兰肯霍恩（PJ Blankenhorn）曾任波士顿成人教育中心的主管。有一次，她在与一位年轻的工作人员讨论开设哪些新课程。“一些人希望我们开一门课教他们使用个人数码助理（personal digital assistant, PDA）[①]，”我妻子说，“你意下如何？”这位20多岁的年轻女孩惊讶地盯着她，好半天才挤出一句话：“还有人需要专门上课来学这个吗？”

约翰 · 西利 · 布朗的观察能帮我们进一步理解年轻人所向往的这种探索式交互。“我们这一代人往往不想尝试新事物，除非我们已经知晓了其使用方式，”他写道，“如果我们不知道如何使用某种电器或软件，我们的本能是去找说明书，或报一个培训课程，或打电话向专业人士求助。但相信我，如果你递给一个15岁的孩子一份说明书或建议他们报个班，他们铁定会说你是个老古董。他们会直接打开开关，翻个底朝天，胡乱折腾一番，看看这个东西到底怎么玩的。今天的孩子们会打开电脑，点开浏览器，戴着耳机坐在屏幕前观察别人的操作方式，紧接着就自己上手尝试。”

◎ 在创造中学习

网络的发展为年轻人提供了一系列崭新的体验。现在，他们已经不满足于仅通过探索发现来学习了。Web 2.0[②]与早期互联网的不同之处在于后者主要是一个信息来源，而Web 2.0则为用户提供了不计其数的创作机会来释放热情、施展才华。今天，任何掌握基本上网方法的人，都能在互联网上制作和发布内容，供成千上万网友浏览。

无论是在聚友网或脸书上创建个人主页、上传乐队单曲、分享你的相册或在YouTube上发布你刚用手机拍摄的视频、为维基百科贡献信息，还

① personal digital assistant，一般是指像手机一样大小，却拥有电脑等级硬件的移动电子设备，在1991年至2010年期间曾广泛流行于欧美和日本市场，2010年后因为智能手机和iPad的出现导致迅速落伍。

② 因本书写于2008年之前，现在已来到Web 3.0。

是在博客上分享你的想法或经历，又或是评论一部电影、一张专辑、一个产品、一项服务或一家餐馆，人人都能在Web 2.0这个广阔且色彩斑斓的调色板上发挥自己的创造力，进行自我表达。对这代年轻人来说尤为如此。罗森的研究显示，聚友网的用户最常在其个人网页上发布新的照片和视频。在个人主页上添加了照片或视频的用户比例竟高达88%。

◎ 注意事项

尽管年轻人和世界的交互形式与他们的学习方式都受到了互联网的积极影响，但那并不意味着网络的发展百利而无一害。上述的每一点其实都是一把双刃剑。下面是人们提出的一些注意事项：

- **一心多用与实时在线**。诚然，兼顾多项任务是个很有用的能力，也能适当调节一下重复性的工作，但一心多用也是有代价的。拉塞尔·波尔德拉克（Russell Poldrack）是加州大学洛杉矶分校的心理学副教授。他发表了一篇关于一心多用与大脑活动的文章。“从知识的建构上来说，大脑在专注时与一心多用时搭建出的知识体系是不同的。虽然多线开工让他们（大学生们）觉得自己更有效率，但研究表明，一心一意所达到的效果是一心多用无法企及的。”琳达·斯通也同意这一点：“和许多事情一样，偶尔小剂量来一下，持续的部分注意力还是非常实用的。然而过犹不及，随之而来的压力会让我们进入危机模式，我们的反思力、决策力和创造性思维都会因此受到限制。在一个24/7永远在线的世界里，持续的部分注意力成为主导，排山倒海的压迫感、过度的亢奋与不满足感便接踵而至了。网络所连接的世界近在咫尺，而我们自己的生活却仿佛远在天涯。”除此之外，聚友网和脸书这样的社交平台也可能会给年轻人带来严重的伤害。网络霸凌（cyberbullying）已成为教学管理者们越来越重视的问题。网络捕食者

（cyberpredator）[1]也让互联网环境岌岌可危。我找到几位在脸书或聚友网上有几百位好友的学生，我想了解他们是如何区分网友（从未与我们见过面，随时会消失不见的人）和现实生活中的朋友（与我们建立了信任且时常互通有无的人）的。

- **即时满足与光速之间**。还记得我在前文提到的那个年轻人吗？他观察到互联网的速度“让我们的耐心变少了，要求变多了。‘等待’这个词完全不在我们的字典中”。后来，在同一个焦点小组的会议上，几个学生很担心手机不离手让大家的社交能力都退化了。一位女孩说：“我们都不怎么面对面说话了。”另一名学生补充说：“去别人家做客的时候，你总得知道怎么和人家聊天，怎么互动吧。除了手机上的朋友，这个世界还有很多与我们不同的人，但我们好像逐渐不知道该如何与他们相处了。”
- **在多媒体与社交中学习**。前文已经提到，奥布林格夫妇发现年轻人不太待见全是文本的学习方式。特蕾西·米特拉诺（Tracy Mitrano）在康奈尔大学信息技术办公室工作。“这一代人娱乐至死”的生活态度让她直摇头。在南加州大学担任类似职务的苏珊·梅特罗斯（Susan Metros）同时也是视觉传播学的教授。她告诉我，今天的大学生“热衷于媒体信息，却不一定具备媒体素养”。这些学者们担心，年轻人之所以不适应书本式学习，可能是因为他们成长在更具娱乐性的多媒体环境里。梅特罗斯继续指出，成为多媒体的消费者并不代表一个人真正理解媒体，也并不意味着他们能审辨地看待自己的所见所闻。年轻人喜欢与伙伴一起学习，可当他们需要不受打扰，长时间独自工作（如写论文）时，该如何是好？
- **在探索发现中学习**。这种学习方式极具吸引力。有大量研究表

① 指在网上引诱儿童和青少年进行性对话，向他们发送淫秽图片或视频的人。

明，与单纯的死记硬背相比，发现式学习能让学生更深刻地理解数学和科学的基本概念。然而，并非所有东西都可以通过探索发现来学习。例如，我们不能“发现”，只能记住乘法表。虽然我们可以通过观察和实验来更好地理解生态系统，但我们首先必须学习一些基本概念，如光合作用。同样，一个博闻多识的公民需要掌握一些基本的地理和历史知识，而这些内容也只能通过背诵来获得。最后，持续地“实践（动手）”与交互让我们不能静下来思考与反思，可是这两点对学习和成长来说却起着至关重要的作用。

- **在创造中学习**。在这个人人都可以在网上发布内容的时代，质量就成了一个棘手的问题。人们被簇拥在数以万计的网页中，被淹没在不计其数的“创作”洪流中。在这般情况下，年轻人该如何区分冲动的自我表达与训练有素的艺术作品？这就是梅特罗斯提到的“媒体素养”的一个方面。凯莉·温德姆认为年轻人在消息中频繁使用的缩写也是一个很大的问题。“我看过弟弟发给他朋友的一些信息。我完全不知道他在说什么，当然他可能本来也没想让我看懂。但问题是他的消息里到处都是错别字。我告诉他这个词拼错了，他只会轻描淡写地回复我一句，‘在网上我们就是这么拼的’。我是英语专业毕业的，我真的不想看到他一直错误地使用这门语言。”

下面是一些广受青少年喜爱的网络用语：

青少年最喜欢使用的缩写
A/S/L：年龄、性别、地址
BF/GF：男朋友/女朋友
BRB：马上回来
CD9：代码9，意思是父母在我旁边

长期来看，上述趋势到底会带来哪些影响？特别是青少年在网络游戏上投入的时间与日俱增会带给他们何种影响。研究人员对这些问题尚未达成共识。约翰·西利·布朗认为游戏玩家掌握的能力已远超当下各个企业对人才的要求。他告诉我，玩家们具备一种他称为“乐于审辨”的特点。孩子要想在这个竞争激烈、变化迅速的大环境中茁壮成长，这一特点是必不可少的。“第一，游戏玩家们一切向结果看齐，这群人想要知道自己的水平如何。第二，玩家们都有这样一个执念：学不到东西，就找不着乐子。第三，他们知道团队中的多元性有多么重要。第四，玩家们在各种变化中打怪升级，他们接纳变化，同时也在创造变化。第五，游戏玩家们一直在突破极限。他们持续提升着自己的技术，哪怕已经炉火纯青了也不会停下脚步。”

贝克和韦德在《别担心，孩子们一切正常》一书中也得出了类似的结论。不过，他们还引用了一些研究提醒人们应当关注电子游戏中的暴力元素。“哈佛大学风险分析中心（The Harvard Center for Risk Analysis）发现，在评级为E的55个游戏中（E代表‘所有人’，相当于美国电影的G级），有35个游戏可供玩家选择暴力动作。其中，暴力时长最短的是一款冰球游戏，暴力占比1.5%，而暴力时长最长的是一款动作游戏，这一比例达到了91%。27%的游戏中出现了暴力致死的场景。”特蕾西·米特拉诺既是一名学者，也是一位家长。她认为为了适应游戏一代的学习风格，我们的学校有必要进行一次根本性的改变。但特蕾西却很担心学校很难应对这个新挑战：“如果我们无法进行游戏化教学，许多男孩将会对学校失去兴趣。在休息的时候，我家11岁的儿子时时刻刻都在和一个住在南非的玩家打游戏。”

有一些迹象表明，网络游戏可能还有更加黑暗的一面。韩国出现的“网络沉迷现象”揭露出打游戏也许会把一整代人的生活置于危险之中。此前，90%的韩国家庭接入了高速互联网。对那里的许多年轻人来说，网络是他们唯一想待的地方。最近的一篇文章报道说，在18岁以下的韩国人中，高达30%的人趋近网络成瘾，“近年来，好多人在网上通宵玩游戏，之后被发现猝死在电脑旁。网络成瘾已成为一个全美性问题。俄勒冈健康与科学大学（Oregon Health and Science University）的精神病学家杰拉尔德·J. 布洛克博士（Dr. Jerald J. Block）估计，多达900万美国人属于或趋近于网络成瘾。他把网络成瘾也称为电脑的病态使用”。

年轻一代是交互型的生产者，还是孤岛型的消费者

年轻一代站在一个十字路口，一条路会让他们迷失在网上那无尽的幻想和娱乐中，而另一条则要他们利用自己娴熟的网络技能，以学习者、职场工作者和公民的身份为社会做出巨大的贡献。要怎样才能避免误入歧途？老一辈人需要更深入地理解N世代的喜好与动力，并学会最大化地关注其精华，发挥其强能。

这一代人生活在一个如此富足的时代（至少对许多人来说），他们分分钟就能获得琳琅满目的新玩具。自然地，他们想要的生活与他们目睹的父母的生活是截然不同的。无论是硬核的游戏玩家还是在聚友网中喜欢通过谷歌搜索的人，无论在学校还是在职场，年轻人都渴望与世界建立一种更新颖、互动性更强的关系。随着年龄的增长，他们对电视越发不屑一顾，对网络则越发青睐，因为网络是一个双向往来的平台。其实，年轻人还是能忍受学校或职场中不尽如人意的地方的，并不是说只有万事俱备，他们才愿意参与其中。但我非常肯定，对年轻人来说有一点是必不可少的：他们必须是交互型的生产者，而不是孤岛型的消费者。他们既不希望在学校被动地接收信息，也不希望只在工作中做做样子、走走过场。这就是为什么许多雇主对年轻人的敬业精神深表担忧。年轻一代渴望互动，他们希望与网络世界互动、与各种想法碰撞出火花、与亟待解决的问题过招、与朋友和同事谈天说地，甚至与年纪更长的人交流。不过，他们想要的是一种特别的互动方式。不管身处何地，他们都期待在一个合作共议的环境中学习和创造。

N世代与其父母一代的根本差异是什么？约翰·西利·布朗是这样解释的："上一代人通过穿着和财产来定义自己；这一代人则是用自己创造的内容、与他人共创的内容，以及在此基础上他人补充的内容来给自己定位。"路易莎·布朗（Louisa Brown）是宾夕法尼亚大学的应届毕业生（与约翰·西利·布朗没有关系）。对此，她的说法略有不同，她告诉我："对我们这一代人来说，最重要的不是金钱或传统意义上的成功，而是我们的声誉，我们因什么而闻名，我们做出了什么贡献。"凯莉·温德姆也赞同这一观点："我们想找一份能带来满足感的职业。我们不想做金钱的奴隶。我们想有所作为。"安德鲁·布鲁克（Andrew Bruck）目前就读于斯坦福大学法学院。他是这样描述以前普林斯顿大学的同学的："拿着电脑包走来走去的孩子，一天工作24小时，忙碌于手头各种不同的事情。他们的梦想是创办一家创业公司，或从事气候变化、全球健康或政治改革方面的工作。"本·麦克尼利（Ben McNeely）2005年毕业于北卡罗来纳州立大学，现在是一名记者。他告诉我："我们对敬业有自己的定义。从前辈们的角度来看，我的工作是帮助公司提高效益。而在我看来，我的首要工作是为大众及时地提供一手信息。"

要让这代人真正以学生、职场工作者和公民的身份参与到社会中来，学校和职场就必须给他们新的挑战，教师、上司应当和他们建立新型关系。亨利·戴维·梭罗（Henry David Thoreau）①写道："如果你建造了空中楼阁，你所做的一切并非一无是处，楼阁本就应该建在空中，只是现在你需要把地基牢牢地扎在大地。"N世代需要一种新的支持方式帮他们从网络世界过渡到现实中来，然后在现实中为梦想灌注一个坚实的地基。正如特蕾西·米特拉诺观察到的那样："如果我们想挖掘出这一代人的创造力和兴奋点，我们就得想办法把娱乐诠释成可行的工作。"

① 是美国作家、哲学家和超验主义代表人物，著有《瓦尔登湖》等作品。此处这句话摘自《瓦尔登湖》。

让思维和创造力回归课堂

致使我们反思教学方法和课程的不仅仅是教授七大生存力的迫切性。为了激励年轻人全身心投入学习，教师们也得重新思考他们的教学内容与方式。南加州大学的苏珊·梅特罗斯清楚地认识到，高中教师必须行动起来了："因为为考而教，我们牺牲了孩子的创造力，还让他们学习并死记硬背他们不需要的东西。随着互联网的出现和发展，孩子们已经不需要像我们小时候那样记忆大量的信息了。我们也需要把每个学科放到更大的背景中。例如，社会学科不应仅限于探讨战争和政治，它还涉及食物、音乐、文化。我们现在有条件把所有这些内容都呈现在课堂上。最后，年轻人需要学会分析和解读新媒体的信息；他们需要生产和创造内容，他们需要了解工作和新科技中的伦理道德。"换句话说，为了让年轻人尊重学习和学校，我们应当更仔细地思考和挑选教学内容。作业是为了锻炼学生的分析力与创造力，这些成人社会所要求的能力，而不是为了打发时间。

在过去5年的采访中或焦点小组的会议上，我都会请年轻人分享他们希望给高中教师提的建议。我想听听他们认为哪些变动能让教学更有意思、更有用。他们的回答都指向了改革，这与梅特罗斯的分享不谋而合。

马特·库利克（Matt Kulick）2007年毕业于康奈尔大学，现在在谷歌工作。他观察到："今天的学校太无聊了，因为学校与学生的课余生活完全脱轨了。我觉得年轻人之所以看起来不求上进，是因为现实世界，也就是他们在校外的体验与学校里的要求大相径庭。"对库利克来说，教师的热情可以填补这两者的差距。"我喜欢那些激情澎湃的教师，"他告诉我，"之前有一位历史教师总是提出各种问题来考验我。这些问题都是大学的水平，完全不是什么抽查人名和日期的小儿科。每次回答完他的问题，我都油然而生一种自豪感。他还给我们布置了很多论文作业。"不幸的是，就像我们在第2章中提到的那样，这位历史教师只是罕见的个例。

凯莉·温德姆谈到了曾长久笼罩着她的焦虑："从初中开始，我就特别害怕如果我考得不好，以后我的工作也会一塌糊涂。我必须考第一，要不然就会一事无成。这种压力并不是来自我的父母。回过头看我的学生生涯，我一直在为所谓的下一步做准备。这种为了‘下一阶段’而展开的竞争好像永远没有尽头。几乎所有的课都是为了备考，无一例外。在考试这个维度，我是个好学生，因为我很擅长考试，但你要问我学了什么，现在我是一个字都想不起来了。”

“学习不应该是死记硬背，而是在真实场景中运用审辨思维，”温德姆继续说，她把大学和高中的作业进行了对比，“高中教师应当让学生们做真正的研究和实验。孩子们不是知识的接受者，而应该是参与者。让他们站在科学家的视角、历史学家的视角去思考吧。一个充满互动和参与的课堂多有意思啊！也许还可以让学生更多地在团队中解决一个没有标准答案的难题？”

为考而教、为考而学也让本·麦克尼利非常揪心：“备考让教师们无法为学生打造一个有趣的学习氛围。在北卡罗来纳州，面对考试的压力，教师们不得不硬着头皮提分，想尽办法让学生通过考试。他们培养的哪里是什么学习者，简直就是一堆考试机器。其实，激励学生真的很简单，从他们的兴趣入手就可以了。”

对斯坦福大学法律系的安德鲁·布鲁克来说，追求和发展自己的兴趣让他最为受益。在对比了高中课堂与课外学习后，他发现课外的经历更充实、更有意思。“我在课外活动中收获颇丰，”他说，“我在校报做编辑的时候学会了一个组织的运行方式。我在那里学到的编辑和写作知识比在英语课上学到的要多多了。做项目可比读课文带劲多了。我们可以发挥自己的创造力，探索自己感兴趣的事情。”

现在，布鲁克把这种做项目、发展兴趣的模式沿用到了他在法学院的学习中。在过去的一年里，他把热情和精力都倾注到一个叫作“打造更好的法律人”（Building a Better Legal Profession）的新组织上。该组织研究了不少律师事务所雇用少数族裔、女性和同性恋者的数据，以及这些律所提供的法律援助的比例。他们会根据这些数据对不同律所进行比较和评级，给法学院毕业生提供就业参考，同时也迫使律所不断改进。《华尔街日报》和《纽约时报》都对这个组织进行了积极的报道。

亨利·罗格斯（Henry Rutgers）是美国的开国元勋之一，罗格斯大学就是以他的名字命名的。据称，他曾建议说：“不要让学业干扰你的教育。”从上面的几个故事来看，在这一代人中，不乏正在培养自己七大生存力的人，但他们这样做的动力并非源于高中课程本身，而是来自对高中课程的不满。

我在第1章中提到，其他国家的教育部已经意识到让思维和创造力回归或进入课堂是一件无比重要的事情。约翰·西利·布朗是新加坡教育部国际咨询委员会（International Advisory Board for the Ministry of Education in Singapore）的主席。他认为，新加坡的教育工作者已经踏上了重塑其教育系统之路，而且他们前进的方向正是21世纪所要求的。“他们的新口号是‘少教多学’，”布朗告诉我，“学校应当把关注点放在项目和探究方法上，用兴趣和热情点燃学生的学习动力。”

为人师、为人父母的新定义

康奈尔大学的特蕾西·米特拉诺在与我交谈时提到，她觉得教师不仅需要改变教学方式，还得调整与学生的关系。“我们非常有必要重新定义为人师表意味着什么，教师的职责是什么：教师是学习的引导者，而不是信息的独裁者。教师不仅要教书，还要做学生的榜样。如果要教学生审辨思维与解决问题，教师也要展示出相应的能力。最后，教师必须去了解孩子们的课余生活，全面了解他们当下的学习情况。接着，就需要教师不断钻研如何带领学生达到特定的目标。”

本·麦克尼利也认为，教师的角色已经不同于以往了：“在高中，孩子们开始探索自己是谁，他们的兴趣是什么，以及他们对哪些职业感兴趣。

高中教师的工作应该是鼓励孩子们挖掘自己的兴趣，并在这个过程中引导他们理解这个世界。”

在我采访的高中生焦点小组中，学生们来自各种各样的学校，有的来自远离大众的富裕的郊区学校，有的则身在形势严峻的市区公立学校。这些学生都不约而同地坦言，他们渴望与教师建立一种不同的关系。“我希望我的老师能和我真诚地聊天，”许多人说，“不仅仅是聊我的学业，我还想和他们聊聊生活中的事情”“我想感受到教师对我的关心”，其他人提到。此外，在大学生焦点小组中，有几个学生告诉我“我希望老师平易近人，而不是居高临下”。

与我交谈的几个年轻人也向父母提了几点建议。总的来说，这些建议反映的都是这代人对“直升机父母”的疲惫与不满。这类父母总是盘旋在孩子身边，为孩子的未来感到忧心忡忡。安德鲁·布鲁克说：“父母需要尊重和相信孩子的能力。我们这一代人想要有所建树，我们不希望被等级或权威束缚住手脚。培养孩子的创造力很重要。现在，成绩、成功、上名校压得学生喘不过气来。父母真的没必要再火上浇油了。”

这些大学生还希望父母能鼓励他们发展自己真正的兴趣，并相信他们终究会成功。“哪怕孩子想成为一名艺术家，父母也要支持孩子的梦想。”一个女孩说。另一个女孩表示同意，她说：“父母应该多关注孩子课外的兴趣，不要一直惦记着孩子在学校的表现如何如何。”

马特·库利克还担心，太多父母已经把手伸向了孩子的未来规划，却完全没有让孩子去自行探索发现的意思。他说：“我的很多朋友从来都不知道自己喜欢什么或想做什么，因为他们的父母说了‘你以后要做一名医生’之类的。让孩子多做点作业，追问他们考了多少分，总是担心他们‘正不正常’，这样做是帮不了孩子的。父母需要了解孩子的喜好。我的父母非常信任我，他们总是鼓励我好好学习——不是考高分，而是要全力以赴。”

职场中的意义感与尊严

要让“N世代”淋漓尽致地发挥出他们的潜力，要做出改变的不只是学校。为了让初入职场的年轻人全身心地投入工作，我们不仅要明白这代人有着与我们不同的驱动力，还要考虑到这种新的鞭策对雇主来说意味着什么。在提到年轻人独特的工作态度时，艾伦·熊田告诉我：“他们进公司不是为了履历。这群年轻人没想过向上爬、赚更多钱或是取悦老板。因此，你不能再用以往的方式来管理他们了。你不能只是给他们安排个工位，就指望着他们按部就班地完成工作。”特蕾西·米特拉诺也发表了类似的观点：“你得让工作变得更有意思，允许年轻人按照自己的方式来干活。他们完全有能力像你期待的那样保质保量地努力完成工作，但绝不是一天8小时窝在工位上的那种工作。”

苏珊·梅特罗斯也提出了类似的观点。她曾在大学电脑问询中心管理过各个年龄段的员工，她也因此亲眼见证了这代人的与众不同。梅特罗斯建议雇主去了解当今年轻人的特长。她认为：“他们会提出新视角，带来很多价值，”她说，“这群年轻人很会融会贯通，他们善于合作，他们是视觉型学习者，他们的方向感和空间感极强。为什么要把这样的一群人困在一间小小的办公室里打杂呢？为什么一定要要求他们朝九晚五地打卡呢？也许他们在家工作效率更高。我们应该让资深员工和年轻员工在团队中合作，彼此学习，而不是强调资历与上下级关系。”

年轻人频繁地提到他们渴望去做更有意义的工作，渴望与成年人建立不同的关系。他们与我分享了想给雇主的建议。其实，年轻人口中理想的职场环境与他们对学校的期望有着惊人的相似之处。在这两种环境中，他们都希望以学习者和创造者的身份主动参与其中，期待成年人成为自己的教练与导师。

在为他的非营利组织招募成员时，安德鲁·布鲁克曾与全美各地的法律专业学生进行过交流。他观察到：“我们想体会那种掌控感。我们无比渴望有机会去做真正重要的事情。我们这一代人经历了太多考试和培训，现在终于有机会施展拳脚了，所以每个人都跃跃欲试。这就是为什么‘打造更好的法律人’会获得如此多积极的反响。在大的律师事务所里，一个项目往往有70多个律师。小律师根本没机会进入法庭或采访证人。但是，他们能贡献的绝不仅限于文件审查或尽职调查。给他们的舞台越大、责任越多，他们就会做得越好。现在，越来越多的法学毕业生并不介意微薄的薪水，只要工作有意义，他们就能在这个岗位上兢兢业业地做事。”

本·麦克尼利向我介绍了他前任雇主和现任雇主的区别。“在我以前工作的那家报社，一份报道如果对广告商的声誉有不利影响，就会被直接砍掉。而在现在的报社，我有机会为一个成长中的社区做一些贡献。我受邀去报道附近一处还在建设中的园区，那里曾经是佳能毛巾生产厂。建成后，这个园区将被用于研究新的生物科技。我也会去那里报道医疗保健相关的话题。发行人和编辑都非常支持我的工作，他们两位都是我非常尊敬的新闻界的前辈。我特别感谢编辑让我们去深挖每一条新闻。”

除了更有意义、更具创造力的工作之外，约翰·西利·布朗指出，这一代人还“渴求尊严”。他认为这种需求与职场的发展方向有所冲突。“随着企业生产效率逐渐停滞，企业把员工的尊严摆在了越来越不重要的位置。企业声称，他们需要有创意、有创造力、有思想的员工，但实际上却只看重员工的速度。在美国，很多服务行业的工作都没什么尊严可言。相比之下，一些创业公司的秘书也可以持有公司股权。”布朗所观察到的是，尽管许多公司都求贤若渴，但大多数公司并没有出台相应的激励措施，也没有改善工作环境鼓励员工全力以赴。实际情况就是，公司还抱着一丝侥幸的心理企图继续用旧规则玩一个新游戏。

尊严在大学生焦点小组中也是一个被反复提及的需求。为了挣学费，他们中的许多人在学年中和暑假期间都做过兼职工作。他们的经历与布朗的看法不尽相同。“我希望我的老板能花点时间来了解我，把我当成一个人来对待。”一个女孩情绪激动地说，房间里的其他人也表示赞同。另一个女孩补充道："我们是活生生的人，不是干活的机器。"接着，她跟我们讲了甜甜圈店老板向她提的要求——加快做咖啡的速度。"我已经尽全力了。这个人坐拥20家店，可能已经有了百万资产，"她说，"但他真的懂怎么做咖啡吗？我真想让他做一杯试试，看看他能做得有多快。"

凯莉·温德姆跟我分享了她遇到过的最好的老板。"他问我，我对10年后的自己有什么定位和期许。他和我谈起如何积累我想要的工作经验。他非常清楚我不会永远待在这个岗位上。导师可以起到巨大的激励作用。有一人在关注你的工作并乐于提出反馈真是太美好了。"她的下一句话印证了布朗观察到的尊严对这一代人的重要性："我们希望感受到自己是一个有创造力的、独一无二的人，而不是一台流水生产线上的机器。我们迫切地想要提出自己的想法，并付诸实践。"

不造人，何以造物：积极适应年轻一代的好雇主

把工作跟学习、创造和合作挂钩，同时还兼顾盈利，这是现实可行的吗？随着年龄的增长，为了买房、养家糊口，过上一个体面生活，年轻人的压力会越来越大。他们是否会因此放弃理想的工作状态而安于现状？或者，面对年轻人施加的积极的压力，雇主是否会为了吸引最优秀的人才而做出改变？多亏了布鲁克和同事的努力付出，法律界正在发生着这样的改变。他们提到，全美法学院的毕业生都会根据他们公布的数据来决定接受哪间律所的橄榄枝。

无论是为了吸引最优秀的人才，还是创造更优质的产品，一些公司已经有意识地开始调整工作方式，以满足N世代的需求和兴趣。这些公司的举措都取得了惊人的成效。例如，作为现如今最成功和发展最快的公司之一，谷歌受到了大量N世代的青睐。2006年，谷歌开放的5000个岗位收到了近100万份申请！一些老一辈人可能认为谷歌之所以受欢迎，是因为那里羡煞旁人的工作福利，如谷歌的办公区域有11家美食餐厅和健身房，里面

排球、游泳和攀岩设施一应俱全。除此之外，谷歌还提供免费按摩、班车和洗衣服务。然而，马特·库利克指出："我入职谷歌工作的第一个月就被大量的福利、服务震撼到了，但现在最吸引我的是我手头上的工作。"

我请这位22岁的小伙子跟我介绍一下他在谷歌的工作内容。"我是一个产品副经理，"他解释说，"产品经理在公司里是一个富有开创精神的职位。你需要找到手头产品的闪光点，并让它大放光彩，这是公司业务中非常重要的一环。你需要设定整个产品的理念；你负责与项目的工程师团队合作，向他们说明你的产品设想，产品需要具备哪些性能，然后征求他们的意见并最终达成共识。你还要负责与法律部门协调，与你的经理确定预期，并确保所需资源都已就位。这个职位的开创精神体现在你不会去控制生产方式，受你影响、与你合作的团队不听命于你，相当于外部的利益相关者。最终这个团队合作的产物需要你去宣传和推广。你是那个把各个岗位和团队都联结起来的人，那个'不可或缺的多面手'。"

库利克还告诉我，他最终选择在谷歌公司工作有这样几个考虑。"首先，我来谷歌的第一个原因是我非常认可谷歌的理念——使用开源软件[①]。同时，他们的产品为人们解决了各种重要的问题，为世界做了大好事。我相信谷歌所做的一切，因为他们的价值观对我个人来说也有着非常重要的意义。我想贡献出自己的一份力量。我来谷歌的第二个原因是，我希望能为这个世界做一些事情，而谷歌提供的资源能助我一臂之力。第三个原因是从员工入职的那天起，谷歌就会给予他们自由和责任。这三个理由相辅相成，让我每天都很期待去工作。这让我想起了我小时候拆电脑的爱好。这两件事都让我像打了鸡血一样充满斗志。"

但是，互联网之外的其他工作岗位情况又如何呢？比如说流水生产线上的工作？

丰田在汽车制造上取得的收益高于行业的平均水平。同时，高质量的

---

① 开源软件的持有人会保留软件一部分权利，并允许用户学习、修改以及以任何目的分发软件。

汽车也让丰田享誉全球，可谓是名利双收。其成功的秘诀被丰田称为丰田生产体系。丰田生产体系的核心之一是形成一个库存少、“即时”（just-in-time）的制造过程。汽车的零部件只有在使用时才会从供应商那里运过来，这就避免了囤积。另一个要素是公司力争把每个员工培养成有审辨思维和问题解决力的人。箕浦辉幸（Teruyuki Minoura）是业务发展集团和采购集团的董事总经理兼首席执行官。他解释道："一个鼓励人们思考的环境才会产生智慧，而这种智慧会厚积薄发，带来持续改善（Kaizen）……也许丰田生产体系的最大优势在于它栽培人才的方式。不造人，何以造物。为了不断革新生产技术，我们就需要通过现地现物（genchi genbutsu）[①]来激发独树一帜的想法，开发与众不同的知识架构。因此，公司有必要思考如何‘造人’。"

约翰·西利·布朗投入了大量时间研究丰田公司，甚至还前往丰田工厂观察其流水生产线的运作。“丰田公司生产线上的每一个人都有很强的主观能动性。为什么？如果你仔细观察丰田生产体系，你会发现这个体系与游戏的机制别无二致。员工一直在进行试验，尝试各种可能性，而且极其有条理。他们期待着被考查，期待了解自己的工作情况。这属于个人能力上的持续精进与研发。他们每5人一组，形成了一个个解决问题的创意小组。他们不断地探索着自己的能力极限。这就是我所说的尊重型组织（Respectful Organization）。那里的员工愿意去赢得尊重，并为之付出努力。而后，他们便想要保持这份尊重。”

当然，我们也看到了一些“达标”的学校。它们成功地让所有学生积极地参与到学习中来，还挖掘出了学生们解决问题、合作与创造的巨大潜力。我们将在下一章专门介绍3所这样的学校。不过，在参观这些学校之前，让我们来了解一下各类学生的需求及其激励机制。

---

① 现地现物也是丰田生产体系的理念之一，意思是解决问题的方法是要亲自看到实际情况，掌握一手信息。这个概念强调观察、把握和分析现场的问题，探究最深层的问题。

勇往直前与心不在焉的差距

今天，绝大多数学生都希望学习是主动的，而非被动的。学生们希望教师能让他们去思考、去解决一些烧脑的问题。他们想知道为什么要学习某个知识点。他们希望学习是一种目的，而不是一种手段。学习不是为了提高考试成绩，也不是为了打造一块通往人生下一阶段的垫脚石，学习只是为了学习本身而已。他们也希望有更多创造和自我表达的机会。最后，学生还希望成年人把他们当成平等的人来对待。

要想缩小全球成就差距，帮助所有学生掌握七大生存力，我们就必须了解如何激励真正的学习和高效的课堂参与。然而，要想缩小这个国家另一个成就差距，即中产阶级白人学生与以少数族裔为主的贫困学生之间的成绩差距，我们还需要深入了解每个群体的情况及其需求。虽然这种差距主要体现在不同种族与社会阶级之间，但是我们也可以把它理解成勇往直前的学生与心不在焉的学生之间的差距。勇往直前的学生总是力争上游，而心不在焉的学生则并不指望自己能成功。为了进一步理解这些差异，让我向你们介绍两个20岁的年轻人：凯特和胡安。他们都是我认识的学生（名字均为化名）。他们的挣扎反映了许多同一种族或有同样经济条件的学生的困境。同时，我也想通过他们的故事让大家看到，为什么如此多的受访者都渴望身边的大人能帮助他们发掘出自己的兴趣所在。

◎ 凯特的故事

从出生开始，爸爸妈妈就给凯特规划好了一条通往成功的康庄大道。芭蕾舞课、骑马课、钢琴课，她样样都上过，而且大多数时候也乐在其中。打她记事起，每晚都有人给她读书。他们家到处都是书，于是近水楼台，她从很小的时候就开始自己读书了。这样一来，到了上学的年纪，她在郊区的公立学校中也成了佼佼者。在高中，她忙得像旋转的陀螺，一刻也不停歇。凯特在高二和高三时总共修了6门AP课程，参加了两项校队运动，同时还负责设计年鉴。写作业、备考到凌晨一两点自然是家常便饭。到了高三，在飞快的生活节奏和高压之下，凯特明显有些力不从心了，上大学的焦虑更是压得人喘不过气来。如果上不了常春藤大学，她的人生就完蛋了，这个念头让每个人都忧心忡忡的。她的SAT考得并不理想，所以在所有课外活动的基础上，她还得在周六去上SAT的补习班。

她的父母都是藤校毕业生，而且都事业有成——一个是医生，另一个是律师。他们最大的希望莫过于凯特被他们的母校录取，毕业后能开启一份成功的事业。结果她并没有被第一志愿录取，这让凯特的父母既震惊又失望。在之后的好几个月里，整个家的气氛都阴沉沉的。后来，凯特去到了缅因州一所小型的文理学校，她整个大一都过得充实又愉快。看到女儿如此开心，她的父母也渐渐放下执念，走出了遗憾。毕竟，那也是一所闻名遐迩、备受关注的学校，不过车屁股上贴着哈佛或者耶鲁大学的贴纸①还是更有面子一些。

然而，在凯特大二的时候，她与父母的关系一下子变得紧张了起来。十一年级、十二年级，以及大一的暑假，凯特都在夏令营里和小孩子们一起度过。除了在夏令营里工作，凯特还开始在大学里修教育学的课。这是她在大学里最期待的课。在大二的圣诞假期，她终于鼓起勇气向父母坦白说她想成为一名教师。

“你是说在工作前去‘为美国而教’（Teach for America）②干两年吗？”她父亲不敢相信自己的耳朵。

“不，爸爸，我的意思是教师是我心仪的职业。”她回答。

“教书怎么能算得上是一种职业呢？”她的母亲赶紧说，“教师那点微薄的薪资怎么养活得了你？你从小到大那些漂亮房子、旅行、好看的衣服和车子，你怎么负担得起？你之后怎么和朋友们交流？他们各个都在准备

---

① 美国的高中或大学一般会制作各种学校周边产品，比如汽车贴纸、帽子、文化衫等等。毕业生们喜欢在自己的车上贴上有学校标志的贴纸。

② 是一个美国的非营利组织，它每年会招收优秀大学的毕业生到美国一些最贫困的学校执教两年。

学医、做律师或者去商学院进修。”

爸妈给凯特规划和投资的成功之路，并不是她想要的。父母曾开玩笑说老了以后得靠凯特养他们，因为他们把养老的钱都花在了凯特的课外班和学校的学费上了。她一直知道父母希望她找一份高薪体面的工作。但他们不知道的是，凯特一直以来的梦想是当老师。她甚至在玩过家家的时候总是让妹妹做学生，自己则扮演老师。教书才是她的热情所在。在与孩子们度过的那几个夏天，梦想照进了现实，她发现自己由衷地热爱着教学！

她该如何是好？凯特百思不得其解。关于朋友，她妈妈说的一点也没错，还有收入，也是很现实的问题。也许她也根本不是教书的料。凯特知道她并不是一个特别有耐心的人。她多么希望在高中时就有机会探索她的兴趣，尝试一下教书。同时，凯特当时最渴望的是有一位能聆听她的心声的教师。遗憾的是，她的大多数教师和她的父母一样似乎只想让她考上名牌大学。他们并不了解凯特，一点也不。

◎ 胡安的故事

在胡安很小的时候，为了更好的生活条件，他的父母就举家从萨尔瓦多搬到了美国。他的父亲在一家景观设计公司找到了工作，他的母亲则找到了一份晚上打扫办公室的工作，这样她白天就可以在家照顾孩子。他们一家住在一个简陋的两居室里，胡安和两个弟弟妹妹共用一间卧室。年纪稍大一点之后，胡安每天放学都会打一份工补贴家用。

胡安的学习一直非常吃力。他从未好好地学习过识字和阅读，可是教师们似乎都没有注意到这一点，或者说，他们只是不在意而已。在高中时，胡安觉得自己就像个隐形人。他总是坐在教室的后面，这样他就不会被教师叫起来发言。胡安不是不想学，他真的努力了，因为他知道父母都殷切地期望他能顺利地从高中毕业。他的父亲总是说：“胡安，要想在美国出人头地，就必须得好好读书。你必须努力学习，完成高中学业。”他妈妈会在一旁点头附议。只是每天下午从汽车修理厂回家后，胡安已是筋疲力尽，而且要在如此狭小、拥挤的公寓里找到一个能静下心来学习的地方，谈何容易。

然而，最让胡安心烦的是学校里的必修课。教科书不仅很难读懂，而且相当无聊。为什么他要学像代数这样的东西？没有人告诉过他怎么把书本上的知识应用在现实生活中。胡安更想学汽车方面的知识，那是他的兴趣所在。他总是用仅有的一点零用钱买汽车杂志来看。制造商是如何改进汽车的形状来让汽车既有速度又省油的？这背后的原理是什么？这些问题都深深地吸引着胡安。他在杂志上看到了不少关于“绿色”汽车的报道。未来的汽车会是什么样子的？是用电还是烧生物燃料？他想，这些车肯定会颠覆我们的想象。哇，真是太期待了……

胡安勉勉强强从高中毕了业。他的父母去参加了他的毕业典礼。当他走上舞台，从校长手中接过毕业证书时，他父母的脸上洋溢着自豪的笑容，一直在台下疯狂地鼓掌。而校长甚至不知道胡安的名字。然而，两年后的今天，他仍然晚上住在家里，白天去汽车修理厂工作。用砂光机打磨汽车的后面板是胡安距离设计汽车的梦想最近的一次。

胡安不久之前才了解到申请职业技术学校需要准备什么，而他多么希望当年九年级的自己能知晓这些信息。他的父母对此一窍不通，他们只知道美国是可以实现梦想的国度，他们只知道拥有一栋属于自己的房子是一个遥不可及的梦想。胡安多么渴望当时有人能告诉他，汽车设计也是一种职业选择。或者说，当时他可以转到另一所高中，在那里学会如何用CAD来设计图形。然而，没有人给过他任何指引。没有人耐心地告诉过他，要在美国立足，要找到一份好工作，光有高中文凭是远远不够的。甚至，没有任何一个人注意到他在阅读上遇到的重重困难。胡安从未获得过他所需要的支持。学校只求学生能通过考试、安安分分、不惹麻烦、拿好毕业证、存档，慢走不送。对于学校来说，胡安的名字只是个学号罢了。

为什么会这样？因为他的深色皮肤吗？还是因为班上大量的同学有着各式各样的需求，所以教师们无暇顾及他？难道胡安没有需要帮助的地方吗？那现在呢？他将如何度过自己的余生？他现在在夜校上课，但要通过社区大学的入学考试，他要上的课还有很多。胡安站在山脚下，望不到山顶，也看不见上山的路。

◎ 高中时的凯特与胡安需要的是什么？

当然了，少数族裔学生中也有不少成功人士，很多家庭优渥的白人学生也有非常挣扎的学习之旅。这两个故事不是新瓶装旧酒，又把阶级、种族的刻板印象翻出来谈。我想要关注的是凯特和胡安，以及许许多多的凯特与胡安，他们在高中时期的需求有何异同？要想拥有前途似锦、幸福美满的成年生活，那时的他们需要怎样的帮助？

凯特被一种错误的引导紧紧地裹挟了。“成功”这座五指山狠狠地压住了她。在她的世界里，成功被狭隘地定义为考上父母和教师心中的一流大学，然后得到一份高薪体面的工作。而在另一方面，胡安没有获得足够的正确的引导。他需要的是一位成年人为他指点迷津，一个可以帮助他看到这个世界种种可能性的人，一个鼓励他抓住这些机会的人，一个教他相应技能与课程的人。在高中时，他们俩都需要一个探索兴趣的机会。他们都需要成人真切的关心：“你最感兴趣的是什么？你在做什么或者学什么的时候最开心？”

麦肯锡公司的高级顾问迈克尔·琼格说：“人之所以工作或学习，原因无非有三个。首先是外力，即需求、威胁或风险。不过今非昔比，即使是在欠发达的地区，这种外力的激励作用（特别是在工业化国家）也变得越来越小。其次就是习惯迁移，即在社会规范和传统习俗中耳濡目染所形成的习惯。然而，由于传统权威和社会价值观的分崩离析，这一点的影响现在也在逐渐减弱。最后留给我们的驱动力便只有吸引力了——兴趣、愿望与热情所在。”在我看来，琼格说的其实是人类的三种动力。生理需要是一种，就是对食物和住所等的需要。他认为，随着就业率的提高以及社会福利制度的完善，这类基本需求已不再能激励年轻人奋发图强了。同样，遵守社会规范的激励作用也在消退，因为今天的年轻人逐渐挣脱了传统意义上的权威、宗教和家庭。琼格相信，越来越多的年轻人在学校和职场积极寻求并响应的是第三种动力，那就是兴趣、愿望与热情所在。

罗伯·戈登上校深知，教育工作者的一项重要工作便是激发出年轻人的动力与热爱。“在城市年，我们的职责就是帮助青少年找到自己的热爱，并悉心地引导他们，”他说，“一旦找到了自己喜欢的事情，他们就会非常努力地工作。他们对很多事情都充满激情。在兴趣面前，再多的困难，孩子们也会迎难而上。”

我们应该给孩子们适合他们的挑战。那些发掘出自己兴趣与热爱的年轻人，他们更有意愿与决心去学习，去应对学校或职场中的困难。你或许还记得我前文提到的约翰·阿贝尔。他是波士顿科学公司的联合创始人，在退休前曾任公司的董事长一职。他目前在一个叫作FIRST的非营利性课外活动项目担任主席。这个项目由发明家、企业家迪安·卡门（Dean Kamen）创立。卡门希望通过机器人竞赛这种崭新的方式来激发青少年对科学、数学和工程的兴趣。阿贝尔告诉我，最令他担心的是“这一代人不知挫折为何物。因此，我们在机器人竞赛中加入了对挫折的学习。为了赢得比赛，除了要能设计出能参赛的机器人外，（孩子们）还必须掌握其他多项技能。他们还会学习团队合作、筹款、项目管理和比赛策略。一名好的导师更是起着至关重要的作用，因为导师会分辨出孩子们是在做无用功，还是在挫折中不断进步”。

FIRST和城市年都已经意识到，要让年轻人发挥出最大的潜力，我们需要给予他们适当的挑战和支持，外加恰到好处的引导。在下一章中，我们将花一些时间来了解一些学校和教师。他们都在用类似的方式来激励学生，即通过激发学生学习和创造的热情来教授七大生存力。

第6章 兼顾职场与学业需求的学校——激发学生的兴趣、愿望与热情

高科技高中：以项目式学习培养科学素养

高科技高中（High Tech High，HTH）集团是一个致力于学校发展的组织。越来越多的K-12公立特许学校正在加入其中。目前，HTH在圣地亚哥大约有3000名学生，相当于一个“小型”学区了。令这些学校远近闻名的是其高度创新的教学方式和喜人的学习成果。自2003年拥有第一届毕业生以来，高科技高中毕业生的大学录取率高达100%，其中80%的学生被四年制大学录取，包括约翰霍普金斯大学、麻省理工学院、斯坦福大学、霍华德大学、南加州大学、加州大学伯克利分校、纽约大学和西北大学。高科技高中超过一半的毕业生是家中第一代大学生，有的甚至是家中第一个完成高中学业的人。去年，斯坦福大学从高科技高中招收的学生数量高于其他普通高中。这里的“普通”指的是学校所有申请人的父母均不是斯坦福大学的校友。HTH提交的傲人的答卷不是靠钱堆出来的，它的经费来源就只有州政府为特许学校每位学生提供的6200美元。

美国的大学毕业生中，拿到科技与技术学位的约占15%。而在高科技高中，这一比例为27%。我们之后会提到，能取得这样的成绩，高科技高中在数学、科学和工程上独树一帜的教学法功不可没。需要指出的是，高科技高中并不会根据成绩划分学生的学习轨道，也不提供任何AP课程。加州的学业评估系统，即学术表现指数（Academic Performance Index）显示，高科技高中的考试成绩在全州名列前茅。不过，学校仍坚定地拒绝围绕这些考试来设计教学，因为他们认为为考而教会削弱HTH课程的效果。

高科技高中的字典里完全没有“备考”二字。以教科书为中心、以学科为单位的课程在HTH也完全不见踪影。你根本看不到像九年级英语、世界历史、化学等这样在传统高中已经延续了一个多世纪的课程。相反，所有的课程（除了十一年级和十二年级的数学和科学）都在一个个跨学科的项目中进行，甚至科学和数学课用的也是项目式教学，而不是照本宣科。为了顺利升入下一个年级，学生必须向一个评估小组展示他们整理制作的电子作品集。评估小组的成员包括他们的教师、同学和校外专家等。同时，学生们还必须在十一年级完成一个为期10周的实习，以及一个毕业项目，才能从学校毕业。

◎ 高科技高中的由来与理念

要深入了解高科技高中及其教师使用的创新的教学法，我们需要先认识一下高科技高中的创始人和首席执行官拉里·罗森斯托克（Larry Rosenstock）。我问拉里是什么塑造了他的教育理念。“这完全来自我的亲身经历，”他解释说，“在20世纪70年代，我是一个单亲爸爸。我一边做着木匠活一边在法学院学习。从法学院毕业后，我开始在波士顿公立学校教工人阶层的孩子们做木匠活。当时，根据法院的强制命令，学校需要废除种族隔离制度。在那里工作了3天后，我意识到，这些被分配到职业教育轨道的孩子，和我那些法学院的中产阶级的同学一样聪明。”

拉里曾在波士顿条件最差的社区教书。这段经历让他认识到早早地切断了这些职校学生的大学之路对他们的未来造成了极大的伤害。但他也深知，传统的高中课程并不能助这群孩子一臂之力。作为哈佛大学法律与教育中心的律师，他协助起草了1990年《帕金斯职业教育和应用技术法案》（*Perkins Vocational Education and Applied Technology Act*）的条款。该法案要求将职业与技术教育和学术内容结合起来。为了能将自己的一些想法付诸实践，拉里开始申请去林奇技术美术学校（Rindge School for Technical Arts）担任校长。这所学校位于马萨诸塞州的剑桥市。最终，他被同时任命为林奇技术美术学校与剑桥拉丁学校（Cambridge Latin School）的校长，后者是一所学风比较传统的学校。然而，当他提出取消按成绩划分学习轨道的制度，以及合并两所学校的想法时，教育委员会直接拒绝了他。于是，拉里辞职了。他坚信根据所谓的分数来决定学生去往哪个轨道是极其不公平的。

在接下来的两年里，也就是1996年到1997年，拉里负责管理由联邦资助的市区高中项目。他的工作内容主要是研究哪类教学法能提高市区高中的教学成效。“我们挖地三尺竟然找不到一所像样的高中。现实很寒心，也很严峻。”拉里说。作为项目的一部分，拉里和同事们为高中制定了三个设计原则：**个性化、与现实世界相关联以及人人皆可学**（a common intellectual mission）。

拉里还发现，一所优秀高中的基石是优质的教学，但不是通常意义上的那种优质。他说，“大家对学术的‘精准’理解得还不够透彻”。他观察到，“‘精准’并不是靠大量的知识点堆积起来的。AP课程的教科书里，知识点像山一样高，例如，AP生物课程要求你记下3000个单词的定义，高科技高中是绝对不会开设这类课程的。‘精准’指的是辨别排山倒海般持续向我们涌来的内容，特别是在谷歌时代，需要我们辨别的信息变得越来越多。其次，‘精准’涉及的不仅是更复杂的内容，它还意味着更准确、更深入的分析”。

“在我的学生时代，有两位教师给我留下了深刻的印象。其中一位教师在法学院教授一门与就业歧视有关的课。那时还是20世纪70年代，学生当中有右翼分子，也有左翼分子；我们中有女权主义者，也有为黑人争取权益的人。在课上，每读完一个案例，教师就会提问说：‘你的立场是什么？’接着，每个人都把手高高地举起来，非常自信地表明自己的立场。然后，他会巧妙地修改一下场景再问道：‘如果事实变成了这样，你们的立场又会如何呢？’我们手的高度降到了四分之三的位置。‘如果是这样呢？’他接着问。我们的手只有一半高了。紧接着，他又会稍稍修改一下场景，这时候我们的手落到了不到四分之一的位置。下课铃响起的时候，你完全失去了一开始的笃定。在下一次课前的两天里，你会一遍遍地琢磨这个问题，直到你彻底想通为止，直到你的内心找到某种新的平衡。精准的课堂里有一位有思想、有激情、有反思能力的引路人。他们会循循善诱地带你进入一段成人之间的对话，开启你精益求精的探究之旅。”

拉里认为，在做中学习与成果展示也会促进教学的精准。“在上法学院前，我在布兰代斯大学修电影制作和心理学双专业，”他告诉我，“在那里我遇到了另一位无比优秀的教师。这位来自英国的教师教的是电影制作入门课。课上，他做的第一件事是把一堆摄像机放在桌子上，让我们拍一段烧焦的面包片的视频，两天后带到课上来。然后，他就头也不回地走了。我们大喊着‘等等，等一下，我们还不会用摄像机’。他一句话也没再多说。这一课真是太美妙了。”

一所优质的高中应当具备哪些要素？在20世纪90年代末，拉里对这个问题已经有了一些比较成熟的想法，却苦于找不到实践的地方。拉里实在不想再经历一次之前做校长时遇到的阻挠和问题。在那两所学校里，他不得不和大量中产阶级的家长、教育委员会的成员打交道。他们会委婉地让拉里安排某些学生去到高阶课程。那时的他对在公立学校中施展拳脚并不抱希望。于是，拉里在1997年选择出任位于圣地亚哥的普莱斯慈善基金（Price Charitable Fund）的总裁。这个基金会一直致力于资助市区创新的社会服务项目和教育项目。

在那一时期，圣地亚哥的商界领袖、城市领导者正试图解决几个非常棘手的问题。他们想让圣地亚哥从一个军事经济体转型为生物技术与电信经济体，但问题是他们没有足够多高素质的工人，而且能持工作签证入境的印度人和韩国人的数量也极为有限。他们也非常关注“数字鸿沟”问题，即从事数学、科学和工程事业的女性和少数族裔学生占比很小。

经济发展与商界圆桌组织（Economic Development Corporation and the Business Roundtable）是一个由当地企业首席执行官组成的无党派组织，大家会对与商业发展有关的一系列公共政策问题建言献策。在该组织的牵头下，一个由大约40名商界、社会和教育领导人组成的小组开始着手绘制一所与众不同的高中的蓝图。加里·雅各布（Gary Jacobs）是一家全美房地产开发公司的董事总经理。据他称，小组就学生最应当掌握的能力已达成了共识，同时他们也清楚地看到当地公立学校的教学内容与社会的实际需求是脱节的。雅各布于1998年出任规划小组的主席，自1999年高科技高中非营利组织成立以来，他一直担任着HTH的教育委员会主席。他向我娓娓道来这所学校的由来：

“对高科技高中的最初设想其实是为了应对商界领袖和大学合作伙伴们的担忧。他们发现高中毕业生不仅非常擅长背诵教科书，还很会考试。可一旦你要求他们把所学的知识应用出来，或让他们分享或展示自己的成果时，他们就不会了。因此，我们想重点培养演讲能力、小组合作能力、解决问题的能力，等等。同时我们也观察到，在圣地亚哥，工程专业的毕业生屈指可数，这与本地低质量的数学和科学教育息息相关。高科技高中的初衷就是为学生创造一个与众不同的学习环境，让他们爱上数学和科学，并愿意在这个领域深耕下去。”

1998年12月，加里同父亲——无线技术公司高通（Qualcomm）的创始人兼首席执行官厄文·雅各布（Irwin Jacobs）与拉里·罗森斯托克见了一面。最后，他们决定创办一所专注于科学技术教育的公立特许学校，并共同探讨出了学校的初步设想。这所学校之后极有希望为其他学校提供范本。（许多特许学校的创办人都有志为公共教育另辟蹊径。）拉里同意负责学校的建设、启动和运营；高通公司则承诺将连续5年每年为项目注入10万美元的资金。2000年9月，高科技高中在临时教室中迎来了第一批九年级和十年级共计200名学生。从那时起，学校就一直采用摇号的方式录取学生。这样一来，无论学生的种族、经济状况如何，人人都有公平的入学机会。（在本学年，少数族裔学生占了高科技高中总人数的大约55%。家庭贫困的学生可以申请免费或减价的学校午餐，在高科技高中，这类学生的比例为22%。因身体残疾或学习障碍需要特殊教育的学生，如多动症、阅读障碍等的比例约为12%。这些数据与该州的平均水平持平。）

如今，高科技高中的主校区位于圣地亚哥市一个前海军训练基地上，是一个由6所学校组成的社区。罗森斯托克和团队都明白，不能等到孩子们上九年级了，再开始培养雅各布所描述的各项素养。于是，他们在2003年成立了高科技中学（High Tech Middle School）。一年后，聚焦国际研究的高科技高中国际学院（High Tech High International）开始招生。2005年，高科技高中媒体艺术学院（High Tech High Media Arts）和高科技中学媒体艺术学院（High Tech Middle Media Arts）以及几所探索者小学（Explorer Elementary Schools）宣告成立。2007年，随着高科技高中分别在丘拉维斯塔（Chula Vista）和北郡（North County）设立了校区，学校开始向外扩张。每所学校的每个年级大约有100名学生。尽管一些学校有自己的教学重点，但它们的设计原则都是一致的，即个性化、与现实世界相关联以及人人皆可学。这正是罗森斯托克在10年前提出的三大设计原则。除此之外，学校也奉行着同一套目标：

- 根据当地人口的情况，公平地照顾到不同种族、不同经济条件的学生群体。
- 将技术与学术教育相结合，让高中毕业生能从容应对高等教育中高科技领域或社会学科的学习。
- 对于前期缺乏良好数学与工程教育的学生，提升他们的高中与大学毕业率。
- 培养出有思想的、积极投入社会建设的毕业生和公民。

我问罗森斯托克能否为我具体讲解一下这几条他想在HTH实现的目标。

"我们的目标是创造未来的领导者。他们可能是社会、非营利组织，抑或是营利组织的领导人物。他们需要知晓自己是谁，能带着热情去做有意义的事，并拥有自己的核心竞争力。我们希望学生们能够思考，能够在小组中工作，并且能够在工作中独当一面。我们还希望他们能用思维来说话。

黛博拉·迈耶[1]称之为‘心智习惯’：他们要去探究‘重要性’——为什么重要；‘视角’——你的观点是什么；‘证据’——你是怎么知道的；‘联系’——如何应用；‘假设’——在另一种情况下，应该怎么办。这些‘心智习惯’实际上就是提问的习惯。有困惑才有机会打破砂锅问到底；提出问题比解决问题更重要。有意思的是，当律师来参观学校，看到学生的作品时，他们会评价说‘这完全就是一篇法律分析’；当工程师进到校园，他们会说‘这不就是项目管理中的关键路径吗’（关键路径可用于分析项目基本要素与潜在瓶颈）；而科学家则会说‘他们用到了科学方法’。”

“其他习惯也很重要，比如坚持不懈。学生们需要知道碰壁时该如何应对。当然，清晰与准确的交流沟通能力也不容小觑：‘调查’——你的信息源是什么；‘观点’——你的表达是否具备描述性、说服性；以及‘对象’——你在和谁说话，你想说服他们什么。同理心与理解不同的观点也非常关键。我们认同爱因斯坦的观点，即想象力比知识更重要。我们的课程是围绕一个个项目展开的，在这些项目中，学生需要不断制造、创新、创造和建造，他们会在这个过程中形成有弹性的思维……以及责任意识与风险意识。”

在理论层面上，这一切听上去都非常美好。拉里列出的目标其实和七大生存力一脉相承，只是名字不同罢了。不信你可以把他的构想再读一次，你会发现其实七大生存力都在其中：审辨思维与解决问题的能力，跨领域合作与影响型领导力，随机应变与灵活适应，积极进取与勇于开创，有效的口头交流与书面沟通，获取与分析信息，好奇心和想象力。在拉里向我阐述这一切时，我迫不及待地想知道实践效果如何。学生在HTH学什么？怎么学的？他们真的全身心地投入到项目中去了吗？还是像大多数高中生那样，只是走走过场？如果他们真的乐在其中，激励他们的又是什么？

① 美国著名教育家，麦克阿瑟天才奖（MacArthur Genius Fellowship）的获得者。

◎ 高科技高中的教与学

我好不容易才找到高科技高中的入口，因为这个校门和美国传统高中的实在太不一样了。入口处没有足球场，没有停靠黄色校车。大多数学生都拼车或乘坐公共交通工具上学。这个校区沿袭了之前军事基地的设施风格，外观看上去就像是一个普普通通的长方形盒子。学生们从我身旁蜂拥进入学校。很多人耳朵里塞着苹果耳机，耳机的白线一直延伸到他们的背包里。其他人则在与身旁的同学或教师热烈地交谈着。在传统高中的校门口，一大早只能看到满脸不情愿的学生们拖着沉重的步子，昏昏欲睡，十分懒散。而此时此刻，我却丝毫没看到那样的景象。

我来到教学楼前，差不多是8：30。因为校车的时间安排，其他学区往往要求学生7点就要到校。相比较而言，8：30是一个相当人性化的时间，也更接近成年人的社会生活。这时，一大批学生已经分散到了各个房间，所以路上学生的数量已明显减少。喧闹的谈话声变成了更安静、更有主题的嗡嗡声。没有上课铃，也没有魁梧的副校长助理在校门口大喊："你迟到了！快点进教室！"两位年轻的行政助理坐在入口处金黄色木质柜台的后面。他们衣着随性，看上去平易近人，一点没有要呵斥最后几个慢悠悠的学生的架势。指一指墙上的挂钟或轻声说一句提醒，就足够催促他们加快步伐了。

在教学楼的中庭是一处公共区域，高高的天花板上有一道天窗，光线从天窗的长缝中倾泻而下。天花板上裸露的横梁、管道、电线与从上面垂下的学生作品相映成趣。雕塑、三维物理学项目、绘画和海报挤满了目之所及的每一寸空间。在中庭的周围簇拥着装有玻璃门窗的隔间和教室。建筑内部看起来不像是一所学校，更像是一个高科技园区。教室外面零零散散地放着一些奇形怪状的沙发和长椅。这些不新不旧的沙发很快就坐满了讨论着各种话题的学生。他们手里都拿着笔记本、电脑或是他们写的论文。

我听到两个年轻人正在讨论一篇关于A地区石油问题的社论。我走进他们俩旁边的教室。教室里，学生们或在小组中工作，或独自在电脑上工作，而教师则在一个角落里与一个学生低声地交流着。几分钟后，她抬起头来，对全班说："别忘了，在讨论A地区的石油问题之前，你们得先改完简历的第二稿。"随后，她的注意力又回到了身边的学生身上，我听到教师小声地提醒她："我们来看看你这里的动词一致性。要介绍去年夏天的实习经历，你觉得用这个句子结构是否合适呢？"

她身后的白板上列出了一系列问题，大标题是"关于A地区，我们想知道什么"：

我们如何了解是何人在支持这场叛乱？

各国在A地区争夺的是石油和烟草吗？

为什么对B国与C地区的冲突干预力度非常小？

A地区的种族灭绝事件与其他种族灭绝事件有何异同？

教室的另一面墙上挂着两张打印出来的海报。两张海报被整齐地贴在绿色的卡纸上，上面写着"A地区营地"，一看就是为家长和学生举办的课后活动，营地中的"帐篷代表的是难民营中的帐篷"。过去100年中发生的各个种族灭绝事件都会在这一个个帐篷中被展览出来。看来，学生们需要向人们展示自己习得的知识，而不仅仅是通过考试。

回到开放式的走廊，我与一位艺术教师攀谈了起来。我问他，与他以前教书的地方相比，在这里教书是一种什么感觉。

"我之前在那里教书，"他指着圣地亚哥城外山上的一个富裕的郊区，"我在那里教艺术，教那些非常聪明的孩子AP艺术史之类的课。但很多学生对艺术其实并不感兴趣，他们眼里只有成绩。他们恨不得课程越简单越好。有一位家长曾对我说：'我让儿子选你的艺术课是考虑到艺术课很轻松。现在好了，你把课弄得这么难，一下子就把他的GPA（平均绩点）拉下来了。'而这里却完全不同。高科技高中的孩子们也很聪明，但他们是真的热爱学习。除此之外，我还能和其他教师一起开发有意义的项目。"

他指给我看一个摆着奇形怪状装置的架子。上面的每个装置都由两个独特的部分组成：鲁布·戈德堡机械和雕塑。其中一个装置是一个透明的塑料立方体，里面有轮子，外面有曲柄；另一个是一个色彩鲜艳的盒子，上面有诸多圆孔和一到两根线，以及一个拉紧线的装置。“物理教师、工程教师和我共同开发了这个单元，这些都是孩子们的项目成果。这里的每一个装置都展示了一个物理定律。我要做的是在项目中加入艺术美学。而工程教师则与他们一起做功能上的设计。动手的部分结束后，学生们还得参加一场物理考试。无论是对学生还是我们教师来说，这都是一个非常了不起的项目。”他脸上洋溢着自豪感。

当我走回人头攒动的中庭时，一个乒乓球径直向我飞过来。发射这个乒乓球的是一个巨大的木制抛石机。抛石机的周围站满了学生。难道是心怀不满的学生想要偷袭学校访客？不，这只是一堂普通的物理课。很快，学生们便开始准备新一轮的投射了。他们仔细计算着如果要让球落入10英尺外的桶里，他们需要施加多少力，拉多远才能产生这些力。教师站在一旁观察并做着笔记，而学生们则手脑并用地在实验中证明自己对知识的理解。

在另一堂课上，我听到教师要求学生就广告如何创造出了新的消费欲望写一篇讨论回顾，并列出广告对自己生活的影响。在学生们埋头写作的时候，我和这位社会学科的教师聊了聊这堂课。学生们正在学习全球变暖，而讨论广告和消费文化是这个单元的一部分。一名生物教师、一名英语教师和他共同设计及教授这个单元。在广告课之前，他们已经研究了基督教中支配（dominion）这一概念。《圣经》到底主张的是征服式地支配自然，还是以监护者的身份为了自然而进行干预性的支配？宗教是问题的一部分还是解决方法的一部分，或者两者皆是？这些是这个单元学生需要思考的一部分问题。

“我的工作就是用提问、追问来激发学生的思考，进而得出自己的结论，我不会直接告诉他们答案，”他告诉我，“当然，我经常直截了当地说‘教室里好热啊’。”

我问他学生的写作水平如何。他指着角落的办公桌，上面有一叠论文，说："你自己看吧。这些是我教的另一个班的论文。"

我随便拿起一份学生的论文。这份排版整齐的论文约有10页（比一般两到三页的高中论文要长得多）。写作的主题是描述和评价模拟审判中原告和被告律师提出的论点，以及双方证人的证词。这次的模拟审判是由学生主导的对哈里·杜鲁门（Harry Truman）的审判，他因在日本投掷原子弹而被指控犯下了战争罪。这位学生用清晰的语言分析了每个同学的证词，不仅分析了各个论点，还探讨了历史信息的准确性。这位学生想知道，扮演当时太平洋战区总指挥麦克阿瑟将军的同学，他所陈述的证词是否可信。"麦克阿瑟将军是一名战士，他总是亲临战场指挥作战，"该学生写道，"而且众所周知，他坚信登陆日本一定会成功。因此，在我看来，他不可能像证词中说的那样支持投掷原子弹。他对胜利非常有信心，而且他也非常清楚，如果天皇不点头，日本是不会投降的。"这份论文中有学生严谨的分析、对证据的细致权衡，以及对观点的缜密推敲。我已经许久不曾读到过这样精彩的高中生的论文了。

我要去卫生间方便一下（我经常会通过学生的卫生间来了解一所学校的状况。例如，墙壁上的涂鸦和地板上的垃圾都能说明学生对学校的感受）。走进这里的卫生间时，我震惊了。卫生间里的每一面墙上都是色彩斑斓的学生壁画。地板上没有一丁点的垃圾，也没有任何涂鸦的痕迹。其中一整面墙上画着2100年的世界地图，图中，今天大部分的陆地都被海水淹没了。

◎ 听听教师怎么说

这所学校的教学与传统高中的到底有何不同？我与科琳·沃里克（Colleen Warwick）就这个问题交谈了许久。在我参观高科技高中的时候，她还在HTH教十一年级和十二年级的人文学科，而现在已经是高科技高中丘拉维斯塔校区的主管了："一开始，我在密歇根州的一所公立高中教书。所有的教学都是为了应试，可是我真正的热情是教学生们阅读板砖那么厚的小说。我甚至没有机会教学生如何写作。辞职后，我去读了研究生。我先是拿到了英语文学的硕士学位，然后又取得了19世纪文学的博士学位。在那之后，我便开始在大学教书。最后，我和未婚夫一起搬到了圣地亚哥。他是一名海军。

“我在圣地亚哥北部的一所公立高中找到了一份教职工作。在那儿，我过得相当不开心。学生对教学内容非常不感兴趣。他们只是领了一个必须完成的任务，比如‘写一篇关于约翰·亚当斯（John Adams）的论文’，却根本不了解约翰·亚当斯，也没有提出任何相关的疑问。他们并没有真正思考过约翰·亚当斯的想法。教职员工中不乏很多聪明、年轻、有活力的教师，但课程完全是与教科书挂钩的，教师们几乎没有自由发挥的空间。写作也是为考而教，涉及的话题与学生们的兴趣相去甚远。课程结构非常松散，并未涉及培养任何能力，作业仿佛是随机拼凑的。学生们毫无参与的欲望，甚至在谈论大学和职业选择时也是如此。后来我听说了高科技高中，就赶紧来参观了一下。再后来，本·戴利（Ben Daley）校长邀请我来面试。在这个一整天的面试里，你需要教一节课，接受学生的面试，并与其他应聘者一起设计一个项目。

“这里的教学方式和以往完全不同，因为我的关注点在每一个学生身上。我知道里德是什么样的人，我知道伊恩的性格特点，我对他们的学习风格了如指掌，也清楚他们需要什么。我们会把学生的意见纳入新项目的筹备中。如果一个学生说‘我对冲浪很感兴趣’，我们就会试着在项目中融入这个元素。对他们来说，我更像是一个引导者，而不是每天在讲台上说教的讲师。另一个不同点在于我在教自己感兴趣的内容。我对新知识总是充满了好奇。例如，我们刚刚做了一个法医学的项目。通过这个项目我才发现了自己对法医学的兴趣。”

“为了让学生们做好上大学的准备，你给予了他们哪些支持？”我问。

“我告诉他们哪些素养是至关重要的：分析性思考与写作能力。他们差不多已经建立起了分析的习惯，只是需要学习如何精进技艺。我觉得叙述性写作和反思也很重要。因为反思和叙述能帮助他们了解自己是谁，会给周围环境带去哪些影响。只有这样，他们才会更有意识地以公民的身份参与到社会活动中。‘哦，原来也不一定要这样做啊。我从来没有这样想过’，学生们的恍然大悟常常让我觉得非常美妙。”

“学生需要参加加州的州级考试吗？”

“要的，所有人都必须参加加州的高中毕业考试和STAR测试。这两个都是州政府强制要求的。但我们不会为考而教。我们就教自己要上的课，不用备考，同时学校也没有AP课程。不过，所有学生都可以选一门高阶课。比如，在我的高阶课上，学生需要阅读更长的小说，写更长的论文。开课前，我会问每个人同样的问题‘什么样的任务在你的舒适区，什么样的任务在你的学习发展区？’。”

“你会如何帮助学生为工作做好准备？”

“在每天的项目式学习中，他们都会练习团队建设和合作。我认为，合作、分析性思考与写作能力是他们在工作中最需要的。学生们在实习中一般会有一位带教教师，我们也与这些带教教师探讨过不同岗位上学生需要掌握的具体能力。在大多数情况下，编程或其他技术是可以进入职场之后再学的。不过，有一个能力不行，那就是与不同的人合作的能力。在HTH和未来的职场，学生们每天都需要与他人合作。因此，合作是一项非常重要的教学内容。我们会身体力行地在实践中教他们如何与他人相处，比如发生矛盾时应该说什么。听到他们开始内化并应用我们的示范时，如‘我听到你说……，这是你的意思吗？’，我总是倍感欣慰。”

沃里克接着说：“今后，无论去往哪里，他们都能游刃有余地应对各种情况。他们能展开各类对话，他们了解时事，他们知道作为公民的自己有哪些义务与责任，他们明白自己的权利是什么，他们也会表达出个人想法、信仰和感受。”

“你认为丘拉维斯塔下一个学年最大的挑战是什么？”

“让学生感到自己被爱与被尊重。确保教师们能理解且真切感受到学校的文化。我喜欢我们学校的文化。我从前一直非常抗拒参加教师会议，但我现在却非常享受HTH的会议。因为我们的会议总是其乐融融，我每次都受益匪浅。”

◎ 听听校长怎么说

在建校之初，本·戴利在高科技高中教物理。在过去的3年里，他一直担任学校的主管，而现在已正式成为HTH的首席教学官（Chief Academic Officer，CAO）[①]。我想从本那里了解一下如何在创新项目中始终保持高水平的教学。

“HTH对‘好’教师的定义是什么？学校是怎样帮助教师精进教学的？”我问。

“我们以学生成果的质量来衡量教师的教学能力。如果学生们的产出不错，那么教师教得也自然不差。”（高科技高中和每位教师签的都是一年期的合同。）

“那要怎么衡量这些成果呢？你怎么知道一份作业做得好不好，是否足够好？”

“我们会先把学生成果公开展示出来，然后再仔细地斟酌与评定。我们会用各式各样的方法展出孩子们的作品，比如，邀请校外人士与教师们一起打分。我们会请家长来欣赏学生的作品集和汇报，也会请工程师来评价一个工程项目，让建筑师给一个建筑项目提反馈。这些专业的意见和反馈不会只出现在项目的尾声，还贯穿于整个项目之中，这样学生可以不断地迭代产品。我们还使用不同的对话流程来讨论学生的成果。渐渐地，我们意识到，比评分标准更重要的是找到优秀范例，把它摆在学生面前，告诉他们‘这个例子绝了’，然后让孩子们说出它好在哪里。只要孩子们找得到、说得出，他们就做得到。你也可以匿名地用其他班的例子来做反例。

① CAO是HTH的术语，特指学校教学项目的总负责人。

优秀的范例和反例会在班级里营造出一种追求卓越的氛围。”

“在招聘新教师上最大的挑战是什么？”

“在众多的申请者中，我们发现和资深的老教师相比，年轻的新手教师更容易与HTH的理念一拍即合。因此，我们招聘了很多年轻教师，很多没什么教学经验的人。于是，我们开始筹备自己的教师认证项目，并有选择性地为教师们提供更系统的职业培训。比如，我们让一组年轻教师与一位在HTH系统深耕多年的老教师搭伙互助。

“每天学生到校前，教师们还有一个小时的准备时间。在这一个小时里，我们会讨论几份作业：哪些做得好，哪些可以做得更好。教师们两两搭班共同负责50名学生。在他们每周两次的碰头会上，教师们会一起备课，讨论学生与教学情况。”

HTH对教师们的良苦用心给我留下了深刻的印象。而HTH并没有止步于帮助自己的教师提升教学水平。2007年秋天，HTH正式将其内部的教师认证项目升级成为一个成熟的教育学院。这个教育学院专注于培养学校管理层与教师的领导力，还提供相关的教育硕士学位。这是几十年来在加州建立的第一个创新型教育学院。在传统的教育硕士项目中，学生们花80%的时间学习专业课，20%的时间去学校实习，而HTH的硕士生80%的时间都在教室里与带教教师一起工作。

◎ 听听学生们怎么说

2007年秋末，在我采访加布里埃尔·德尔·瓦莱（Gabriel Del Valle）和露丝·加西亚（Ruth Garcia）时，他们正在高科技高中读十二年级。露丝九年级时来到HTH，因为她和家人都不希望她去附近的高中上学。她告诉我：“那所高中特别大，而且有各种问题。”所以他们就抱着试一试的心态来到了HTH。加布里埃尔在七年级时转到了高科技中学，后来直升到了高科技高中。他妈妈不想让他在家附近的学校念高中，因为那所学校开设的英语课是为新移民准备的基础英语。

“高科技高中最吸引你的地方是什么？”我问。

“这是一所小而美的学校。我认识所有的教师，教师们也都非常了解我。随时随地都有教师能为我答疑解惑。在申请大学方面，我也得到了很多支持和指导。我还特别喜欢学校的各种项目。”露丝说。加布里埃尔也表示同意：“教师们打心底里关心我们。他们真心地想要帮助我们毕业，上大学。他们的课非常有意思，完全不是说教。”

“那你们最不喜欢的是什么？学校有哪些可以改进的地方吗？”面对我的问题，两位学生都沉默了，脸上全是疑惑。“没什么不好的地方，真的。我很享受在这里学习。”想了好久，加布里埃尔才开口说。接着露丝补充道：“深有同感。”

“你们明年有什么打算吗？”

“我打算去上大学。”露丝自信地回答道，“我的第一志愿是圣地亚哥大学。我想学政治学或国际关系。我们在高中第一年做了一个模拟联合国的项目，从那时起我就对这个方向特别感兴趣。在那个项目中，每个学生会代表一个国家，然后需要大量地研究这个国家面临的问题，以及可行的解决方案。接着，我们举行了一次联合国代表大会。大家一起分享和讨论这些问题。我被分配到的国家是塞拉利昂（Sierra Leone）①，而我重点研究的是人口贩卖问题。”

“我也要去上大学，”加布里埃尔告诉我，“我有点想学机械工程，但也可能会去学神学，或者双专业。”

每个高科技高中的学生在十一年级都要前往当地的公司或非营利组织进行一次实习。这个为期10周的实习是学校的必修内容。于是，我问加布里埃尔和露丝他们在实习时都做了什么。

“我是在通用原子（General Atomics）做的实习。这是一家工程公司，”加布里埃尔向我介绍道，“我被分配到了核反应堆部门。在那里，我

① 位于西非大西洋岸。

制作了一本手册来介绍如何从传统的VAX计算机中检索信息，然后将数据传输到桌面。我学到了好多解决问题的方法。然后，我还发现其实我并不想整天对着电脑。工程是一个很大的范畴；我更想做建造方面的工作，因为我特别喜欢动手捣鼓东西。我喜欢拆东西，看看每个零件有什么作用，捣鼓一下这个装置是怎么运作的，然后再把它装回去。”

加布里埃尔继续说：“我们现在正在做高中的毕业项目。我们组三个人正在为一个叫海伦阿姨（Auntie Helen）的非营利组织设计并建造一个货架。这个组织为患有艾滋病及其他疾病的人提供洗衣服务。这个项目要求我们把工程学的十八般武艺全都用上：找出最符合他们需求的货架，进行准确的测量，绘制项目草图，完成一个三维设计，然后再开始施工。马上就要完工了！除了工程学的知识，这个项目还让我们学会了主动采取行动，因为我们需要自己去找服务对象，还要积极地了解他们的需求。同时，我也在不断学习如何与团队成员更融洽地相处。大家各持己见是常有的事，重点就在于怎么去应对这些不同。”

“我在圣地亚哥港实习，”露丝告诉我，“我和一个同学在环境服务部工作。我们为孩子们设计了两个动画游戏。这两个游戏已经在环境服务部的官网上上线了。网站叫作‘逆戟鲸计划’（Project Orca）。孩子们会在第一个游戏中了解到生活在圣地亚哥的鸟类以及它们栖息地的情况。在玩第二个游戏时，孩子们可以看到科学家用了哪些设备来检测水中的物质。”

高科技高中的课程核心是在团队中动手实践、进行项目式学习，以及公开展示学生的学习成果。因此，我请这两位学生再跟我分享一些令他们印象深刻的项目，还有他们的所学与所得。

露丝率先分享了她的经历：“去年，我们做了一个和海事有关的项目。在那个项目中，我们必须与其他同学组队，选择历史上一次有重大意义的航行，然后把它重现出来。我选择了查尔斯·达尔文（Charles Darwin）的小猎犬号（Beagle）。我们需要用AutoCAD准确地绘制出小猎犬号的结构图。我们组的每个人分别负责绘制船的一个视图。一开始，我完全不知道怎么用这个软件。我们还一起制作了一个六分仪[①]。接着，我们需要把自己想象成是小猎犬号上的船员，然后根据我们的研究以船员的视角写一本航海日志。我扮演的是达尔文。我们的作品在圣地亚哥的海事博物馆展出了3个月。制作一个博物馆展品真的很有挑战性。我一边上手操作，一边学习知识，我还与周围的人分享我学到的东西。我们也学会了团队合作。哦，还有，我们出海航行了3天，还在船上使用了我们制作的六分仪。”

加布里埃尔回顾了他十一年级时做的一个项目：“在这个生物项目中，我们一起写了一本介绍圣地亚哥湾不同物种的书。现在，这本书已经出版了，你可以在自然历史博物馆买到它。我研究的是雪鸻，像它的栖息地、生活习性、数量的增减变化还有它濒临灭绝的原因。我以前从来没有参与过写书。要写出一篇生动有趣的文章，而不是乏味的论文，可不是一件容易的事。我还了解到环境的重要性。我以前并不明白每一种生物都是生态系统中重要的一环。雪鸻以蠕虫为食，所以一旦雪鸻灭绝了，我们的海滩就会成为苍蝇的天下。”

“你在HTH学到的最重要的能力是什么？”我问他们。

“我学会了如何在辩论中阐明立场，如何在论文中提出论点，然后有理有据地展开我的观点，”加布里埃尔回答说，“一开始很难，因为我和朋友总是有非常不同的观点。我也学会了审辨地看待问题，然后去解决问题。项目做到一半，来了个拦路虎，你总不能半途而废吧，只能兵来将挡水来土掩。我还学会了和那些与我截然不同的人合作。如果我的搭档不做事，教师会让我自己想办法解决。你知道就像在真正的职场一样。”

“我学会了如何展示成果，如何有效地沟通，”露丝解释说，“以前我是一个特别害羞的人。因为每个项目都有一个公开的展示，现在的我可以非常自如、自信地介绍我的成果。我还学会了如何让我的作品看上去更专业，更上得了台面。我们在中学都没用过电脑，而现在我可以娴熟地操作很多

① 用来测量某一时刻太阳与海平线的夹角，以便迅速得知船只所在位置的经纬度。

软件。做项目的时候，我们一直在解决问题，我们在一刻不停地思考、计划、组织与合作。”

“我真的比以前自信多了，”她接着说，“我知道我可以去选修大学课程（露丝每周有3个上午会去大学修大学法语课），也可以选择自己热爱的职业。我的爸爸妈妈都没上过大学。他们为我感到骄傲。我们现在租的房子特别小，但有朝一日，我想给爸爸妈妈买下一套属于我们的房子。”

◎ 学校选择

高科技系统中的各所学校用亲身实践向我们精彩地展示出了七大生存力的教授技巧：精准地把关注点聚焦在最重视的结果上；同时，为了实现这些目标，愿意重新思考教学、学习与评估，甚至是教学楼的规划。除此之外，另一个振奋人心的消息是高科技高中正在探索如何将成功经验系统地复制到新开设的学校中。同时，他们也在重新思考师范教育的新模式。

尽管成果斐然，高科技高中的模型并不是教育改革的唯一出路。在过去的近20年里，全美各地不甘于现状的教育工作者们一直在默默地进行着教育“研究和开发”。大家都期待能重构美国的高中教育。从2001年开始，比尔与梅琳达·盖茨基金会以及其他慈善机构把大量资金投入到加速教育改革中。这些机构资助了各类致力于改善教育的非营利组织，它们有的创办了创新高中，有的把大型的（和运作不良的）综合性高中拆分成了小型的自治学院。为了把学区内的大型高中改造成小型的“学习社区”，联邦政府的教育部在过去7年里也一直在向学区拨款。今天，全美有几千所重组的高中、新的小型高中或特许学校。据比尔与梅琳达·盖茨基金会的高级项目官员亚当·塔克（Adam Tucker）介绍，仅纽约市就有200多所新的小型高中，这一数字有望在5年内再翻一倍。不过，并不是只有在大城市才能见到这些新型高中的身影。现在，在越来越多的郊区和农村，重新规划的高中以及新的特许学校也陆续拔地而起。

在过去的10年里，我探访了美国各地至少50所新高中，与那里的师生进行了各种交流。有些时候，我的身份是比尔与梅琳达·盖茨基金会的高级顾问，有时候则是一名独立的研究人员。无论参观目的如何，现在回想起来，令我印象最为深刻的是它们彼此之间是那么的不同。高中到底应该有多大？高中应该是什么样的？这类问题其实并没有一个标准答案。即使是在高科技高中系统中，各所学校的风格也迥乎不同。有些学校更专注于科学和工程，而其他学校则在营造媒体艺术或跨文化学习的氛围。

让某一个孩子成才的沃土不见得适合所有孩子。例如，有些学生更喜欢框架清晰、结构明了的教学内容。有些学生更容易在HTH这样的学校茁壮成长，因为在那里他们有机会深入钻研某一个兴趣点。而另一些学生则喜欢灵活地去尝试各种各样的事情。我认为根据学生的需求去选择学校是极其重要的。从心理学上来讲，有自主选择权的家长和学生会跟学校建立更紧密的联系与信任。因为在选择一所学校的同时，他们也下定决心要融入这个学习社区。

其他成功地把七大生存力融入教学的学校是什么样的？为了进一步探索这些学校的差异，我将带大家前往另外两所学校。

大都会地区职业技术中心：一个学生，一种教法

◎“一个学生，一种教法”

大都会学校系统是宏图公司推进的一个项目。1995年，丹尼斯·利特基和埃利奥特·瓦索尔（Elliot Washor）共同创立了宏图公司。公司的主要业务是推动学校的发展，为高中打造一个崭新的教学模式。宏图公司的使命是：

> 建立不断创新的、专注于个性化教学的学校，使学校与现实世界相互联结、彼此合作，以此促进美国的教育变革。我们致力于打造不囿于常规的公立学校，研究和复制新的教育模式，将教育工作者们培养成为学校和社区的领导者，并积极让公众参与到

青少年的教育决策中来。

我们理念的核心是“一个学生、一种教法”。我们推崇个性化教育，即为每个学生量身打造适合他们的教学活动。

我们相信真正的学习发生在学生积极参与学习之时，发生在熟悉学生的教师、家长和导师为他们打造个性化的教学之时，发生在学校中的学习与课外兴趣相融合之时。在这个“考分至上”的国家，我们推崇的是“一个学生，一种教法的个性化至上”。

利特基和瓦索尔的第一次合作是在新罕布什尔州的一所农村中学。那时是20世纪80年代，利特基是学校的校长。1993年，CVS公司的创始人斯坦利·戈德斯坦（Stanley Goldstein）邀请利特基和瓦索尔来罗得岛州，为改善该州的教育建言献策。戈德斯坦希望他们能重点关注罗得岛州那些为少数族裔与经济困难的学生开办的高中。在该州的普罗维登斯，这类学生的辍学率很高。位于普罗维登斯的布朗大学有一个基本学校联合会（Coalition of Essential Schools），西奥多·塞泽尔（Theodore Sizer）任该联合会的主席。1993年晚些时候，基本学校联合会新成立了安纳伯格学校改革研究所（Annenberg Institute for School Reform）。塞泽尔邀请利特基和瓦索尔加入其中，成为研究所第一批高级研究员。

1993年，深谋远虑的彼得·麦克沃特斯（Peter McWalters）担任罗得岛州教育部（Rhode Island Department of Education，RIDE）部长。在这期间，罗得岛州开始重新规划州内的职业技术课程。在麦克沃特斯的领导下，教育部开始筹划在南普罗维登斯创办一所新的职业技术学校。经过全面翔实的调研，教育部就这个议题发表了一份报告。报告呼吁开创一种崭新的高中教育模式：“以有教无类为目标，从学生的兴趣与能力出发进行教学，将商业与技术培训同生活和学术能力相结合，注重培养学生的公民意识。”

而后，选民投票通过了价值2900万美元的债券，用于建立一所创新学校。1995年，罗得岛州教育部与刚成立的宏图公司签约，委托他们设计、筹备和建设“大都会地区职业技术中心”（The Metropolitan Regional Career and Technical Center，简称大都会职技中心）。考虑到在当时，普罗维登斯的辍学率超过50%，且超过75%的孩子享受免费或减价午餐的福利，州政府要求该校75%的学生须来自普罗维登斯。其余25%的学生可以来自罗得岛的其他地区。整个项目的私人/公共合作方包括罗得岛州教育部、罗得岛州就业与培训部的人力资源投资委员会（RI Department of Employment and Training's Human Resources Investment Council）、安纳伯格研究所、CVS公司（当时的梅尔维尔公司，Melville Corporation）与宏图公司。1996年9月，大都会职技中心向第一批50名学生敞开了校门。

大都会职技中心的教育模式获得了巨大的成功。在短短的几年内，全美各地的学区与机构都纷纷前来取经，大家都希望能在本地建立一所大都会职技中心。在比尔与梅琳达·盖茨基金会和其他慈善机构的资助下，以及与宏图公司多年的合作中，大都会系统已发展成为一个在全美拥有50多个另类学区（alternative district）和特许学校的教育网络。这些学校都位于美国教育最落后、暴力现象最猖獗的城区，包括新泽西州的卡姆登、密歇根州的底特律和加利福尼亚州的奥克兰。尽管环境恶劣，学校的学生们却在茁壮成长，毕业率接近100%，其中95%的毕业生拿到了两年制或四年制大学的录取通知书。大都会职技中心正蓬勃发展，在美国名声大噪。

目前，罗得岛的大都会学区有7所小型学校，共计800名学生。其中，4所学校位于南普罗维登斯的主校区，一所位于市中心，一所位于普罗维登斯的最西边，一所位于纽波特。南普罗维登斯的主校区由4栋教学楼组成，它们的名字分别是平等、正义、自由和团结。除此之外，主校区还有一个媒体中心，里面配置的都是最前沿的设备。校区的中心是一片绿地，学生们在那里上体育课，进行各种校内比赛。校园内还有一个向周围居民开放的篮球场和体育馆。每栋教学楼都可以看作是一个独立的学校，里面有120名学生，共8个导师小组。导师小组是学校的基本“教学单位”：在学生4年的高中生涯中，导师小组中的教师与学生都是相对固定的。教师负责为每个学生制订个人学习计划，而学生、家人和教师每学年都要对这个计划进行4次回顾和调整。个人学习计划的核心是学生的实习和个人项目。在大都会职技中心的4年里，所有学生每周都有两天校外实习。实习的地点包括附近的各类非营利组织或企业，每次实习为期一整年。

埃利奥特·瓦索尔对我说："有的学校会让学生一边上课一边发掘兴趣。而我们认为应该先帮助每个学生找到他们的兴趣，再围绕这个兴趣点专门打造一个学习计划。"这也就是联合创始人丹尼斯·利特基提到的"基于兴趣的学习"。大都会职技中心的课程将学生的兴趣作为发展各类素养的原动力，比如大学需要的素养、职场要求的素养以及公民应当具备的素养。学生们在必须参加的数学和阅读测试中都取得了不错的成绩，不过，利特基和瓦索尔认为只要学生有意愿、有能力，很多学科知识是可以上大学之后再学习的。我们可以把这种转变看作一种教学重心的转移，即在教授学科内容之前，教师优先考虑的是激发学习动力和培养最重要的学习与交流能力。

大都会职技中心有5个学习目标，分别对应学习与交流方面的各项能力。学生必须在项目和实习中展示自己对这些能力的掌握情况。同样，这些目标与七大生存力也有很多相似之处。

1. **交流沟通：**"如何理解和表达想法？"这个目标希望学生掌握沟通技巧：了解你的听众，学会写作与阅读，善于谈吐和倾听，使用技术和艺术手法来沟通，并接触其他语言。

2. **经验推理：**"如何论证我的观点？"这个目标要求学生像科学家一样思考：使用证据和逻辑推导来做决策，评估假设。这个目标考查的不是具体的知识点，而是对物理学、社会学、艺术理论的思考与理解。

3. **个人价值：**"我在这个过程中贡献了什么？"这个目标是要学生成为最好的自己：表现出对他人的尊重、责任感、组织能力、领导力，并能反思自己的行为，努力提升自我。

4. 定量推理：“如何测量、比较或表现事物？”这个目标要求学生像数学家一样思考：理解数字，分析不确定性，理解形状的属性，研究事物会如何随时间推移而发生变化。

5. 人文推理：“其他人有哪些观点？”这个目标要求学生像历史学家或人类学家那样思考：看到不同的角度，理解社会问题，探索伦理道德，并从历史角度审视问题。

◎ 大都会职技中心的教与学

在开学之际，我又一次来到大都会职技中心位于普罗维登斯的主校区。学校列出了这一学年可供选择的实习项目，学生们在做出选择前会把各个岗位都仔细研究一番。学校的一天以“看我的”（pick-me-up）集会开始，学院的师生齐聚在学院教学楼的中央集会区。当我走进一个学院时，一个成年人正在分享几则通知，一百来位学生和成年人或站立或坐在椅子上，围成了一个大大的半圆：“刚刚开业的全食超市（Whole Foods Market）在招人。哦，别忘了报名参加周五‘看我的’时间的才艺表演秀。”

大家开始轻声地交头接耳，房间里还能听到书包窸窸窣窣的声音。团结学院的院长克里斯·亨普尔（Chris Hempel）提醒大家：“各位，请给讲话的人一点尊重，用耳朵听就好了。”四周立刻安静了下来。

4个十年级的学生站了起来。他们走到人前开始依次向全学院朗读自己的书面道歉信。听上去，有的人是上周五放学后在停车场喝了酒；另外的人则是知情不报。道歉的时候，他们每个人都显得非常真诚。他们还告诉大家之后会以实际行动来赢回学院的信任。4个人还打算为低年级学生搞一个反酒精滥用的活动。“请不要因为我们的行为而对我们导师小组的其他成员另眼相看，”一个人说，“跟他们没关系，是我们的错。他们不应该受到牵连。”

亨普尔简要地评论说，这几位学生将失去学院中的某些特权，他们还需要提交具体的计划书，包括打算如何重新获得学院的信任，将如何组织反酒精滥用的活动。接着，他回顾了几年前发生的一件事情。当时一群学生召集了一个全学院的会议，并表示不希望有教师的参与或介入。这群学生发现有人把毒品带进了校园，于是赶紧召开集会来告诉大家："这里是我们的学校，我们决不允许任何毒品玷污我们的学校！"亨普尔对面前的学生们说："这也是你们的学校、你们的社区、你们的家。"

接着，十二年级的弗朗西斯卡站起身来，打开准备好的幻灯片，开始介绍她暑期在多米尼加共和国做的项目。在这个项目中，她帮忙建造了一所学校，还在一个儿童夏令营教书。她分享道，这个暑假和孩子们在一起的时光对她来说意义重大，因为她想成为一名教师；她还谈到了与远房亲戚们见面的场景。在整个演讲过程中，弗朗西斯卡都很放松，看不出有一丝紧张，她的声音清晰洪亮，让所有的人都听得一清二楚。大家都安静地坐着，他们的注意力全在弗朗西斯卡身上。分享结束后，弗朗西斯卡留出了15分钟的问答时间。最后，她呼吁大家去搜索和参与各种免费的暑期项目，一边工作一边旅行。学校也一直鼓励学生们用这样的机会去探索自己的兴趣，了解自己需要具备的素养。

接下来是导师组会。我走进一间小会议室，加入了一个十一年级的导师小组。组里差不多有12名学生，大家围坐在一张长方形桌子旁。会议室里贴满了各式各样的海报。一张海报上列出了导师小组对每个人的期待：

- 有责任感
- 尊重彼此
- 积极参与

另一张海报上写着提建议时的关键词：

- 友善
- 具体
- 有用
- 一步一步来

还有一张海报上列出了阅读要素，提醒学生如何体会文本信息，建立联系：

- 把文本与现实世界相连
- 把文本与自我相连
- 把文本与其他文本相连

学生们围着桌子坐下来之后，教师说："'看我的'占用了一点时间，而且我们20分钟后要上体育课，所以今天导师组会的时间会比较紧张。谁有什么想分享的吗？"（这样的导师组会与大多数公立学校形成了鲜明对比。公立学校中，大家都把注意力集中在教学内容上，很少或根本没有时间与学生建立联结，更不要说了解并激发他们的学习兴趣了。）

"我星期二要去动物管理部门面试。"一个女孩说。动物管理部门是她今年想去实习的地方。

另一位女孩说："埃克达昨天第一次开口说话了。"

"她说了什么？"第一个女孩问道。

"妈——妈。"

"昨天的会，你们感觉怎么样？"教师问道，"大家都清楚怎么写论文了吗？如果还有不太明白的地方，我们就再讲一次。我刚刚给每个人发了一张卡片，请在卡片上写下昨天会上有用的内容，和一件可以改进的事。写完之后，我们再一起讨论一下。"

"我都快睡着了，因为T[①]一上来就长篇大论地讲了好多。我希望教师们可以让这节课变得更有意思一点。"一个男生小声地说。

"我们打算组建一个小型备课委员会，让你们也能加入到备课中来。"面对学生的建议，教师的回复非常平和，没有丝毫的惊讶或防备心。

"我不明白为什么T要在全班面前把那些资料都朗读出来，明明我们可以自己默读的。"另一个学生说。

"我喜欢你为我们准备的资料包。"另一个学生说。

① 论文写作课上的另一位男教师。

还有一个学生说："我特别喜欢去探索图书馆。"

"好，时间差不多了。之后我们再继续讨论这个问题。现在该去换衣服准备上体育课了，"教师最后收了个尾，"离开之前，我看看今天要和谁见面。阿方索，一会儿我们俩一起过一下你的论文。有人需要和我聊聊怎么做研究或者怎么联系心仪的实习单位吗？请在刚才的卡片上写下你下一步的实习计划。10月1日前必须完成，大家都清楚的，是吧？"

在4年前的一次访问中，我曾去到一个学生的实习地点观察了她的工作。她在学校附近的一个医院实验室实习。她的带教教师对她的成熟稳重与深思熟虑赞许有加。这位学生一边带我参观实验室的设施，一边向我解释实验室所采用的测试流程。她对实习工作的理解和熟练程度都给我留下了深刻的印象。

而今天，我的关注点是学校里的教学。因此，我与伊丽莎白教师进行了简短的交流。我们俩匆匆赶往体育馆与学生一起上体育课。"在这里教书最大的收获是什么？"

"是我与孩子们建立起来的关系。我从九年级开始带他们，今年已经是第三个年头了。我们之间已经建立起了信任。这种对彼此的信任让我乐于为他们付出更多，也让学生们愿意在我面前做自己，那个真实的自己。"

"最大的困难是什么？"

"最大的困难就是要同时兼顾好多事情：各种项目、学生的实习，还要给学生制订个人学习计划。我的工作是让学生看到自己的潜力，并且帮他们好好利用这些潜力，不断进步。"

回到集会区，我又与亨普尔聊了聊。他担任团结学院的院长已经4年了；在此之前，他在这所学校教了4年书。

"在这所学校工作最大的困难是什么？"

"是亲密无间，将心比心。这就像是人生的过山车。你对这里的一切都投入了个人感情。在传统学校中，你的专业知识就是你的价值，而在这里，唯有真诚最打动人心。这两者的区别在于，前者聚焦在你知道什么，而后者关注的是你是谁。”

“你是如何帮助教师们精进教学的？”

“我们把老教师和新教师，同一年级的教师一对一结成对子。每个小组都会定期见面。除此之外，我们每周有一小时的教师会议，另外每月还有一整天专门用来做职业发展培训……这和我之前的经历简直有天壤之别。刚入行的时候，我在普罗维登斯市中心的希望高中（Hope High School）任教。当时，我被直接扔进了一间教室，全天一个人孤零零地备课、上课，所有的教师会议都被工会投诉。”（意思是说，每次校领导让教师在放学后参加合同中未明确规定的会议，工会就会表示不满，提出抗议。）

◎ 听听学生怎么说：克里斯蒂娜的故事

最近一次拜访大都会职技中心时，我花了大约两个小时采访了一群十一年级和十二年级的学生。这个焦点小组绘声绘色地向我讲述了他们在大都会职技中心的学习经历，以及这所学校给他们带来的影响。一位十二年级学生的故事深深地打动了我。

“你当时为什么决定来大都会职技中心？”

“上中学的时候，我经常逃课，还沾染上了毒品。我的生活一塌糊涂，根本看不到未来。我从最好的朋友那里听说了大都会职技中心。她的原话是‘那里不考试，不打分，你不需要做太多事情，学生经常旅行，还能上大学’。”克里斯蒂娜（化名）说道。

“刚来大都会的时候，我还是特别迷茫。我觉得我没有未来，生活一团糟。以前，我厌学的原因是教师们都觉得我没救了，但我心里一直藏着个秘密，没有告诉任何人。直到九年级的时候，我才向导师敞开心扉。我告诉他，我有阅读障碍。这个秘密深埋在我心底很久了。我在四年级时参加了一个阅读障碍的测试，但我的教师却斥责我说‘太荒唐了吧，你竟然说你不识字。你的借口可真多’。小学毕业的时候，这个教师不知道为什么和我过不去，没有在我的学生档案中注明我有阅读障碍。所以中学教师觉得我行为异常，却不清楚具体的原因，然后就直接把我分配到了特殊教育班。来到大都会后，我挣扎了很久才慢慢开始信任我的导师，然后又纠结了很长时间才决定告诉他我的秘密。没想到他马上帮我找到了合适的资源和支持。

“现在我的阅读与写作已经达到八年级的水平了，而且我也找到了人生的追求。我想学习政治学和儿童早期发展，因为我希望未来能为有阅读障碍的孩子建一所学校。而在此之前，我从来没想过自己也会拥有梦想。我是多米尼加人，西班牙语和英语都是我的母语。所以在‘毕业项目’中，我会去萨尔瓦多（El Salvador）[①]的一个健康中心工作，在那里教15到18岁的女孩艾滋病和性病方面的知识。在这里，我学会了去享受阅读与写作，还拥有了自信心和责任感。”

弗朗西斯·W. 帕克特许基本学校[②]：设计跨学科教学与学生成果展示

◎“少即是多”与“视学生为社会中坚力量，视教师为教练”

西奥多·R. 塞泽尔是美国教育界的标志性人物。塞泽尔对美国高中进行过深入的研究，还发表过严厉的批评，他也因此在全美名声大噪，备受尊重。他是哈佛大学教育学院最年轻的院长，后来他去到了位于安多弗的著名的菲利普斯学院（Phillips Academy Andover），在那里担任了近10年的校长。离开安多弗后，塞泽尔对美国高中进行了为期5年的研究，并出版了著名的三部曲，其中第一部便是《贺拉斯的妥协》（*Horace's Compromise*）。

在塞泽尔研究成果的推动下，基本学校联盟会（简称CES）于1984年成立。该联盟是最早开始记录美国高中现存问题的机构之一。这些问题中的大多数时至今日仍未被解决。CES最初由11所高中组成，围绕9项（现在

① 萨尔瓦多（El Salvador）位于中美洲西部，官方语言是西班牙语。

② 英文为Francis W. Parker Charter Essential School。

是10项）共同原则进行内部改革。这些原则都是为了应对塞泽尔在其研究中所发现的种种问题。换句话说，每一条原则都反映了高中教学所欠缺的一项内容，或都指向了塞泽尔挖掘出的一个具体问题：

1. 学会思考
2. 少即是多，先深度，后广度
3. 给所有学生同样的教学目标（即不按成绩分流）
4. 个性化教学
5. 将学生看作职场人，将教师视为教练
6. 展示范例
7. 学校的主旋律是正能量与信任
8. 对整个学校负责（即教师应当把学生和学校放在第一位，而不是学科教学）
9. 好钢用在刀刃上，资源用于教学中（即在实施这些教育改革措施时，产生的额外支出不应当超过普通高中资金的10%。资金应当用于课堂教学，而不是用于行政或昂贵的体育赛事）
10. 民主和公平（即承诺做到一视同仁、包容，并且尊重多元性）

如今，CES的联盟学校分布在全美与世界各地。CES通过其出版物、会议、教师培训和课程开发项目助力这些联盟学校的发展。弗朗西斯·W.帕克特许基本学校是一所位于波士顿郊区的公立特许学校，现有七年级至十二年级的学生共计365名。这所学校是CES联盟中一颗闪亮的明珠，是唯一一所由塞泽尔和他的妻子南希（也是一名教育工作者）亲自创办的联盟学校。在一群家长的支持和帮助下，他们两人于1995年成立了这所学校。这些家长非常认可教育的十大共同原则，希望自己的孩子能在崇尚这10条原则的学校中接受教育。

“12年前，我刚来学校的时候教的是人文艺术课。那时，家长把孩子送到这里来是因为学校的办学理念吸引了他们，那群家长都是第一个吃螃蟹的人。而现在，我们有了一群非常不同的家长和学生，”在帕克学校已担任了7年校长的特里·施拉德（Teri Schrader）解释说，“过去的10多年里，我们取得了傲人的成绩，许多家长便慕名而来。他们只是想为孩子提供更好的教育。”

弗朗西斯·帕克学校的成绩确实非常出彩。尽管拒绝为考而教，帕克学校却常年稳居马萨诸塞州MCAS的前10名。自2000年送走第一届毕业生以来，学校的大学录取率达到了100%。95%的帕克毕业生升入了大学，其中96%的学生进入了四年制大学，大学毕业率为85%。这些数据拿出来与美国最优秀的私立学校相比，也相当具有竞争力。和私立学校的毕业生一样，帕克的很多毕业生也去到了很不错的大学，其中不乏全美的顶尖名校，如阿默斯特学院、布朗大学、康奈尔大学、达特茅斯学院、米德尔伯里学院、芝加哥大学和卫斯理学院，等等。然而，帕克却不提供任何AP或高阶课程，不给学生排名，也不给学生评任何字母等级。帕克20%以上的学生都被归类为有“特殊需要”，也就是说这些学生有各种学习障碍。这一比例高于周围的公立学校，而跟大多数大型公立学校相比，帕克能够给予每个学生更多的关注。

◎ 课程和评估

弗朗西斯·帕克学校有3个学部：第一学部（七年级和八年级）、第二学部（九年级和十年级）和第三学部（十一年级和十二年级）。在第一和第二学部，所有课程都是两小时，由两名教师共同进行跨学科的教学。学校把课程分为两个“领域”：艺术与人文，以及数学、科学与技术。所有学生还必须学习西班牙语和心理健康。两个“领域”的学习都是围绕着一个“基本问题”来进行的。今年的基本问题是“什么是因？什么是果？”。

要想从一个学部升入下一个学部，学生必须在“关卡展览”（Gateway Exhibitions）中证明自己已经具备了相应的能力。在这个展览中，学生需要把一系列作品整合在一个作品集中以证明自己的能力，而这些作品必须达到全校通用的标准。作品集会由一个教师小组进行评估。学校在阅读、写作、听力、口头表达、研究、艺术表达、科学调查、数学问题的解决和呈现、系统性思考、科技、心理健康和西班牙语方面都制定了明确的“达标”要求。作品范例让全校学生能一目了然地看到“优秀”的作品是什么样子的。家长每年会收到两份学习报告，里面详细地记录了每个学生这学期学了什么、做了什么，以及他或她的长处与需要加强的地方。这和传统的记录分数或字母等级的成绩单大为不同。之后，学校将会把这些学习报告的总结与学生的成绩单一起寄到各个大学。

学生可以在学年中和学年末两个时间点申请做展览。只有在作品达标后，学生才能去到下一个学部。西班牙语的“关卡展览”比较特殊，一般被安排在九年级和十一年级末，主要考查学生的语言是否达到了规定的熟练程度。同时学校相信，在毕业之前，学生应当对某些学科有较为深入的研究和探索。为此，学校提供了少量的学科课程供第三学部的学生选择和学习。例如，2007至2008学年春季在线课程目录中有4门数学课、3门科学课，以及14门英语和社会学科课。这也反映出学校偏向于开设人文类的课程。除了要修4门课外，十二年级的学生还要完成一个为期一年的“毕业项目”。在这个项目的展示与答辩环节，学生要面对一个由学生的导师、项目的校外导师、一名十一年级学生、另一名教师和另一名校外成人（通常是家长或感兴趣的社会人士）组成的评审小组。你可以把这种学制看作一种“勋章”机制。学生们在收集“勋章”的过程中学习，展示出自己的好奇心、积极进取心、审辨思维，并表达出自己的所得与所学。

◎ 学习习惯：从理论到实践

下面是学校明确规定的“帕克社区希望学生在学习和生活中培养和展现的习惯”。这份清单与七大生存力有哪些相通之处？

探究。在学校和日常生活中，你能表现出对世界的好奇心和求知欲。你能提出有思想的问题，并积极地寻求答案。

表达。在学校和日常生活中，你能诚实地分享你所知道的、想知道的、你所相信的，或你的感受。

审辨思维。在学校和日常生活中，你会分析、整合信息，并能从信息中提炼出结论。你能用创意和理性思维来解决问题。你能保持开放的心态，欣赏不同的观点。你追求卓越。

合作。在学校和日常生活中，你都能为团队做出贡献。凭借高效的沟通技巧（咨询、聆听、演讲），你能与不同的人在各类情况中良好地共事。

组织。在学校和日常生活中，你会筛选观点和数据，理智地整理和消化信息。到校前，能准备好上学需要的东西。你能设定合理的目标，并为此提前计划，在执行过程中良好地管理时间。你百折不挠，坚持不懈。

注意力。在学校和日常生活中，你能专注于手头的工作，并为此重点关注和提取所需要的信息。

参与。无论是在学校还是在更大的环境里，你都会主动地参与到学习中。在小组讨论、活动和项目中，你都能提出问题、分享观点并采取行动。

反思。在学校和日常生活中，为了能更深入地了解自己、迭代你的工作，你能回顾和审视你的言行和成果。

我第一次访问弗朗西斯 · 帕克学校大约是在10年前。当时它还是一所初创学校，所有的教室都在德文斯堡的一栋没有窗户的陆军情报大楼里。德文斯堡位于波士顿郊外约40英里，曾是一处军事基地。7年前，校区转移到了这个基地的小学旧址。帕克没有像高科技高中那样得到企业的支持；也没有像普罗维登斯的大都会职技中心那样由州政府出资建造了校舍。和美国大多数的特许学校一样，帕克没有额外能用于校舍建设的资金。因此，面对这栋好不容易买下的大楼，别无他法的帕克只好硬着头皮把所有教室都塞了进去。大楼里还有西奥多 · R.塞泽尔教师中心（Theodore R. Sizer Teachers Center）。教育工作者可以来该中心参观学习，或者参加研讨会，同时中心也为刚加入的联盟学校提供技术支持。除此之外，中心也开设了新教师合作项目（New Teachers' Collaborative），这是一个为期一年的教师认证项目，专门为联盟学校培养能胜任新教学模式的教师。

那是一个12月的下雪天。由于道路结冰，学校把上学时间推迟了两个小时。在大多数高中，这就意味着每堂课会被压缩到只有大约30分钟，那么真正的教学时间就更少了。但在帕克学校，情况却截然不同。我走进第二学部的数学、科学与技术课。16名学生正两两一组在长方形的桌子上工作。他们面前有两张学习单，上面共有20条信息。这些信息包含了5个数学关系，每一个关系都用文字、方程式、未知数的对应数值与函数图4种方式展示了出来，但所有的信息都被打乱了。学生们的任务是将代表同一个数字关系的4种表达方式匹配出来。此外，因为一人只有一张学习单，所以两个人只有相互配合才能找出答案。每个小组都无比专注，同伴之间也有非常多的讨论与交流。

教室里有两位教师。其中一位教师正在观察学生们的工作，于是我便和她聊了几句。

“我希望他们能够熟练地掌握数学中的各种表达方式。在我看来，数学能帮助学生了解世界的发展趋势，并建立模型。这个数学、科学与技术单元主要讨论的是形态与功能的关系，今天的练习是其中的一小环。之后，我们还会学习解剖学和生理学，研究身体器官的形式和功能，以及人体的各类数据。”

我还去旁听了一节西班牙语课。课上，学生正在观看一段西班牙语的视频。视频中的双方分别是美国国务院政府官员和评论员。这些评论员就国务院出台的根除哥伦比亚可卡因的计划提出了异议。学生们面前有一张学习单，上面的问题是：（1）熏蒸可卡因计划对可卡因市场有什么影响？证据是什么？（2）熏蒸计划对哥伦比亚人民有哪些影响？证据是什么？

接下来，我去到了第二学部的艺术与人文课。艺术与人文课每一年的关注点都有所不同，今年的重点是美国国内，明年则是国际。这一学年的主题是“在冲突与妥协中理解美国的自我定位”。在学校给我的课程介绍中，这门课的介绍是这样的：“今年艺术与人文课的核心问题是我们是谁以及是什么造就了今天的我们。我们将用这两个问题来剖析美国的具体情况。我们将从美国历史的三个时期出发，去理解一场危机或一系列的危机如何对美国造成了深远的影响。”学生们将会学习的三个历史时期分别是：殖民地时期与独立战争前的美国、内战时期的美国，以及20世纪60年代的美国。

这个班级被分成了两个大组，每组10个人，每个教师带一个组。

“今天，我们要细细品读一下《红色英勇勋章》①的第17章，”教师开始说道，“我知道你们可能还没读到那里，不过文学评论家说这一章是本书的重要转折点，所以我想带着大家一起读一读。在读的时候，如果你们同意文学评论家的意见，那我们就来着重讨论一下为什么它是一个转折点。我们还将品读一下意象这种写作手法，看看作者如何用形象生动的语言在读者脑海中呈现出了画面感。一会儿在读的时候，这份学习单能帮我们重点体会一下这种手法。”

我看到学习单上有4个空白的框，每个框都标注出了不同类型的意象：动物、自然/环境、宗教/权威，以及机器。学习单的底部列有几个问题：这些意象激发出了什么情绪或者感觉？这映衬出了什么样的主旋律？这几组意象是否有相互矛盾的地方？我们如何理解这其中的矛盾？这里的亨利（主人公）与我们之前读到的，特别是第15章的那个亨利有何不同？我们应该如何理解和整合这种差异？

让我们在脑海中做一个比较：学生们在这3节课上遇到的挑战和讨论，与我们在第2章探校时观察到的有何不同。帕克学校的课更像是大学的研讨会，与“排名最好的”高中里的AP课程完全不一样。而且，帕克的每一天都是这样的，我描述的景象并不是精心编排给来访者看的公开课。这是我第三次参观帕克了，随着教学项目逐渐成熟，教师能力不断提升，每一次来帕克，我发现学校的教学都较前一次有了不少改进。

---

① 是美国作家史蒂芬·克莱恩创作的一部小说，讲述了美国内战时期一位士兵的故事。

◎ 听听教师怎么说

观察了几节课后，我与学校的教学院长黛博拉·梅里安（Deborah Merriam），以及4位教师进行了几分钟的交谈。这些教师都是自愿来回答我的问题的。（学校每年都要迎接成百上千名来访者，大家都想来了解一下新的教学方式。教师们把为来访者答疑解惑当成了工作的一部分。）我问梅里安，学校是如何帮助教师成长的。“我们有一个专门针对新教师的教学评价量表，”她说，“而且，大多数课程都实行团队教学，每个教师团队每天都有两个小时共同备课的时间。在此基础上，每周三学生都会提前放学，所以教师们每周还有两个半小时的时间开教师会议。在这个会上，我们经常一起查阅学生的作业，或进行一场职业发展培训，或分学部开会。除此之外，教师们每月还有一次‘伙伴审辨互助小组’，几位教师可以借此机会查看彼此班上的作业，以终为始，从成果出发倒推可行的教学方法。”

一位教师告诉我：“我们在学校做的每件事都是公开透明的。无论是单独授课还是合作教学，其他教师可以随时来听我的课。而且默认的开会内容就是探讨学生们的进度与成果。”

我问教师们在帕克工作最令他们满意的是什么。我听到了以下几类回答。

“教给孩子们真正有用的能力，而不是单方面地灌输信息。”

“教师们通力合作……在教学内容和教学法的选择上有很大的灵活性……我们在一个团队中共同承担责任。”

“帕克是一个很人性化的地方。你有时间去了解班上的孩子们。有（来自家长和学校领导的）支持来推动孩子们向前，帮助他们发挥自己的潜能。（还有）我们给予学生的尊重，以及他们回馈给我们的尊重。”

“最有挑战的部分是什么？”我很好奇。

“面对自由和灵活的教学安排，一些教师会有点手足无措，”一位资深的学部主管回答说，“他们习惯了照本宣科。每当看到一个教师难以适应时，我都有些苦恼。你不能像在传统学校那样，关上教室的门，假装什么都没有看到，继续埋头自己干自己的。”

“有时候交流挺难的，”一位同事补充说，“不管是面对一个有药物滥用问题的孩子，还是一个你不太认同的同事，怎么开口真的很伤脑筋。”

“让所有学生都能达到我们所期望的水平，即使是那些有学习障碍的学生。”另一位同事补充道。

◎ 听听学生怎么说

我与3位十二年级的学生聊了聊她们的毕业项目，以及她们在这所学校里最看重的东西。这3位学生分别是凯尔西、雷切尔和阿丽尔。

凯尔西正在为她的毕业项目制作电子摄影集。她想要在大学里学习兽医预科课程。凯尔西告诉我：“在这里我总是能自己做选择、做决定，所以我成了一个真正的学习者。我以前很不擅长考试，而在这里做项目让我终于有机会展示自己的优点了。现在我在考试中也能取得好成绩。学校就像我的家一样，我特别喜欢这种氛围。”

雷切尔的毕业项目是设计一份适用于失重环境的菜单。为此，她先研究了太空对身体的影响和人类需要的营养元素。“在这里，我最喜欢的是你可以质疑任何事情。我表妹在附近的一所高中上学，她不知道教师布置某一份作业的目的是什么，也不敢去问原因。而在帕克，你问什么样的问题都可以，没有人会介意。”雷切尔已被乔治·华盛顿大学提前录取了，她打算在那里学习地理学。

阿丽尔正在研究动画的历史，同时还在网上学习三维电脑动画的课程。在她的毕业项目中，阿丽尔会制作一段3到5分钟的视频。她列出了一长串学校里她最看重的东西，包括“一种社区的氛围。我们可以直呼教师的名字，这样一来教师就像朋友一样融入到了我们的社区里。我们非常清楚我们做某件事情背后的原因。我们做的很多活动都和现实世界直接挂钩，比如刚刚结束的模拟审判。我还喜欢每个学期都是不同的。我可以尝试新的东西，而且好像永远不会感到无聊”。阿丽尔将在大学追求她的艺术梦想。

当我问及她们学到了哪些能力时，3个人都提到了写作，特别是论文写作。在写作能力提升的同时，她们还收获了自信心。除此之外，3人的演讲能力也取得了进步。“我刚来的时候特别害羞，”凯尔西说，“做得多了以后，我现在可以很自然地站在大家面前发表演讲了。”最后，她们告诉我，她们还学会了如何有效地管理时间。

“学校有哪些可以改进的地方？”我问。

凯尔西和雷切尔都希望学生群体可以更加多元（现在的学生群体大多是白人和中产阶级，这反映了学校周围社区的人口结构）。而阿丽尔希望学校能提供一些教科书作为参考。她解释说：“现在我不得不把所有的讲义都塞进活页夹里，但是它们很容易就乱了或者丢了。”

当然，要评估一所学校的教学，最好的方法就是去了解其毕业生在大学及以后的表现。因此，我采访了一名帕克的毕业生。凯特琳·勒莫恩（Kaitlin LeMoine）是第一届完整地在帕克从七年级读到十二年级的学生。她2001年从帕克毕业，并于2005年以优异的成绩获得布朗大学的学士学位。她目前就职于马萨诸塞州剑桥市的展望山学院特许学校（Prospect Hill Academy Charter School），同时负责一些教学和行政类的工作。

我问凯特琳，帕克为她在布朗大学的学习打下了哪些基础。

“这可就多了！”她感叹道，“在帕克的那几年，我好好地打磨了写作和演讲技巧。我学会了表达自己的想法并审辨地看待问题。我还学会了怎样在一个长期项目中合理地管理时间。这些是大学最最需要的能力。此外，我还会迭代自己的工作，给他人提供反馈，而这两个能力是其他布朗新生非常欠缺的。”

“我也学会了如何与老师相处，怎样找到可以帮助我的人，如何提出问题，如何据理力争和毛遂自荐，以及为自己的学习负责。我还练习了我的领导力。因为帕克是一所非常小的学校，学生很容易提出想法并付诸行动，甚至给大家带去积极的影响。我已经具备了这个能力，只需要在布朗继续保持就可以了。”

“帕克准备得最不足的地方是什么？”我好奇。

“考试，”凯特琳笑着说，“除了SAT，我到布朗大学前没有参加过任何计时的考试。但帕克教会了我如何寻求帮助，所以我很快就找到了一个擅长考试的同学，麻烦她给了我一些指导。”

“我们对第一批毕业生进行了采访，”黛博拉·梅里安在我参观学校时分享说，“他们说，学校没有教他们如何考试，因此我们现在安排了更多的考试。”令我震惊的是，虽然学校拒绝帮学生备考MCAS，但他们却听取了毕业生的意见。毕业生希望学校能教更多考试技巧，学校便对课程进行了相应的调整。

从这3所学校的教学模式中，我们可以看到“基础知识”和七大生存力是如何相辅相成的。的确，今天全美上下不同类型的许多学校都在评估和教授这些能力。我们还可以观察到，这些学校的毕业生真正地做好了上大学与步入职场的准备。他们也知道如何把这些能力运用到公民事务中，因为这群年轻人已经养成了积极参与、博闻多识和为信念据理力争的“思维习惯”。这些学校，以及美国上下类似的学校，他们的毕业生学会了如何审辨、合作、适应不同情况、主动进取、交流沟通，以及获取和分析信息。他们也有好奇心，有想象力，有努力工作和出人头地的动力。简而言之，他们已经为21世纪的工作、学习和生活做好了准备。你觉得和那些“优秀”的传统学校相比，这3所学校有何不同？

在本章中，我们访问的3所学校规模都比较小，且允许“学生因需择校”，其中两所是特许学校。那么，小型学校、特许学校和“因需择校”是否就是许多人寻求的灵丹妙药？这种结构性的变化能否改善所有学校的教学情况？不幸的是，答案并不那么简单。在10所小型高中或特许学校中，大概率只有一所能脱颖而出，而剩下的9所与隔壁的传统综合高中并无二致。

或许这3所学校教会我最宝贵的一课是：尽管成功的学校看起来各不

相同，它们也许是特许学校，也许不是，但这些学校都有一套相似的教学原则。这套原则与第2章的学校，以及其他小学校形成了鲜明对比。在原则的基础上，这3所学校对教师的期待与支持也是它们得以成功的关键要素。在结语中，我们将探讨这3所学校相通的原则与理念，并整理剩下的一些需要考虑的问题。

结语：一些答案，更多问题

教育界的辩论往往停留在意识形态和理论层面，而忽略了最重要的一点，那就是教师与学生每天在教室中所进行的交互。这本书之所以带大家走进如此多的课堂，就是为了让你更好地了解我们的孩子在公立学校中正经历着什么。这样我们才能站在同一水平线上探讨教育的发展方向。评估制度和教师认证等政策，学区课程和教师职业发展培训，教师评估与终身编制，其实衡量这些议题的核心标准就是它们是在支持还是在阻碍教学的进行。

有一些教学法超越了时间和空间的束缚，广为流传，沿用至今。无论是在2500多年前，还是现在，苏格拉底在人们心中始终都是一位优秀的教师。然而，在今天的课堂上却很少有教师在践行苏格拉底反诘法，相反，大家都狭隘地把精力放在了死记硬背上。苏格拉底通过提问来教学，这在如今仍被视为最前沿的教学法，法学院与商学院都在广泛使用这种教学方式。使用得当，它不仅可以帮助学生提出好问题、深入思考，还能培养他们的推理、权衡证据和清晰沟通的能力。在不同时代、不同国家，这些都是社会精英必须具备的能力。

不过，教学与学习也不能脱离所处的时代与环境。19世纪，在单室学校里为一小部分学生提供教学就已经足够了。在那个农业时代，大多数人都在靠双手工作，对书本知识的需求非常少。然而，当我们迈入20世纪，进入一个更为城市化的工业时代时，有效的教学就意味着在流水生产线般的学校里教“3个R”，“批量生产”大量的学生。因为只有这样，我们才能把农村劳动力与移民迅速培养成合格的工人与公民。这类学校的大多数特征一直沿袭到了今天。

近来，学校的教学除了越来越注重为考而教之外，几乎看不到其他任何变化。然而，与此同时，这个社会的需求已经发生了巨变。让学生们掌握3个R，把各个词类倒背如流，记住每个州的首府，背下著名战役的日期和将军的名字，所有的这些已经远远不够了。面对如此高的辍学率与毕业生捉襟见肘的能力，我们不能再坐视不管了。面对全球化带来的竞争，非技术或半技术的高薪岗位在这个国家已消失殆尽，任何可实现标准化的工作都在走向自动化或离岸化。渐渐地，只有21世纪的知识工作者才能胜任高技术的工作，因为他们知道如何不断改进产品与服务，或创造全新产品。

在短短数十年里，这个世界在三个方面发生了翻天覆地的变化，而我们的教学方式也应当做出相应的改变：

- **为了能在全球知识经济中茁壮成长、成才，所有学生都需要掌握新素养**。为了获得好工作，并在这个民主社会成为积极参与、博闻多识的公民，今天的学生、明天的职场工作者需要学习和掌握七大生存力：审辨思维与解决问题的能力、跨领域合作与影响型领导力、随机应变与灵活适应、积极进取与勇于开创、有效的口头交流与书面沟通、获取与分析信息的能力、好奇心与想象力。不仅仅是精英阶层，今天所有的学生都需要苏格拉底教授的能力。
- **在互联网时代，使用新信息解决新问题比在记忆中提取旧信息更重要**。如今，信息巨浪更新换代迅速，数量庞大。作为独立的个体与终身学习者，我们需要知道如何获取和分析这些信息，而不是死记硬背具体的知识点。今天的学生必须准备好将他们所学的内容应用在新的场景与挑战中，而不是背诵脑海中的考点。
- **与前几代人相比，今天的年轻人有着这一代特有的动力**。在网络的包围中长大，现在的年轻人充满好奇，善于同时兼顾多项任务，他们渴望即时满足与实时通信。他们有创造力，希望有所作为。这群年轻人需要并且重视前辈的引导和建议。不过，前提是前辈们尊重他们的能力和梦想，还要将心比心地建立真诚的联结，而不是居高临下。

好学校与好课堂是什么样的?

尽管我在上一章中提到的学校和学生群体在诸多方面各有不同，但它们还是有一些共性。为了应对上述三大变化，这3所学校的教育工作者都在积极地打造一种新的教学模式。这些学校的日常与大多数传统学校，以及你我学生时代所经历的学校有着惊人的区别：

1. **学习和评估的重点**。在这3所学校中，教学的主要目的都是培养终身学习所需要的核心素养。教学不再以背诵为中心，转而强调权衡证据、推理和分析。研究、写作和高质量的口头交流远比选择题的对错更重要（不过，这3所学校多年的经验表明，学习了审辨思维的学生在考试中也能取得不错的成绩）。这些能力更符合现实世界对学生的要求与期待。学生需要定期以口头或书面的形式公开展示对这些核心素养的掌握情况。只有证明自己在各方面都达标了以后，学生才能升入下一个年级或是顺利毕业。
2. **学生的动力**。在这3所学校中，激励学生学习的都是3种截然不同却相互关联的动力。首先，无论是在校内还是校外，学生周围的成年人都与他们有着紧密的联系。在所有这3所学校里，教师们对每个学生都非常熟悉。除此之外，导师小组有一位固定的教师与学生们频繁地见面，大家的相处模式就像家人一样。在校外，学生们可以和实习工作中的带教教师一起做项目。其次，学生有机会钻研他们的问题和兴趣，这是自主学习的原动力。最后，在这些学校里，学习不仅是个性化的，也是实践性的。这样一来，学生会直接应对真实的问题，并在作品中展示出自己的个性——他们相信什么和关心什么。你可以在每一次讨论、项目、实习和论文中听到每个学生独特的声音。
3. **评估制度和教师发展**。这3所学校都非常重视学生成果的质量以及毕业生的发展。它们都没有用标准化考试的成绩来检验教学水平，而是用学生在现实世界取得的成绩来评估办学质量。他们定期从外界寻求反馈以了解学生作品的质量和在实习中的表现。他们还会跟进毕业生在大学和职场的情况。最重要的是，他们会利用这些信息不断完善现有的课程。

通过改革人员结构与激励措施，这3所学校让教师们也产生了不断改进教学的动力。首先，由于学校规模小（毕业年级的学生人数不超过100人），教师与学生会朝夕相处很长一段时间，师生之间有非常深厚的关系。学校有意识地在培训和培养教师，而教师们也把学生的成功视为己任。而这份育人的责任是由一个教学团队共同面对与承担的。在3所学校中，教师们的课堂永远对他人敞开。他们不仅经常进出彼此的教室，开展团队教学，而且还会探讨不同班级学生的成果的质量。众所周知，好的学生作品反映出的是高质量的教学。

需要特别指出的是，这些学校还开创了教师工作的新模式。尽管工资与周围公立学校教师的相当，这些学校的教师工作时间更长。此外，学校与教师们签订的都是一年制的合同，不提供终身编制。尽管如此，据我观察，与传统公立学校的教师相比，他们对自己的工作却更加满意。这是因为教师们感受到了尊重，同时也因为他们工作的独特性。在日常工作中，这群教师需要动用大量的脑力，特别是在设计新单元和评估学生成果时，教师们还需要用到七大生存力。还记得吗，在第4章中安德烈亚斯·施莱歇尔提到了芬兰在PISA考试中位居榜首的原因，因为它“依靠一线教师的观察、经验和创造来不断改善教学制度”。这就是这3所学校的真实写照。

与此同时，这3所学校的教师并不是孤军奋战，也不是偶尔进行一次团队教学。学校直接把大家分成了教学团队，让每个团队共同对一组学生负责。与大多数公立学校的教师相比，这里的教师有更多备课时间与参加职业发展培训的机会。这样的工作氛围有效降低了教师的流动率，所以学校很少开缺，而每次开放一个岗位，申请者就会蜂拥而至。

此外，这3所学校中的两所——高科技高中和弗朗西斯·帕克——正在筹备新的师范项目。与传统教育学院不同，全新的师范项目会类似于医学院的临床实践和长期的规范化培训。尽管这3所学校由几位颇具前瞻性的教育开拓者创办，但在新一代校领导的管理下已越办越好。更令人欣喜的是，这些学校通过复制教学模式或指导他人，创办出了越来越多优秀的新学校。这些学校的成功绝不是伟人领导下的小概率事件。最后，这3所学校的运营成本与附近的公立学校并无二致。我想说的是，只要我们愿意、肯干，这些学校的模式是可以复制的，我们也能打造出这样的学校。

来自家长、教师和社会各界领导的问题

在编写本书的过程中，我向好多人分享了书中的核心观点。大家提出了宝贵的反馈和问题。随着这本书临近尾声，也许你的脑海中也浮现出了这些疑问。我当然不会假装知晓所有的答案，但这些问题与想法或许能引发一些共鸣或带来思想的碰撞。

问：你并没有深入讨论学科和知识点相关的内容。为什么？

答：我认为有些信息是所有学生必须要熟记于心的。一门学科的核心知识点，还有文学评论家兼作家E. D. 赫希（E. D. Hirsch）所说的“文化素养”，都是很重要的内容。学生应该把乘法表倒背如流吗？学生应该对地理、美国史及世界史有基本的了解吗？他们应该读莎士比亚的作品？他们需要会讲一门外语？我的回答是肯定的。

然而，除此之外，学生还需要掌握哪些时代、哪些地点的哪些知识点？这就开始让人有点头疼了。例如，E. D. 赫希列出了一份文化素养清单，上面并没有提到逊尼派和什叶派的文化以及两派长期以来的冲突。可是，如果缺乏这方面的知识，学生根本无法理解如今中东正在发生的事情。同样，大家都比较认可把莎士比亚的作品列进高中的经典书目。不过，像伊朗作家兼教授阿扎尔·纳菲西（Azar Nafisi）的《在德黑兰读〈洛丽塔〉》这样更现代的作品，像2003年获得诺贝尔奖的南非小说家约翰·马克斯维

尔·库切（John Maxwell Coetzee）这样的世界文学巨匠，或者像在海地出生的美国青年作家埃德维奇·丹提卡特（Edwidge Danticat），她的作品发人深省地刻画了移民的经历，我们的学生是否也应该了解这些作家与他们的作品？

一旦开始界定核心知识点，很多问题便会接踵而至。首先是海量的内容，而且数量还会源源不断地增长。在科学领域，被认定的“事实”也应当被不断更新，比如最近我们修改了行星的定义。而人文学科的内容也在继续扩大，在专家学者们都无法对“必读”书单达成共识时，你应该如何从上述作家和作品中选出学生应该了解的内容？不同领域对“什么是重要的”莫衷一是。过去的几年里，教进化论还是创造论（creationism）[①]在好几个州激起了广泛的热议和辩论。这说明，在该教什么这个问题上，我们的社会出现了巨大的分歧。

这些问题不是一句话就能回答的，也不是一天就能解决的。但我认为专业的教育协会，比如美国国家数学教师委员会（National Council of Teachers of Mathematics）、美国国家科学教师协会（National Science Teachers Association）和美国国家社会学科委员会（National Council for the Social Studies）需要定义出学科重点与评估标准。在第3章讨论教学评估时，我提到学术界和教育协会一直不愿意去界定学科的基本知识点和核心素养。这是因为做这些决定实在太艰难了。专家们不仅要清晰地说明像数学家、科学家或历史学家一样思考具体指的是什么，还要挑选出能支持学生进行终身学习的基础知识。当然，这些知识点和概念也是需要定期更新的。

最后，很明显我们不能抛开学科内容教素养。审辨思维、解决问题、沟通以及获取和分析信息等能力是需要和各个学科相结合的。学生需要在具体的材料中展开思考，进行写作，而问题解决能力最初就是在数学、科

① 创造论认为人类、生物、地球及宇宙是由超自然力量创造而来的。

学和社会学科的学习与实践中获得的。现如今，学科内容的存在不是为了单纯的死记硬背，它应当成为培养核心素养的媒介。学生们随时都可以上网搜索出葛底斯堡战役（Battle of Gettysburg）发生的时间或谢尔曼将军（General Sherman）是谁，但是要在谷歌上搜索和搞懂南北战争爆发的原因就没那么简单了。要理解这样一个问题，你不仅要会审辨，还必须对美国历史、经济等多个社会层面有基本的认识。正如你之前读到的，今天的高中很少教或评估这类能力和知识。

问：为什么你把关注点放在了高中的教学问题上？在我们的小学，甚至大学不也有类似的问题吗？

答：我们的确需要重新思考应该教给学生什么，以及今天的学生在每个教育阶段应当如何学习。对小学阶段学生应当学习的基础能力，我们已经达成了基本的共识，即基础的阅读、写作与运算能力。而且，在绝大多数情况下，这三类也是小学阶段最常评估的能力。当然，不可否认的是我们在阅读、写作与运算上的教学还有很多亟待改进的地方，比如，第2章中提到的小学课堂上的问题。同样，人们也普遍认同大学应该教授的内容，如解决问题、沟通、审辨和分析推理的能力。不过，许多人也开始质疑大学是否有更多进步的空间。大学也正在努力，就像我们在第3章读到的那样，为了评估大学生对各项素养的习得情况，全美250多所大学都开始使用《大学学习评估》。

然而，今天的高中与真实世界之间仿佛隔着一道巨大的鸿沟。学校安排的教学和考试、学校对学生的期待，与这个社会对学生的要求，以及学生认可的激励方式有着天壤之别。大量的高中课程和教学法已经有近百年的历史，它们早已被现代社会狠狠地甩在了背后。各州的标准化考试丝毫也没有触及当今世界最需要的能力。因此，在小学、中学、高中和大学这几个主要学段中，我认为中学和高中需要做出最大的改变，因为它们教授和评估的内容已经难以让学生在现代社会立足了。

问：你多次提到所有学生都应该“为上大学做好准备”，这一点也被

你用来评估高中的办学质量。那你认为所有学生都应该上大学吗？

答：我不认为只有上了大学，才能拥有一个有价值且成功的人生。有很多孩子选择不上大学，直接工作，他们享受通过劳动来养活自己。然而，我认为在上大学这件事上，所有学生应当有选择的权利。学校教师不能替孩子们做选择。然而，这种情况每天都在上演，即学生被安排到初级的数学或英语课，或者没人告诉过他们，他们可以去上大学，又或者没有人为他们提供升学指导和咨询。

关于“为上大学做好准备”，我想指出的另一点是，大学所需要的素养与职场的要求几乎是一样的。还记得之前提到的雇主调查吗？调查显示，在未来几年，雇主在录用高中毕业生时最看重的将会是他们的审辨思维。在采访中，企业领导还提到新员工最大的问题就是沟通能力太弱了。大学教师也说到，沟通与审辨是高等教育中非常重要的能力。除此之外，在一个民主社会中，沟通与审辨也能帮助学生成为积极参与、博闻多识的公民。

和大家一样，我也非常担心人们不能给予“蓝领”工作足够的尊重。蓝领工人主要靠双手工作或从事体力劳动。在大学的焦点小组中，一名学生这样说：“现在大家都有很多物质追求，竞争无处不在，大学不再只是富家子弟的天下。这逼得每个人都得去上大学，因为去工厂当工人是会被人看不起的。”小组中的其他人也点头表示同意。在过去的几年里，有的人告诉我他们的孩子大学上到一半转而操起了一份手艺活，比如，木工或渔船船长。虽然这些家长很支持孩子对人生的探索，但他们也说希望这只是一个过渡阶段，希望孩子最后还是会回到大学校园，从事一份“真正的”工作。

约翰·威廉·加德纳（John William Gardner）曾对这种偏见发表过自己的看法。他曾在林登·约翰逊（Lyndon Johnson）[①]总统手下担任健康教育与福利部部长，后来又创建了美国第一个公益组织——共同事业组

① 美国第36任总统，任期为1963—1969年。

织（Common Cause）。加德纳在其著名的《卓越》（*Excellence*）一书中写道："只要是社会认可的人类活动，无论它有多么不起眼，我们都必须学会尊重其精湛的技艺；而不管这项活动看起来多么崇高，我们也要批判其中的粗制滥造。一个卓越的水管工比一个不称职的哲学家更令人钦佩。如果一个社会因为水管工的不起眼而蔑视其中优秀的工人，却因为哲学的崇高而容忍敷衍了事的哲学家，那么这个社会既不会出现杰出的匠人，也不会有深刻的哲学。这个社会的管道会频繁地漏水，而哲学理论也只是半瓶子水响叮当。"水管工、木匠、电工还有汽车修理工等，这些不仅是有价值的职业，在今天也收入颇丰。这些岗位也越发需要人们具备解决问题、团队合作等能力。这不正是大学和"白领"工作期待学生掌握的吗？

由此引出了另一个我经常被问到的问题：

问：你提到的生存力难道不是只适用于某几类工作吗？

答：完全不是。在整理这本书的过程中，我发现最成功的企业都希望招到尽可能多的具备这些生存力的员工。在大企业看来，优质的人才是保持竞争力的关键要素。联合利华人力资源部的总监谈到，他们希望流水生产线上的员工有解决问题的能力。无独有偶，这也是丰田生产体系成功的关键。为了在全球竞争中占据优势，最优秀的公司正在紧锣密鼓地改进产品，而产品的推陈出新离不开一线工人的洞察、思考与实践。

最近，另一个应用持续改善的案例吸引了我的注意。这个案例来自服务业。丽思卡尔顿（The Ritz-Carlton）连锁酒店以其出色的服务享誉全球。《专家杂志》（*Expert Magazine*）的一篇文章解释了丽思卡尔顿成功的秘诀之一。从客房服务人员到门卫，再到前台服务员，每位员工都可以在2000美元限额内自行应对客人的问题，无须向上级请示。换句话说，丽思卡尔顿利用每位员工的主观能动性，允许他们积极出击去解决问题，并鼓励大家一起努力，争取让每一位客人满意。

问：你提到七大生存力是今时今日成功的核心要素。那10年后，它们不就过时了吗？到那时，年轻人是不是需要掌握另一套能力了呢？

答：我们可以这样理解七大生存力，它们是年轻人所需的基本工具与思考的基石。现如今，每个国家的社会、技术和经济都在迅速地变化，这种变化还在不断加速。七大生存力将帮助年轻人适应这种日新月异的改变，并根据自身需要获取新知识和新能力。因此，即便未来充满着不确定性，具备七大生存力的年轻人也能更有效地从容应对。

问：关于品德教育、价值观教育，你有什么看法？

答：我在《重新定义成绩》（*Making the Grade*）中提到了将价值观深植于教育的重要性。我在书中介绍了几所学校的故事。这些学校之前并没有重视对价值观的培养，直到近年来才开始重新思考如何培养学生的基本公民意识，比如宽容和尊重。我在我的第一本书《学校应如何改变》（*How Schools Change*）中分享了布林蒙学校的情况。书中详细地记录了布林蒙如何成功地让家长和教师重新开启对话，跟彼此分享他们希望培养学生哪方面的品质。丹尼尔·戈尔曼（Daniel Goleman）提出了情商这个概念，或EQ。他认为情商包括拼搏和坚持、尊重他人、觉察自己的行为，并欣赏与自己不同的人。我一直相信，这些品质对整个社会与文明的发展有着举足轻重的作用，也和每个个体的成功与幸福息息相关。如果情商不够，一个人纵使智商在线、七大生存力俱全，也不会走得太远。

我还认为，七大生存力中的一些素养与情商有着紧密的联系。那些学会了合作与审辨，并且富有自信心的学生往往也能做出更好的道德判断。教育的终极目的到底是什么？我最欣赏让·皮亚杰（Jean Piaget）对这个问题的解答。他写道，教育的最终目的是为了在理性与感性层面中克服自我中心主义。不以自我为中心的理性意味着我们需要推理和举证，而不会被浅薄的观点、偏见牵着鼻子走，也不会迫于压力而顺从于异议。不以自我为中心，在感性上意味着发展皮亚杰所说的互惠性（或同理心）。

道德教育也离不开父母的参与，单靠教师们的力量是不够的。如果家校之间不能相互配合、互通有无，道德教育便会更加举步维艰。我相信，家庭与学校需要齐心协力，找出我们对所有学生统一的道德期待与学术要求。

开启崭新的对话：我们的孩子路在何方？

改革教育靠的不是新法律的颁布或者政府的更替。能够左右未来教育的一个核心措施是打造更好的评估。不过，在研读各种政策建议之前，我们必须先坐下来好好聊聊。我们早该坐下来聊聊了，就从一个坦白和一个问题开始吧。我以为我知道学生需要学习什么，也知道好学校是什么样子的。毕竟我也曾是个学生，我也上过学，而且正是学校的教育让我走到了今天。然而，斗转星移，时代已悄然转变。也许今天的学生确实需要一些不同的东西。他们需要的是什么呢？

如果要让所有学生都具备21世纪要求的新素养，我们就必须进行系统性的变革，而且这个变革需要落实到每个客厅与教室，要植根于学校的家长教师联合会以及学区中央办公室。我相信教育的变革始于格局与心态的转变，一种成年人可以通过共同学习而发生的改变。经过多年的研究与实践，我发现好问题能促成真正的学习的发生，而唯有这类学习才能让改变持久地贯彻下去。以下是一些我们需要在每所学校和每个社区，在每个州政府和教育部，在国会，以及在各个教育组织中共同探讨的基本问题：

- 在过去25年里，我们的社会发生了根本性的变化。面对这种巨变，“受过教育”在今时今日意味着什么？一个准备好上大学、步入职场与履行公民责任的高中毕业生应当知道什么，能够做什么？既然我们不可能什么都教，那么最应该教的是什么？
- 在这个信息爆炸的时代，我们应当如何定义教学的“精准”？
- 哪些方式可以用来评估学生对核心素养的掌握情况？一个好的评估体系能让我们获取充足的信息来跟进学生的学习情况，检测他们的能力水平。那么建立这样的评估体系需要考虑哪些要素，进行哪些步骤？

- 如何在学校里激发学生的好奇心和想象力，帮助他们享受学习本身的乐趣？如何确保每个学生都有一个导师聆听他们的倾诉、熟知他们的个性、懂得他们的心思，且愿意为他们发声？
- 如何在支持教师的同时，也让他们为教学成果肩负起更多的责任？如果要督促教师持续不断地提升教学水平，我们应该在教师培训方式、校内合作方式，还有评估方式上做出哪些改变？
- 一所好学校是什么样子的？那里的学生是否对所有核心的能力都运筹帷幄？这些学校与我们的学校有何不同？我们能从中借鉴一些什么？

如果这本书的观点让你信服，书里的故事让你感同身受，那么接下来你可以组织大家讨论和反思在21世纪我们的孩子们需要知道什么，能够做什么，激励他们学习的最佳方式是什么。这种讨论无惧场合，你可以与餐桌上、阅读小组中或教学会议讨论小组的朋友讨论，也可以在家长会、教师会议上提出来，还可以和管理层、校董会，甚至与州立法机构的成员或国会议员探讨。无论讨论发生在何处，你要做的是发起这场别开生面的对话，并让它长期地持续下去。

你可以用上面列出的问题或之前每一章的主题作为讨论的大纲。你还可以组织大家观看罗伯特·康普顿制作的纪录片《两百万分钟》。该纪录片讲述了6名分别来自美国、中国和印度的青少年在学校里的经历。无论你用何种方式开启这场讨论，成功的关键都是用切中要害的问题激发发人深省的对话。因此，请抛开意识形态谈实践，带领大家去实践探究。这样的讨论不仅欢迎大家各抒己见，还会尊重各个角度的审思明辨。在这样的氛围里，人人都敢于询问：你是怎么知道的？你有什么证据？在为孩子们打造他们迫切需要的学校时，各位不妨躬行实践，试试发展自己的七大生存力。

在刚开始筹备本书时，克莱·帕克告诉我，当今职场最重要的能力就是问对问题，并能让他人参与到高质量的对话中来。刚开始，我还半信半疑。长久以来，作为教师的我也非常重视帕克提到的能力，但我很难相信它们在商界领袖的眼中也有着举足轻重的地位。而这几年的研究和探索逐渐印证了帕克的观点。不过，这些能力不仅是年轻人在职场立足所需的，更与我们每个人密不可分。只有具备七大生存力的公民才能为一个充满活力的民主社会添砖加瓦。为了下一代人的美好未来，我们必须直面挑战，迎难而上，做出改变。

我想以希勒尔长老[①]在千年前留下的经典哲思作为本书的结尾：舍我其谁？更待何时？

① 公元前1世纪犹太人族长，犹太教公会领袖和拉比。

作者漫谈

自本书出版以来，我有幸去到全美各地跟诸多读者有了深入的交流。这些读者中，有州教育部的主管，有公立和独立学校的教师与家长，还有各个社会组织、慈善机构、商界和军队的领导人。我还曾与中东和东亚的领导们进行了谈话。从巴林到中国台湾，从华尔街到西点军校，大家的反响都出奇地一致。读者们无一例外地对七大生存力的价值表示了肯定。同时，即使是那些在AP考试与州级考试中成绩优异的学区，所有人都与我一样为大批缺乏生存力的高中毕业生倍感忧心。

自然，我最常被问到的问题就是："我们该怎么办？"幸运的是，经过过去几年的努力，我们找到了一些令人欣喜的解决方案。在这个简短的后记中，我会列出弥合"全球成就差距"的基本步骤。在后记中，首先，我们会探讨除了考分以外，学校和学区可以如何改进教学评估制度。在这个部分，你会读到弗吉尼亚海滩市公立学校的教改故事。接着，你还会读到在美国和其他国家的学校中，教师们为改善教学而进行的各种尝试。大多数的举措和例子都表明，我们作为教师、家长、企业和组织领导人需要与政策制定者一道推动评估制度的更新换代。

评估的重中之重：所有毕业生都为上大学、进职场、履行公民责任做好了充分准备

为了提升全社会对教育改革的关注度，关键的第一步是另辟蹊径，采取新的战略规划。以往，各个学区每隔几年就会开会制定一个新的战略规划。参与人员主要是各个学校的教育委员会，而很少听到社会上的其他声音。这些会议往往只会产出一些冗长的书面文件，尽管里面白纸黑字地列

出了5年目标（如把考试成绩提升多少个百分比），可真正落实到课堂上的改变却寥寥无几。不过有一次，一位学区主管调整了战略规划的形式，增加了社区参与，还让教育工作者边调研边学习。最后，这种新形式成了进行重大改革的固定模式。这个人就是吉姆·梅里尔（Jim Merrill），今年是他在弗吉尼亚州弗吉尼亚海滩市担任学区主管的第四年。

吉姆负责的学区是该州第三大学区，覆盖了7万名学生，其中少数族裔占了45%。吉姆于2006年被推选为学区主管。当时，该学区所有学校都在州级考试中完成了规定的“年度学业进度”，还获得了其他各项认证。这些成绩让吉姆的学区在全州享有极高的声誉。然而，吉姆担心的是，弗吉尼亚州的考试（和其他大多数州级考试一样）只考查基本技能，并且通过的要求极低，只要“及格”即可。因此，这类考试的成功并不能用来衡量学生是否能应对大学的学习或职场的工作。在他上任的第二年，吉姆和学区领导层放下手头的事情与我开了一天闭门静思会。我们决定推翻之前战略规划会议的形式，转而让社会各界参与进来，一起探讨社会的需求发生了哪些改变，以及当下学区应当培养出什么样的毕业生。

在学校教育委员会的配合与支持下，弗吉尼亚海滩学区开始收集各种数据作为战略规划会议的重要参考。第一，他们与当地企业和大学教师进行了焦点小组访谈，确定学生成功所需的各项能力。第二，他们邀请部分十二年级学生参加了《大学与工作准备充分度评估》（详见第3章）。从评估的结果中，学区了解到，尽管这些学生在州级考试中成绩斐然，但是这次评估中的佼佼者跟其他参与评估的大学新生相比，仅排在最后25%。第三，他们仔细研究了州政府使用的高中毕业率计算公式，发现该公式并不准确，甚至过于乐观。和大多数州的情况一样，这个计算公式拔高了学区的高中毕业率。这个公式的计算结果显示，吉姆所在学区的高中毕业率比美国平均水平高出了10%以上，达到了82%，但吉姆却并不认可这一数字。最后，他们联系了美国学生信息中心（National Student Clearinghouse）[①]，该中心为他们提供了大学入学率与毕业率等数据。为了更好地利用这些数据，学区随后与当时的高中应届毕业生进行了焦点小组访谈。学区想借此了解，在学生看来，为了帮他们为未来做好准备，学校在哪些方面已尽善尽美，而在哪里不尽如人意。

在前期充分的调研之后，一场社会各界参与的会议把整个战略规划推向了高潮。大家齐聚一堂，研究收集来的信息和其他的学区数据。同时，人们还各抒己见，探讨在这个不断变化的世界中，弗吉尼亚海滩的毕业生最需要具备哪些素养。在2008年夏天一个惬意的夜晚，近1000多位教育工作者、家长、社会各界人士聚在弗吉尼亚海滩市会议中心。经过一个小时的展示与介绍，大家浏览了各类数据，观看了焦点小组的访谈视频。接着，人们以桌子为单位，每组10人进行了长时间的交谈。每个人面前都有一个长长的清单，上面列出了不同的学习重点供众人选择。随后，大家的“投票”结果被迅速地整理了出来。令许多人惊讶的是，这1000多人对未来几年学区应当优先考虑的目标已经有了基本的共识：几乎每个人都把审辨思维和解决问题的能力列在了前几位。

利用这些信息，吉姆、学区工作人员和学校教育委员会制定了一个有别于以往的战略规划。之前，学区自行撰写的规划书不仅长篇大论，还经常把宏观目标、优先事项和措施混为一谈。而如今这份《教育战略规划书：成才成功2015》（*Compass to 2015: A Strategic Plan for Student Success*）非常精简，只包含1个宏观愿景、4个学生成功素养和5个战略目标。其中，每个目标下都列出了具体的措施和考查方式。整份规划书仅有一正一反两页纸！我摘录了该规划书的部分内容，不包括具体目标与措施。（你可以从弗吉尼亚海滩市的学区官网了解最新规划，目前已更新到2025年）。

① 美国学生信息中心向全美多家教育机构收集和分享学生的录取、学位和学历信息，涵盖了美国公立和私立教育机构近98%的学生。

◎ 宏观愿景

VBCPS（弗吉尼亚海滩市公立学校）的长期愿景是让每个学生都为未来做好充分的准备，并能成功毕业。短期目标则是在2015年以前，95%以上的VBCPS毕业生能掌握21世纪学习者、职场工作者和公民所需具备的素养。

◎ VBCPS学生成功素养

我们的主要重点是教授和评估学生作为21世纪学习者、职场人和公民所需要的素养。所有VBCPS的学生都需要：

- 熟练掌握学科内容
- 成为有效的沟通者和合作者
- 成为具有全球公民意识、独立、负责任的学习者和公民
- 成为能审辨、能创造的思考者、创新者和问题解决者

◎ 具体战略目标

1. 所有教师通过使用创新的教学方法和科技手段，让每个学生都积极参与到有意义的、真实的与精准的学习中，进而激励他们成为自主且有探究精神的学习者。
2. VBCPS将制定并实施一个兼顾内容与能力的评估系统，该系统能准确反映出学生对VBCPS成功素养的掌握情况。
3. 每所学校在促进所有学生进步的同时，还要兼顾弥合不同学生群体之间的差距，非裔美国男性学生的学业情况要予以重点关注。
4. VBCPS将邀请家长、社会人士与商界领袖以教学合作伙伴的身份积极地支持学生的学习与素养的养成。
5. VBCPS将大力培养领导层的中坚力量，提升教职员工的核心竞争力，并优化所有资源，以顺应教学部门的战略方针，实现各项

素养目标。

接下来，该学区的领导层开始为4个学生成功素养制定相应的教学和评估。他们决定先定义审辨思维的含义，特别是审辨思维在课堂上的具体表现。为此，学区中央办公室和各个学校的校长开展了我们在第2章中介绍的“听课漫步”。在学区官网上可以读到大家对这次“听课漫步”的总结，以下是部分摘录：

> 上一学年，我们把关注点放在了审辨思维上。我们想了解审辨思维在课堂参与、提问和工作成果中的具体表现。本学年，领导层听课漫步的重心仍是寻找审辨思维在课堂上的痕迹。不过，校长们需要根据《教育战略规划书：成才成功2015》明确各自学校的关注重点。这样一来，学区便可以有针对性地应对不同学校的内在需求。每次听课漫步结束后，学区都会与学校领导层进行交流和讨论。
>
> 与此同时，考虑到部分利益相关者可能会有这样的疑问：审辨思维的判断标准是什么？弗吉尼亚海滩市公立学校的校长们共同拟定了一份审辨思维特征清单：

- 学生能成功地解决教师提出的高阶问题。
- 面对“不这样做会发生什么”（相关性问题、假设性问题、原因性问题），学生能给出有意义的回答。
- 学生能提出更高层次的问题。
- 学生能积极主动地参与真实的学习活动，和/或创造真实有用的成果。
- 学生能用事实证据和数据来支持和补充自己的立场。
- 学生能想出各种各样的想法和解决方案来分析和应对新问题。
- 学生能发现并提出特定场景中的内在问题。
- 学生能把学到的知识应用到更复杂/更难界定的情况中。
- 学生能使用并解释正确的思维方法（推理、决策、解决问题、做出判断）。

- 学生能评估和交流自己的想法。
- 学生能利用已有的知识进行预测或与新信息建立联系。
- 学生能挑选、创造、使用和交流各种工具的功能与效率，如信息组织图或网格纸。

教育不再仅仅是教约翰尼（或胡安）识字和阅读。教育是教他用审辨的眼光去阅读，去解释书中的内容，并将他所读到的信息与真实生活联系起来。在要求学生审辨地思考和反思的同时，我们也要以身作则。听课漫步是我们共同的取经之旅，它帮助我们更好地了解孩子们的需求，改进教学方式，并更清楚地界定我们对学生和对自己的期望。

“这是我职业生涯中做过的最艰难的工作，”最近，吉姆这样对我说，“我们想要实现大范围的改革，就意味着要兼顾‘两个赛场’。我们一个肩膀上扛着州政府的评估标准还有‘年度学业进度’的指标，另一个肩膀上是我们给自己设置的更高的要求。这两个肩膀都得挑起重任。有时真的压得人喘不过气来，但我知道我们在做正确的事情，一切都是值得的。”

评估学生对核心素养的掌握情况

最近，大家都在热议是否要把学生成绩作为教师评估的一部分，以及是否奖励那些教出高分的教师。尽管我举双手赞同改进教师评估方式并逐步取消教师编制，但把学生成绩与教师工资挂钩这件事，我认为有很多潜在的弊端。也许部分教师通过投机取巧提升了学生的分数，但却不一定促进了他们的学习。同时，绩效竞争也会增加教师们之间的敌对意识。我们在之前提到过，分数并不能直观地说明学生对知识和能力的掌握情况。如果你往前翻，再读读弗吉尼亚海滩学区列出的课堂审辨思维清单，你可能会发现一些有趣的事情：完全找不到“教师”和“考试”这两个词。吉姆是这样解释的："刚开始做听课漫步的时候，我们靠教师的言行来观察课堂上审辨的情况。但我们很快发现，唯一能用来判断一堂课是否在鼓励或发展审辨思维的是学生们在说什么，做什么。"

评估课堂教学质量最有效的方法就是系统地考查学生的成果，并定期要求学生"展示所学"。这个方法同时也适用于检测学生是否具备了大学、职场和民主社会所要求的素养。还记得我们在第6章提到的高科技高中吗？当我问高科技高中的本·戴利，他们如何评估教师的教学时，他就说了一句话："我们以学生成果的质量来判断教师的教学能力。"第6章的3所学校都要求学生用毕业项目和作品集来展示核心能力的掌握情况。学生必须在"实作"中展现他们的"实力"。就像在竞技体育或艺术领域，考核专业能力的唯一方式便是站在跑道上或拿起画笔。

越来越多的人开始考虑把毕业项目纳入十二年级的评估中，因为它的确能非常有效地考查学生的审辨思维与沟通能力。从2008年开始，罗得岛所有公立学校十二年级学生只有在完成了一个"基于实作"的评估后，才能毕业。罗得岛教育部的官网显示，这个新要求"是为了回应大学和雇主的担忧，那就是即使是成绩优异的高中毕业生也并未做好上大学和步入职场的准备。如果要顺利完成大学学业，在职场立足，高中生就必须学会打开思路、解决问题、在小组中工作、在公共场合发言，并将所学应用于现实世界。文凭制度应当确保所有学生都能在学术和职场中竞争，并能为社会做出贡献"。展示可以是学生作品展（如项目或实习成果）或毕业作品集。教育部说："每项评估都应当围绕学生的个人兴趣或爱好来设计。"具体要求由各个高中自行决定。

在很多独立学校，还有基本学校联盟会的成员学校，毕业项目已经进行许多年了。我最近了解到的一所采用毕业项目的学校是位于得克萨斯州汉伯市的探求高中（Quest High School）。在十二年级的第二学期，探求高中的学生们会在小组内完成他们的毕业项目。项目由3个主要部分构成，分别是一篇20页的议论文、一个社区服务项目，以及一个公开展示。在项目的高潮，也就是展示环节，学生们需要在一个由评委、家长、教师、学生和社会人士组成的评审小组面前分享团队的成果与研究。基本学校联盟会提供一段30分钟的视频。你可以在视频中看到其中的一个小组是如何推进他们的毕业项目的。除了视频以外，联盟会还分享了一份7页的评估量表，里面详细地列出了各个考查维度。弗吉尼亚海滩学区的部分学校也要求学生完成类似的毕业项目。

要求十二年级在毕业前完成毕业项目，并提供作品集，这样的创新举措对于教育改革来说意义非凡。如果将类似的要求推广到每个年级的每个课程，形成从小学到初中，再到高中一整套连续且系统的“毕业要求”，其成效将会更加明显。著名教育家黛博拉·迈耶创办的传教山学校（Mission Hill School）就为我们提供了一个良好的范例。这所位于波士顿的K-8公立学校要求所有学生制作一份详尽的作品集，并在公开展览中展示自己的能力。作品集和展览都是八年级毕业时的考查重点，而学生们从六年级就开始为此做准备。

另一个要求学生展示能力的例子（我很遗憾在筹备本书时没有对这个项目进行更深入的研究）是IB课程。IB课程的设计初衷是规范世界各地不同学校的课程要求，现如今已发展成为一套贯穿K-12、评估七大生存力的教学法。学习IB课程的高中生必须完成至少6门IB课程，还要参加极其严格的考试。考试重点考查的是学生能否应用他们所学的知识。不过，跟考试相比更重要的是，学生还必须达到以下要求。

◎ 认识论[①]

认识论是IB课程中最重要的内容之一。它引导学生去质疑基础知识，带着审辨的眼光去重新审视我们坚信的事实并反思获取真相的过程。这门课主要探讨两个层面的问题，一是不同的知识来源（感知、语言、情感、

① 又译为“知识理论”。

推理），二是不同种类的知识（科学、艺术、数学、历史），例如：

- 现实是由我们构建出来的，还是由我们发掘和识别出来的？
- 知识是否总是需要某种理性基础？是否有一种知识可以完全通过情感来获得？
- 科学知识是不断发展的吗？科学知识一直在增长吗？是否有一天，科学领域所有重要的信息都能为人类所知？

◎ 创意、行动与服务（CAS）

IB课程的另一个部分是创意、行动与服务（简称CAS）。为了满足这一板块的要求，学生必须参加各类艺术活动（创意），体育、探险、当地或国际项目（行动），以及社会公益项目（服务）。CAS中的课旨在帮助学生觉察社区的需求，让他们有机会把课上所学用于现实世界的各种需求。同时，这类课程也让学生看到自己有能力带来改变，有能力为社区做出贡献。在这些项目中，学生必须拿出真真正正的作品，并为他人提供切实的好处。除此以外，学生也会在CAS课程中不断反思自己的表现。

◎ 专题论文

学生需要先选择一个特别感兴趣的话题，然后对其进行深入的研究，最后撰写一篇4000字左右的条理清晰且有内涵的专题论文。学生从中获得的经验与能力为大学阶段的独立研究打下了坚实的基础。

这样看来，我认为IB项目的精准是远高于AP课程的。后者涉及太多知识点，期末考试重点考查的是学生对事实信息的背诵情况，而不是要求学生应用学到的内容。在IB课程中，所有学生都必须完成一篇专题论文。反观AP课程，许多学生从头到尾都没有写过一篇完整的论文，因为教师们坦言，要教的知识点实在太多了，根本没有时间让学生自行研究某个课题。我最近采访了一群十二年级的学生。他们既上过AP课程又参加过IB课程。我想知道在他们看来，这两个项目有何不同。一名学生回答说："AP课程授人以鱼，IB课程授人以渔。”其他同学纷纷点头表示同意。

我也希望学校和学区能去探索更多可能性。除了定期的能力展示与个人项目之外，学校还可以要求学生们整理和保管自己的电子作品集。一年年的积累，电子作品集不仅会记录下学生逐年的进步，还能为想要查看学生作品的观众提供便利。我的同事伊万杰琳·斯特凡纳基斯（Evangeline Stefanakis）在她的研究中提到，电子作品集让那些不擅长计时考试的学生也有机会展示自己的能力。

的确，在整个学年中，师生们都比较清楚学生学了什么、做了什么、学得怎么样。但是学生也可以每年“发表”一些能被家长及未来的教师查阅的作品，比如，论文、展示报告、演讲等等。这样，教师就可以在学年开始前大致浏览一下学生前一年的作品。同样，属于学生个人及其家庭的作品集可以跟随学生去到新学校、新学区，甚至可以作为大学申请材料的一部分。

第6章介绍的3所学校都要求学生制作和更新自己的电子作品集。你可以在高科技高中的官网上找到一些优秀的范例。最近，我了解到，加拿大好几个省的许多学校都开始使用电子作品集，而且用来保存作品集的软件是完全免费的。加拿大的一些教育机构还在合力迭代该软件，开发新功能，并研究它对课堂的影响。制作电子作品集的平台与工具，比如，廉价的数码相机和云端文件存储，现如今层出不穷，而且价格亲民。因此，我相信电子作品集极有可能成为克莱顿·克里斯坦森在《创新者的课堂》中写到的一种教育领域的“颠覆性的技术”。

教师之间通力合作且坦诚相待

为了提高学生的分数，教师们可能会关起门来教学。教学成果需要等待数月才能知晓。相比之下，如果让学生在毕业项目、IB项目和电子作品集中展示能力，教师之间就会有更多合作，评估的结果也是即时且公开的。

在那些要求学生做期末展览并制作电子作品集的学校，教师团队经常一起评估学生的成果，还会邀请家长和社区成员前来参加学生的展览之夜。此外，外部人士（大学教师、雇主等）也经常受邀随机“审核”学生的作品集。除此之外，在IB项目中，一所学校的考试与论文会由其他IB学校的教师进行批阅和打分。只有通过了精准且严格的同行评审，比如，审核小组的多次入校探访，学校才能正式挂牌教授IB课程。

这些举措都是为了创造一种“面对面”有别于以往的评估制度。在新的制度中，教师的工作更加公开透明，也会因此受到更多的监督。师生的工作经常被展示出来，学生的作品无论优秀还是欠佳就很难被藏在一间小小的教室中了。

除了逐步推行学生作品集外，各个学区也应该鼓励教师创建自己的作品集。最理想的情况是：你在一个学生的作品中读到了一篇很精彩的论文，然后想了解学生教师的“作品”，也就是论文背后的项目或单元设计。于是，你点击学生作品集中的一个链接，进入教师的作品集里。在这位教师的作品集中，你可能会看到：

- 单元或项目大纲，包括目标和成果、作业、资源等信息
- 教师向学生介绍这个单元或项目的视频
- 课堂和小组讨论的视频片段
- 学生成果的评估量表，以及部分学生的论文或项目（均能下载以方便整个教师团队共同研读探讨）
- 最后，学生的项目反思视频，记录他们认为哪个部分最引人入胜，哪一部分最激励人心，他们学到了什么，等等

第4章曾提到，教师们可自愿向全美专业教学标准委员会申请高级认证。认证的核心步骤是教师提交含有教案和教学视频的作品集，然后由教师团队评审该作品集。此外，全美专业教学标准委员会正在开发一个与之类似的校长认证流程。我在第4章中也列出了校长作品集中应当囊括的内容。

学生、教师和校领导的作品集都有一个共同的出发点，那就是基于实作的评估与标准。现在，很多人开始关注全美统一的学科内容标准，但我希望人们能对实作标准给予更多的关注。你可能知道英语的八大词类（学科内容标准），但更重要的是，你能否写出一篇有含金量的文章。后者才是现实世界更看重的实作标准。你可以在网上飞速地搜索出动名词的含义（这是我在教语法时一直记不太清楚的概念），但网络上的万千信息很难立竿见影地教会你如何写出更好的文章。最近，州首席教学官员理事会（Council of Chief State School Officers）因其积极推进全美统一学科内容标准而备受关注。不过，鲜为人知的是该理事会也一直在推进实作标准（从写作入手）的发展与落地，这无疑有着更深远的价值与意义。

要把实作评估作为评估的核心衡量标准，美国还有很长的一段路要走。琳达·达林-哈蒙德从研究中得出结论，在世界上最好的教育制度中，大多数课程都会定期使用基于实作的评估，甚至国家级的考试中也有实作评估的身影。而今，思科、英特尔和微软正携手开发一个考查21世纪素养的在线评估系统。这项考试将在2012年的PISA中进行首次试点测试。

资助教育研发

尽管教育改革呼声四起，但人们往往忽略了一个关键的前提：新产品与服务的问世依赖于大量的研发。可学校、学区和州没有用于“教育研发”的预算，他们要怎么推陈出新，要怎么打造新的教学、学习和学校组织模式？这本书所描述的教育转型是很难通过自上而下传达命令、自下而上听命服从来实现的。与此同时，美国教育部最近宣布了一系列的“创新款项”，但遗憾的是，我们并不清楚除了鞭策教师们为无聊的考试提高考分之外，教育部还希望激励出何种创新。

如今这个为多数成年人熟知的教育模式已持续了近百年。我们不能指望整个学区都脱胎换骨，转变为21世纪的新学习模式。毕竟新模式对许多人来说有些过于抽象和遥不可及了。我们可以做的是在美国范围内创建更多21世纪学校的示范学校和实验学校，让更多人看到新模式的具体模样。在过去的10年里，特许学校运动催生出了大量中学改革的研发工作（比尔与梅琳达·盖茨基金会和其他机构的支持功不可没）。第6章所描述的所有创新学校，都是许许多多教育工作者主动尝试、不畏艰难、不断改进才打造出来的成果。但是，这并不意味着只有特许学校才能走创新之路。

高科技高中系统是一个正迅速向全美各地扩展的全国性的高中网络。这些新学校大多不是特许学校。相反，一些学区主动邀请高科技高中在当地开办一所新学校，为大家展示创新的教育模式能够取得怎样卓越的教学成果。在州长米奇·丹尼尔斯（Mitch Daniels）的领导下，同时也在KnowledgeWorks基金会和学习领导力卓越中心（Center of Excellence in Leadership and Learning，CELL）的大力支持下，印第安纳州计划在每个学区至少建立一所高科技高中。

我殷切地希望每个大型学区或小学区联合会都能在自己的辖区创办一些实验学校，类似于高科技高中和本书介绍的几所实验学校。这些实验学校其实就是由学区赞助的“近似特许”的学校，比如，波士顿公立学校和美国教师联盟在1994年创办的一批试点学校。现如今，在这批学校就读的学生约占波士顿公立学校学区总人数的10%。学生会通过申请和摇号进入试点学校，因此，试点学校与其他学校的生源比例是一样的，且每个学生的预算、资源也和整个学区保持一致。不过，试点学校肩负着一个特别的使命：开发新的教学、学习和评估模式。这些模式随着时间的推移，会被逐渐推广到学区内的其他学校中。建立这样的学校还有一些好处：其一，留住那些打算离开三尺讲台的不得志的“教育创新先锋”；其二，鞭策学区其他特许学校继续创新。

“研发”之余：打造创新文化

许多教育工作者问我：“我自己都没有学过七大生存力，要怎么把它们教给学生呢？”为此，我想抛出其他几个问题。比如说，成人应当如何培养七大生存力？是否需要打造出创新文化帮助成人和学生适应新型学习？在各行各业中，最创新的公司是如何培养成人创新能力的，哪些经验值得教育工作者借鉴？这些也是打造创新经济所要思考的核心问题。我计划在下一本书中专门探讨这个热点话题。

与此同时，对于那些顶着为考而教的压力却依旧传道授业教真知的一线教师，我想向你们表达我的钦佩之情。我也由衷地感谢许多家长以及商界、军事和社会组织的领导人，为了改造这过时的教育系统，你们不辞辛劳地奔走相告，唤起社会各界的关注。在完成本书后的两年里，我的所见所闻让我更急切地期盼着我们所有人能同舟共济，共赴改革。紧迫感与希望同时溢满了我的心头。

后记：时运不济，千载一时

自本书第一版的初稿完成以来，匆匆5年，白驹过隙。在这段时间里，我们继续见证着社会经济的不断颠覆与变化。与此同时，各类所谓的教育改革在各地如雨后春笋般竞相开展。可令人担心的是，这些改革并没有弥合我们之前强调的差距，也就是说，学生亟待掌握的素养与学校所教和所评估的内容仍有着巨大的出入。无论是公立学校还是独立学校的改革，这道鸿沟依旧触目惊心。不过，过去的5年也涌现出许多精耕细作的创新学校网络与学区。这些学校并不满足于改革，它们正在携手打造21世纪所需要的脱胎换骨的新型学校。21世纪的教育，借用查尔斯·狄更斯在《双城记》中的开场白，正处于最美好的时代和最糟糕的时代。

最糟糕的时代

◎ 飞速发展的经济

2008年爆发的全球经济大崩溃使得许多工种以惊人的速度被市场淘汰。企业把自动化推向极致，以削减人力成本，实现利润的增长。麻省理工学院的经济学家埃里克·布林约尔松（Erik Brynjolfsson）与安德鲁·麦卡菲（Andrew McAfee）合著出版了著名的《与机器赛跑》一书。他们在书中斩钉截铁地指出，即使是高技术的工种也岌岌可危。甚至就在几年前，还没有人敢想象机器能自主完成纷繁复杂的任务，例如在川流不息的交通中实现自动驾驶。而现如今，谷歌已经研发出了无人驾驶汽车。同样，现在的电脑可以编译和编写复杂的财务报告，还在国际象棋和《危险边缘》

（*Jeopardy*）[①]中战胜了人类玩家。

尽管新闻报道反复提到了失业率下降的问题，但那些放弃找工作的人或打着零工寻找全职工作的人并没有被纳入到计算中。当我在2013年深秋写下这篇后记时，有工作或正在找工作的美国人占比约为63%，这一数字创下了自20世纪70年代末妇女大规模进入劳动力市场以来的最低值。

同时，失业率也不能说明工作岗位的质量。近年来，市场上出现的绝大部分岗位都是仅提供最低工资的服务类和销售类的工作。经济学家们表示，这些情况导致我们的贫富差距越来越大，已达到1929年以来的历史最高点。

从前，大学毕业生总是更容易找到工作。纵观整个职业生涯，大学毕业生的收入也比高中毕业生高得多。这样看来，我们并不难理解为什么越来越多的年轻人选择进大学深造来应对这场就业危机了。除此之外，许多政策制定者和教育工作者都高喊着所有高中毕业生都应“做好上大学的准备”等口号。因此，现在美国的大学入学率攀升到了有史以来的最高值，可是越来越多的证据却表明，上大学的投资回报率并没有以前那么高了。

自2000年以来，大学学费一直在大幅增长，而家庭收入的中位数却呈下降趋势。步入21世纪后，大学学费已经上涨了72%，而家庭收入却下降了10%。为了弥补学费与收入之间的差距，学生和家庭的贷款数额正在不断增加。在美国，大学助学贷款已经超过信用卡债务，达到了1万亿美元。现在的大学生在毕业时平均背负超过30000美元的家庭贷款。前提是，如果他们能顺利毕业的话。

面对触目惊心的学生流失率，各大高校并没有采取任何措施来扭转事态。在进入大学的学生中，只有大约一半的人拿到了学位。许多家庭条件差、学习能力弱的学生往往会选择就读社区大学，可是社区大学的平均毕业率还不到30%。

---

① 一个智力竞答游戏。竞答的问题涵盖了历史、艺术、科技、流行文化、体育、文字游戏等多方面内容。

摆在我们面前的另一个问题则是大学毕业生的就业前景。市面上有各种大学毕业生失业率和不充分就业①率的数据，不管你相信哪一个，这两个数据之和一般在27%到54%之间。大量大学毕业生发现，他们唯一能找到的工作其实并不要求学士学位，当然也不会支付与大学毕业生相匹配的工资。在美国，我们经常谈论国家债务，但我最担心的债务是我们大学毕业生的贷款。这是唯一不能通过申请破产来豁免的个人债务。

最令人沮丧的是，明明有那么多大学毕业生，而雇主却表示他们招不到合适的高技术工人。学生在大学里学到的与雇主所需要的，这两者之间存在着巨大的差异。这个问题不是学生选错大学专业这么简单。雇主说他们并不关心求职者的大学专业，他们关心的是能力。美国大学协会（Association of American Colleges and Universities）最近对雇主进行的一项调查显示，"几乎所有接受调查的人（93%）都认为，'求职者表现出的审辨思维、清晰的沟通能力和解决复杂问题的能力，比他们的本科专业更重要'"。由此看来，雇主越发重视人才对七大生存力的掌握情况。

我还了解到，现在的雇主对新员工有了更高的要求。企业领导人一次又一次地告诉我，他们想招的是那些能够"废话不多说自己想出办法"的员工，也就是能够出奇制胜解决问题的员工。在我最近出版的《创新者的培养》中，我探讨了父母和教师可以如何发展学生的这些能力。在采访了许多独具匠心的年轻人之后，我惊讶地发现这群20多岁的革新者尽管出身名校，却并未因此而充满创造力。许多哈佛、麻省理工学院、斯坦福大学或卡内基梅隆大学的毕业生都告诉我，他们成长过程中真正的明灯是那些可遇不可求的、剑走偏锋的教师。

众多大学毕业生并没有学到任何社会需要的能力，真是可悲。最近，理查德·阿鲁姆（Richard Arum）和乔西帕·罗克萨（Josipa Roksa）调查了24所院校的2300名本科生。在这项研究中，两人分析了这群学生在

① 不充分就业指劳动力不能得到应有的报酬，不能自由选择工作的情况。

《大学学习评估》中的数据。《大学学习评估》就是第3章介绍的最前沿的学生能力测试。他们发现，经过两年的大学学习，调查中45%的学生的审辨思维或有效沟通能力并没有增强，反而逊色于大学刚入学时。他们在合著的《载沉载浮的学术：大学校园里有限的学习》（*Academically Adrift: Limited Learning on College Campuses*）中用这些触目惊心的发现敦促人们重新思考大学教育的本质，以及考试成绩存在的意义。

雇主们开始意识到，学生的大学成绩单、平均学分绩点和考试分数与员工的价值并不能直接挂钩。众所周知，谷歌公司曾经只录用以最优异的成绩从名牌大学毕业的学生。然而最近，谷歌公司人力资源高级副总裁拉兹洛·博克（Laszlo Bock）却在采访中表示，这些标签对预测谷歌员工的工作效率来说“毫无参考价值”。谷歌公司现在看重的是人才的使命感和自主性，并越来越多地录用没有大学学历的人，甚至在面试时提出的问题也发生了变化。过去，谷歌公司的面试官会问一些抽象的难题，比如“一架波音747飞机可以装下多少个乒乓球？”或者“加拿大有多少头牛？”。现在，公司希望听求职者分享最近他们解决的一个复杂问题。

◎ 名不副实的教育改革

在动荡的经济局势中，教育“改革”崭露头角，特许学校的数量在成倍增加。然而，最新的研究却表明，平均而言，特许学校并不比同等规模的公立学校教得更好。萨尔曼·可汗（Sal Khan）的可汗学院让另一类教育改革应运而生，且发展态势喜人。可汗学院现有超过4300个短视频课程，在YouTube上的观看量超过了2.83亿次。这些视频被广泛用于所谓的翻转课堂，即教师将特定的视频作为家庭作业，而在课上进行其他的教学活动。慕课（massively open online courses）的数量也呈指数级地增长。越来越多的大学联盟开始免费提供这些线上课程，完成课程的学生只需支付少量费用便可获得结课证书。

各种形式的在线学习给传统的学校和大学带来了深远且颠覆性的影响。

越来越多的知识正在被商品化，在这世界上的任何角落，只要有网络，人们就可以免费获得各类信息。慕课的日益普及将会对大学市场造成极大的冲击。著名的乔治亚理工大学最近宣布，将在网上提供计算机科学硕士学位，学费仅为6600美元。包括哈佛大学的克莱顿·克里斯坦森在内的一些专家认为，多达25%的大学将在10年内破产，因为它们将无法与廉价的在线教育项目抗衡。

所谓共同核心标准（Common Core）的出台也许是过去5年里最重要的教育改革措施。共同核心标准是一套为所有K-12公立学校制定的统一的学术标准。美国教育部推出“力争上游”竞争性资金来鼓励各州采用共同核心标准。现在已有46个州加入其中。教育部还资助了两个州联盟，支持它们共同开发配套的评估。

随着各州开始在共同核心标准的引导下进行教学与考试，社会上出现了越来越多各种不和谐的声音。保守派声称，新标准反映了联邦政府为创建一套美国全国性的课程而做出的不懈努力。教育界则担心，从备课时间和培训量来看，教师还没有为更高的学术标准做好准备，同时他们急需各种新课程的配套材料。一些人认为，应该暂缓实施新标准的配套考试，据悉，新考试将会更加严苛。除此之外，我对共同核心标准也有自己的一些担忧。

明尼苏达州、马萨诸塞州和密西西比州应该有共同的学术标准吗？当然应该。像芬兰这样在学业上有出众表现的国家已经有一套超过30年历史的国家课程指南。但我们首先要扪心自问：这些是我们真正需要的标准吗？

在设计之初，共同核心标准对接的就是大学录取要求，而我们从未质疑过大学的录取标准。因为大学要求所有学生学习高等数学（至少要完成代数2[①]），所以现在美国的高中生都要向这条数学标准看齐。然而，在真

① 一般包括方程、不等式、矩阵、函数、幂、根、对数、复数、多项式、概率和统计等内容。

实生活中，学生们几乎不会遇到一元二次方程，也不需要进行因式分解。相比之下，学生们应当学习统计学、概率、运算和估算，并掌握基本的财务知识！可惜的是，这些都不是大学的录取要求，因而也没有被列为共同核心标准的重点内容。我担心，共同核心标准将打造出一个毫无因材施教可言的大学预科课程，而这样一来，许多学生的兴趣和需求便会被忽略与埋没。

在本书的第一版完成后，我开始研究芬兰的教育系统。众所周知，芬兰的教学质量位居世界榜首。在整个研究过程中，我发现了许多有意思的事情，比如十年级的学生要在学术教育轨道和职业/技术教育轨道中做出选择。前者与大学挂钩，而后者是与企业合作开发的职业技术课程，对接的是一份好工作。职业教育也会帮助学生为高等教育做好准备。近一半的芬兰高中生会选择职业/技术教育。

著名电影制片人罗伯特·康普顿和我在2010年合作拍摄了一部关于芬兰教育系统的纪录片。我最近访问了科罗拉多州道格拉斯县的一所高中。这所高中位于一个经济优渥的社区，考试成绩在全州名列前茅。学校邀请我跟十二年级学生进行一场交流活动，这50名学生刚看完这部芬兰的教育纪录片。首先，我问他们哪些人打算上大学，房间里的每一个人都举起了手。接着我问，如果学校提供类似芬兰那样的职业/技术轨道，哪些人会选择这条路。房间里有一半人举起了手。越来越多的学生担心，大学是一个颇具风险的赌注，不仅因为学费越发昂贵，而且毕业之后也不见得能锁定一份高薪工作。在专注于学术的大学预科课程之外，学生们急需一个有明朗前景的替代方案。尽管许多学生没那么热衷于四年制的大学，却苦恼于面前并无其他选择。

刚才提及的几项教育改革其实都没有撼动传统教学内容的根基。无论是特许学校、在线课程还是共同核心标准，大家教授的还是一百年前的知识点。众人尽管在这些改革创新中付出了诸多努力，却并没有真正探讨过21世纪的教育目标是什么，如何最有效地让学生适应快速变化的就业市场，以及怎样把学生培养成为积极参与、博闻多识的合格公民。在大多数成年人心中，教育的唯一问题是如何确保所有学生接受尽可能多的教育。然而，正如你所看到的，要想在当今世界斩获一份不错的工作并在职场站稳脚跟，最重要的不是你知道什么，而是你能用你的知识做些什么。

在共同核心标准推行之初，教育领导人承诺还会推出对应的更优质的标准化考试。据说，新的考试将会考查审辨思维，也会有更多写作。然而，开发新考试的两个联盟舍弃了许多实作任务，也就是考查学生应用所学知识的题目，转而选择了成本更低的选择题。即便如此，各州的教育部仍然对考试的费用感到忧心忡忡。只要我们还在坚持每年对每个学生进行评估，而不是每隔几年只考查部分学生的能力，我们就永远负担不起像《大学与工作准备充分度评估》这类考查素养的考试。

作为“力争上游”的一部分，教育部推出的另一项改革是要求各州根据学生在标准化考试中的得分来评估教师的教学效果。目前有35个州把考分列为教师评估的一部分。从前，教师的心理压力来自为考而教与提高考分。而现在，工作的压力转为了经济压力。教师们担心他们会因为学生不尽如人意的成绩而失去自己的饭碗。在我看来，这种“改革”只会让应试教育越陷越深，而共同核心标准中的素养部分也会在为考而教中消失殆尽。与此同时，共同核心标准目前只针对语文和数学两门学科，这样一来，其他科目，特别是艺术课的教学时间将会继续减少。

我赞成取消教师编制，我也认同教师们应该对教学结果负责。不过，仅凭一次标准化考试的成绩就对教师的教学能力盖棺定论实属荒谬。这样的做法逼迫许多优秀教师放弃了三尺讲台。正如我们在第4章中提到的那样，教师和校领导应当用数字作品集来证明自己的职业能力，通过后方可获得教学认证和资格。学生作业质量的提升也能证明教师的教学质量。大多数教师对此也表示认同。在与一些教师的交谈中，我问有多少人愿意将学生在学习成果上的进步作为考核证据，房间里的人几乎都举起了手。教师渴求有更高、更专业的标准，让他们迎难而上。他们希望看到自己从事的职业受人尊重与爱戴。

自这本书的第一版完成以来，越来越多的地方开始用标准化考试成绩来衡量学校和教师的工作。尽管如此，我却发现没有一家公司会根据标准化考试的分数来招聘人才或决定升职人选。即使是谷歌公司这个无数优秀人才梦寐以求的大厂也已经摒弃了这种做法。企业赖以生存的是人的集体判断与用事实说话。最卓越的企业亦是如此，为什么我们的学校还咬着分数死死不放？

最后，我们面前还有一个问题，即共同核心课程到底是增加了课业的难度（以及考试的频率），还是提升了学生的兴趣。在这套新课程中，学生是否会更积极地投身于学习？我始终认为，为考而教会极大地折损学生的积极性还有教师的士气。最近的一项盖洛普（Gallup）调查发现，在10个五年级的学生中有8个喜欢上学，但升入高中后，这个数字就下降到了4个。盖洛普教育的执行董事布兰登·布斯提德（Brandon Busteed）最近写道："随着年级的升高，学生的学习积极性却在不断下降，这是举国上下的悲哀。其背后的原因可能是，首先我们过度关注标准化考试与相关课程了；其次，学校缺乏体验式学习和项目式学习；同时对于那些不会和不想上大学的学生来说，他们面前的选择少之又少。"

学生的学习动力是一个既关键却又容易被忽略的问题。远征式学习（Expeditionary Learning）是一个覆盖全美的学校网络，现有学生人数已经超过了KIPP①学校网络。在远征式学习工作的朋友告诉我，他们的首要目标是给学生"值得做的事情"。与KIPP胡萝卜加大棒、奖惩并施的方法相比，远征式学习的教师相信探究课程的力量，因此所有项目都建立在学生的兴趣之上。这群教师们明白兴趣与探究能激发出更高质量的学习成果。我在撰写《创新者的培养》一书时做了一些研究，而研究结果表明，玩耍、热情所在与意义感都能非常有效地激发出年轻人的内在动力。

① KIPP的全称是"Knowledge Is Power Program"，即"知识就是力量项目"。它是美国一个自由招生的全国性的学校网络，是一种大学预科公立学校。

最美好的时代

◎ 还是有人在做真正的创新

刚才描述的所谓的教育改革已经获得了媒体大量的关注。不过，更值得学习和借鉴的是几所不太为人所知的新学校与学区联盟。远征式学习学校，以及高科技高中都是日益壮大的K-12学校与学区。这些学校和学区一直追求着真正的教育创新。

现如今，有10个学校网络，共计500多所学校共同投入到深度学习计划（Deeper Learning Initiative）中。威廉与佛洛拉·休利特基金会（The William and Flora Hewlett Foundation）等资助者为深度学习计划提供了资金支持。休利特基金会的官网显示，参与深度学习的学生“正在把知识和能力应用到真实场景中。这将会帮助他们为踏入现实社会做好准备。他们在学习阅读、写作、数学和科学等核心学科的同时，还在培养自己审辨、合作、沟通、自主学习的能力，并且逐渐建立起强大的自信心”。

21世纪教育领袖（EdLeader21）则是另一颗冉冉升起的新星。它一直在支持4C的教学与评估，4C即审辨力、沟通力、协作力和创造力。肯·凯（Ken Kay）一手创立了21世纪教育领袖，并领导组织步步为营，发展至今。他于2002年联合创办了21世纪核心素养联盟，“一个为21世纪的教学领导者打造的职业学习社区”。在我撰写这篇文章之时，全美已有32个州的130个学区加入了该组织。大家携手制定学区转型的方案，设计考查4C的标准，并开发课堂所需的其他重要资源。

许多商界领导谴责我们的教育缺乏创新，但他们却没有意识到大多数学校、学区和州并没有任何用于教育研发的专项资金。思科系统公司的研发预算占收入的13%，微软公司则是17%，而谷歌公司高达20%。即使是像3M这样的制造公司也有占比6%的研发预算。而每当我问起学校的研发预算是多少时，学校和教育部的领导都是笑而不语。我很自豪能为休利特学习计划和21世纪教育领袖提供（无偿）咨询，因为我相信它们的教育研发将持续推动21世纪教育改革的进行。它们的成果证明，学校和学区可以更上一层楼，可以帮助21世纪的学生为工作、公民身份和终身学习做好准备。这些令人欢欣鼓舞的进展让我们对这个国家的教育发展重拾信心。

◎ 性格与七大生存力的关系

在各类讲座中，熟悉“全球成就差距”的观众经常问我这样一个问题，为什么我没有把性格算作一个核心生存力。这是一个很好的问题，我的确应该在书中展开一下这个话题。

我写这本书的主要目的是了解在新世纪学习、工作和履行公民义务时，所有学生都必须掌握的新素养。而性格的重要性在教育界或人类发展领域并不是一个新话题了。20世纪30年代，瑞士发展心理学家让·皮亚杰写道，教育的最终目的是为了在理性与感性层面中克服自我中心主义。不以自我为中心的理性意味着我们需要推理和举证，而不会被浅薄的观点、偏见牵着鼻子走，也不会迫于压力而顺从于异议。不以自我为中心，在感性上意味着发展皮亚杰所说的“互惠性”或许多人说的“同理心”。我到今天仍然认为，这段短小精悍的文字是我读过的对教育目的最佳的总结。

作为课堂和学校文化的重要组成部分，人的道德观也至关重要。没有信任与尊重，学生和教师都不会愿意承担学习的风险或尝试新事物。没有信任与尊重，生生之间，师生之间，以及在成年人之间就不会有真正的学习或效力持久的改变。芬兰教育的座右铭是“越专业越信任”（trust through professionalism）。我们目前在教育改革上的付出很难带来切实的成效，原因之一就是这些举措的核心依旧是服从与惩罚，而其根源便是社会对教师的极度不信任。

写完这本书后，我逐渐明白，性格还有第二层含义，而这层含义远比我之前的理解重要得多。安杰拉·李·达克沃斯（Angela Lee Duckworth）是麦克阿瑟基金会（MacArthur Foundation）天才奖得主。保罗·图赫（Paul Tough）著有《性格的力量》。他们在自己的研究中都提到了一组重要的性格特征。一词以蔽之："坚毅"（grit）。研究表明，诸如毅力、韧性、重振旗鼓和自我调节等能力对成功的影响力胜过天赋或智商。图赫在书中写道，在孩童时期，贫穷是压力的最大来源。

如果我们真的想缩小中产阶级和家境困难的学生之间的成绩差距，那么我们必须着手干预美国儿童的贫困问题。除了有一个很好的教育系统之外，芬兰人也努力将儿童贫困率控制在4%以下。而在美国，我们的儿童贫困率超过了22%。这个国家的领导人始终坚信更频繁地执行更难的考试，给教师施加更多压力，让他们为考而教，这些举措可以有效提高成绩落后、学业堪忧的弱势学生的成绩。对此，我深表困惑与不解。

在我教学生涯的第一年，我在一所另类学校任教。学校是一所校中校，我所面对的学生无论学业上还是行为上都十分令人担忧。那段经历让我了解到，要避免学生辍学，最重要的是鼓励他们发现自己为什么而学。我的学生对他们的未来没有任何期待或信念。我必须帮助他们将自己的兴趣和热情所在与未来的各种可能性联系起来。除了学习影响儿童早期大脑发育的因素外，我认为未来的研究极有可能揭开内在驱动力对坚毅的影响。从一名教师到一名研究人员，我意识到玩耍、热情所在和意义感等内在动机不仅仅局限于幼儿和特权阶层。它们对弱势学生也同样重要——内在动力推动着学生在学习和生活中发展出坚毅不挠与坚持不懈的品格。

这样一来，要取缔毫无意义的应试课程，教授七大生存力还不够。是的，这七大生存力的重要性毋庸置疑，但我们还需要在能力教学中植入丰富和具有挑战性的学术内容。同时，为了激励学生学习，我们还应在学习中融入玩耍，考虑他们的兴趣，并增加意义感。这些举措应当深入贯彻到每一个班级每一天的教学实践中。

◎ 一场重构学校的新运动正在拉开帷幕

泰德·丁特史密斯（Ted Dintersmith）是20世纪90年代最成功的早期高科技创业投资家之一。几年前，在泰德读完这本书后，他给我发了一封邮件，想约我谈一谈。从那时起，我们就一直保持联系。泰德和我一样坚信，现如今的教育制度早已过时，我们需要的不是改革，而是重塑教育。

最近，我们与一组同事合作成立了学习创新联盟（Coalition for Learning Innovation），力图推动美国教育的重构。学习创新联盟的近期工作重点是制作一部90分钟的纪录片，一部发人深省的教育界的《难以忽视的真相》（*An Inconvenient Truth*）[①]。在过去的15个月里，斩获各类奖项的电影制片人格雷格·怀特利（Greg Whiteley）和他的摄制组一直在美国各个名校学府进行拍摄。截至目前，影片正处在最后的编辑阶段。这部纪录片将为我们呈现教育变革将带来的欣欣向荣的景象。影片不仅采访了托马斯·弗里德曼和肯·罗宾逊爵士（Sir Kenneth Robinson）等杰出思想家，还展示了在高科技高中这样的创新学校里学生的学习情况。在多方合作伙伴的帮助下，我们将在2014年春季推出这部纪录片[②]。我们相信它将促进全美上下重新评估美国的教育目标。我们希望借由纪录片呼吁社会各界重新思考这样一个问题：如果要培养出有热情、有能力且坚毅的毕业生，要让他们成为能实现自我价值，能为社会、为职场添砖加瓦的成年人，我们的学校应当扮演何种角色？

云霓之望，翘首以待。

① 是一部讲述全球气候变化的纪录片。

② 这部纪录片就是后来的《最有可能成功》（*Most likely to succeed*）。

致谢

想象力比知识更为重要。

知识是有限的，而想象力却包罗万象、孰促进步、造就突破。

——爱因斯坦

这本书的最终完稿离不开许许多多人的帮助。首先，我要感谢几百位受访者。尽管书中只出现了部分人的名字，但是我想感谢他们每一个人在百忙之中抽空接受了一个多小时的采访，回答我的每一个问题。我特别要感谢的是第2章中三位不便透露姓名的校领导，他们分别来自三个不同的学校系统。谢谢你们的勇气和坦诚，你们知道我说的是谁。我也很感谢第6章中的教师、学生和学校领导，谢谢他们允许我在书中分享他们了不起的教学工作。

我要特别感谢那些从各个方面给予我莫大帮助的人。克斯滕·奥尔森（Kirsten Olson）是我忠实的评论员、朋友和思想交流伙伴，他为本书的构思播下了一粒种子，还在仔细的阅读后为每一章的每一稿提供了反馈。我非常感谢我的作家经纪人埃斯蒙德·哈姆斯沃斯（Esmond Harmsworth），以及与埃斯蒙德一起在扎克里·舒斯特·哈姆斯沃斯出版代理公司（Zachary Shuster Harmsworth）工作的乔安·怀科夫（Joanne Wykoff）。埃斯蒙德从很早便开始支持我提笔写这本书，他和乔安不仅协助我完善了本书的提案，还给每个章节的草稿提出了中肯的建议。特别感谢我在Basic Books的编辑阿曼达·穆恩（Amanda Moon），她敦促和鼓励我更好地描述与表达我的想法；感谢她干练的助手惠特尼·卡瑟

（Whitney Casser），是她操持着这个选题各项大大小小的工作；感谢克里斯汀·阿登（Christine Arden）精益求精的审稿。德怀特·格茨（Dwight Gertz）和斯坦·谢尔森（Stan Sharenson）帮助我梳理了书中的一些想法，并阅读了第1章的初稿。理查德·赫什（Richard Hersh）也为本书建言献策。21世纪核心素养联盟的主席肯·凯（Ken Kay）帮我联系到了公共议程基金会（Public Agenda Foundation）的让·约翰逊（Jean Johnson）和露丝·伍登（Ruth Wooden）。有了他的牵线，我才得以采访到这两位关键的受访者。我还想感谢我在变革领导力小组的同事鲍勃·凯根（Bob Kegan）、丽莎·拉赫伊（Lisa Lahey）、黛博拉·赫尔辛（Deborah Helsing）、理查德·莱蒙斯（Richard Lemons）和卡蒂-利文斯顿（Kati Livingston）；以及我在小型学校项目的同事里克·李尔（Rick Lear）、裘德·加尼尔（Jude Garnier）、哈里特·拉斯穆森（Harriette Rasmussen）和凯尔·米勒（Kyle Miller）；还有比尔与梅琳达·盖茨基金会的史蒂夫·塞勒兹诺（Steve Seleznow）。与大家的定期会议和持续的合作源源不断地为我提供着新想法以及建设性的反馈。

最后，我要感谢我的妻子PJ·布兰肯霍恩。长期以来，她都是我的第一个读者、最有力的支持者和最好的朋友。两年多前，她把托马斯·弗里德曼的《世界是平的》递给我，让我一定得读一读。PJ的眼光一如既往地敏锐，这本书果真带给我极大的灵感。从那时起，我便常常在周末加班加点地研究和写稿子，而PJ对此也毫无怨言，哪怕不得不推迟或取消假期，她也没有丝毫不满。最重要的是，她帮助我澄清了本书的核心立意，并为遣词造句润色。本书就是献给她的。